STEVEN WINN

Komm zurück, Como

GOLDMANN
Lesen erleben

Eigentlich wollten Steven Winn und seine Frau Sally gar keinen Hund. Aber seit ihre Tochter Phoebe sprechen kann, hat sie hartnäckig gebettelt. Und zu ihrem zwölften Geburtstag erfüllen die Winns Phoebe dann endlich den größten Wunsch und schenken ihr einen Terriermischling mit großen dunklen Knopfaugen. Bei der Namensfindung sind sie sich schnell einig: Etwas Italienisches soll es sein, als Erinnerung an den schönen Urlaub, also wird das kleine Wollknäuel auf Como getauft. Alle sind glücklich und freuen sich auf entspannte Spaziergänge mit ihrem neuen Liebling.
Doch dann kommt der Morgen im September, als Como zum ersten Mal von zu Hause ausreißt. Und den Winns wird schlagartig klar, dass der kleine Terrier zwar allerliebst aussieht, es aber faustdick hinter den wuscheligen Ohren hat. Schnell entpuppt sich Como als frechster Hund Kaliforniens, vor dem weder Teppiche noch Hosenbeine sicher sind. Ein braves Schoßhündchen wird Como zweifellos nie werden. Aber kann man dem kleinen Kerl mit seinem herzzerreißenden Blick böse sein?

Autor

Steven Winn, preisgekrönter Journalist und Schriftsteller, war lange Jahre Redakteur beim »San Francisco Chronicle«, wo er regelmäßig über seine Abenteuer mit Como berichtete. Der Autor lebt mit seiner Familie in San Francisco.

Steven Winn

Komm zurück, Como

Der Ausreißer, der mit meinem Herzen davonlief

Aus dem Amerikanischen
von Helmut Splinter

GOLDMANN

Die Originalausgabe erschien 2009
unter dem Titel »Come back, Como« bei Harper,
an imprint of Harper Collins Publishers, New York.

 Dieses Buch ist auch als E-Book erhältlich.

MIX
Papier aus verantwor-
tungsvollen Quellen
FSC® C014496
www.fsc.org

Verlagsgruppe Random House FSC® N001967
Das FSC®-zertifizierte Papier *Pamo House* für dieses Buch
liefert Arctic Paper Mochenwangen GmbH.

1. Auflage
Taschenbuchausgabe Dezember 2014
Copyright © der Originalausgabe 2009 by Steven Winn
Copyright © der deutschsprachigen Ausgabe 2009
by Page & Turner/Wilhelm Goldmann Verlag, München,
in der Verlagsgruppe Random House GmbH
Published by arrangement with Collins,
an imprint of HarperCollins Publishers, LLC.
Gestaltung des Umschlags: UNO Werbeagentur München
Umschlagfoto: Phoebe Winn, München
Redaktion: Ilse Wagner
BH · Herstellung: Str.
Druck und Bindung: GGP Media GmbH, Pößneck
Printed in Germany
ISBN: 978-3-442-47381-6
www.goldmann-verlag.de

Besuchen Sie den Goldmann Verlag im Netz

Für Sally, Phoebe und Z.
Und für meine Eltern,
Willis (1917–2002) und Lois (1917–2009)

ABGEHAUEN

Diesen wunderbaren, warmen und strahlenden Septembermorgen im Inner Sunset District von San Francisco verbrachte ich mitten auf der Eleventh Avenue auf den Knien und flehte einen Hund an.

»Como«, sagte ich mit einer Stimme, die beiläufig und beruhigend klingen sollte. »Lass uns nach Hause gehen. Komm schon, mein Junge. Komm einfach mit.« Ich rutschte dem cremefarbenen Terrier, der gerade aus unserem Haus ein paar Straßenblocks entfernt ausgebüxt war und mich in einer wilden Jagd, die kein gutes Ende zu nehmen schien, durch die Stadt gescheucht hatte, ein Stück näher auf den Pelz. Seine Ohren hatte er alarmiert gespitzt und seine braunen Augen weit aufgerissen. Also rutschte ich ein Stück zurück. Er hielt sich in einem sicheren Abstand zu mir, den Schwanz aufgerichtet wie eine kecke Feder.

Dies funktionierte genauso wenig wie mein Versuch, ihn beim Rennen zu überholen. Mit zweiundfünfzig Jahren würde ich keinen Wettlauf mit einem lebhaften, zwei Jahre alten Terrier mehr gewinnen. Der Moment für einen weiteren Annäherungsversuch war gekommen, wenn ich mir je Hoffnungen machen durfte, diesen schmuddeligen Hund, den meine Frau und meine Tochter vor zehn Tagen aus dem Tierheim geholt hatten, wieder einzufangen.

Diese zehn Tage hatten gereicht, um zu erfahren, welchen Widerwillen er Männern und in besonderer Weise mir gegenüber hegte und wie ausgesprochen gerne er ausbüxte.

»Hey, Como«, sagte ich und wechselte von einem vorgetäuscht sicheren in einen vorgetäuscht spielerischen Tonfall. »Versuch das mal.« Ich erhob mich von meinen Knien, blieb aber geduckt, eine passive Haltung, um ihn nicht zu bedrohen. Er betrachtete sich das Schauspiel genau und kam ein paar Schritte näher. Ermutigt setzte ich mich, stützte mich mit den Händen hinten ab und streckte meine Beine aus, als würde ich es mir zu einem Picknick im Park bequem machen. Ich zeigte mich ihm aber nur im Profil, wo ich ihn noch im Blick hatte, ohne ihn direkt herausfordern zu wollen. Langsam schob ich meine Hand in seine Richtung, während ich Daumen und Zeigefinger aneinanderrieb.

»Komm schon, Como. Komm, mein Junge.« Nach einer Weile war klar, dass ich mir die Finger wund gerieben hätte, bevor er auch nur ein kleines Stück auf mich zukommen würde. Ich hatte mich mittlerweile wieder erholt und überlegte, aufzuspringen und erneut auf ihn zuzuhechten. Doch sobald ich meine Beine leicht bewegte, um aufzustehen, legte Como die Ohren an und zog sich zurück. So viel zu meinem Plan.

Mit meinem taktischen Handeln als Mensch war ich am Ende. Meine nächste Idee war eigentlich keine Idee, sondern eine Art unentwickelter Impuls, mich wie ein Hund zu verhalten – etwas, das ich wahrscheinlich seit mindestens vierzig Jahren nicht mehr getan hatte. Ich stand auf, rieb mir den Dreck von den Händen und ging auf dem gegenüberliegenden Bürgersteig die Eleventh Avenue entlang. Ich respektierte Comos Revier, beanspruchte aber auch mein eigenes, genauso wie ein Hund. Was für eine tolle Idee, wollte ich ihm in seiner Sprache mitteilen, dieses Stadtviertel zu erkunden. Klar, du bist der Rudelführer, aber tun wir es doch gemeinsam.

Como guckte etwas dumm aus der Wäsche. Die Schultern misstrauisch angespannt, beobachtete er mich, wie ich den Hügel hinaufging. Bald allerdings schien er sich auf mein Spielchen einzulassen und lief auf seiner Seite weiter. Etwa gleichzeitig erreichten wir die Moraga Street. Seltsamerweise fuhr an diesem vorzüglichen Morgen kein Auto hier entlang, und keine Menschenseele war zu sehen. Der Inner Sunset District gehörte uns allein.

Ich zwang mich, nicht zu ihm hinüberzuspähen, als ich die Straße überquerte und den nächsten Block entlang weiterging. Ganz langsam schlich ich mich an ihn heran, in der Hoffnung, meinen Plan nicht preiszugeben. Ich kam mir vor, als löste ich eine Algebraaufgabe, wie man langsam, aber gleichmäßig zwei Linien aufeinander zuführt, bis sie sich an einem bestimmten Punkt berühren. Es hätte gut funktionieren können, wäre mir angesichts der aufwärts führenden Straße nicht die Puste ausgegangen. In der Nähe der Ortega Street kam mir endlich die göttliche Eingebung. Ich stieß einen langen Seufzer der Erschöpfung aus und sank mit gesenktem Kopf in die Hocke. Ich zählte darauf, dass die Neugier des Hundes siegen würde – und behielt recht. Como senkte die Schnauze in meine Richtung und trat neugierig auf die Straße.

Ich spielte weiter, so gut ich konnte, und ließ mich vollständig auf den Boden sinken. Ich konnte Como spüren, ihn beinahe hören und riechen, als er näher schlich, doch ich musste meine Rolle weiterspielen, wenn ich Erfolg haben wollte. Ich musste mich in die Rolle einfinden, wie Schauspieler sagen, alles um mich herum ausschalten und zum hilflosen, bewegungsunfähigen, gefallenen Tier werden. Mein Spiel war nicht ungefährlich – ein Auto könnte jeden Moment aus einer Seitenstraße biegen und den Hügel herunter direkt auf uns zurasen. Doch die Situation hatte auch etwas Friedvolles. Ich gab mich auf und gab gleichzeitig alles diesem Tier, so gut ich konnte. Die Hitze stieg vom Asphalt auf. Der Verkehr der Nineteenth Avenue drang als leises Flüstern an mein Ohr. Der Gestank der Ölflecken um mich herum und der Geruch der Gummireifen der geparkten Fahrzeuge stieg in meine Nase. Seit zweiundzwanzig Jahren lebte ich in diesem Viertel, doch nie hatte ich es auf diese Weise erlebt – mitten auf der Straße flach auf dem Rücken liegend mit Blick auf die Häuserspitzen, die Telefondrähte und den mit Wolken getupften Himmel.

So langsam wie möglich drehte ich den Kopf zur Seite. Dort stand Como einen halben Meter von mir entfernt und zuckte eifrig mit der Schnauze. Wir blickten uns direkt in die Augen, waren uns so nah wie in den letzten zehn turbulenten Tagen nicht, die er bei uns verbracht hatte. Mit gekrümmten Fingern, um ihn am Halsband zu packen, streckte ich den Arm aus und hatte ihn. Er war wie hypnotisiert und rührte sich nicht vom Fleck. Die Jagd hatte ein Ende. Mit Como auf dem Arm würde ich nach Hause gehen.

Genauso wäre es passiert, davon war ich überzeugt, wenn nicht ein Gärtner mit seinem Transporter in diesem zeitlich pervers-unpassenden Moment über die Eleventh Avenue auf die Ortega Street gebrettert wäre. Es war das erste Anzeichen von Leben an diesem Morgen. Beim Lärm des knurrenden Motors, der knallenden Federung und der auf der Ladefläche hüpfenden Rechen und Hacken schreckten wir beide auf. Ich zuckte zurück, Como befreite sich mit einem Satz, ich stand hektisch auf und rannte ihm hinterher.

Als ich keuchend die Eleventh Avenue hinauflief, lastete ein Gedanke wie ein bleiernes Gewicht auf meinen Schultern: Ich würde Como nie einfangen. Bald würde ich meiner Frau Sally und meiner Tochter Phoebe beichten müssen, dass unser neuer Hund fort war. Dass ich ihn entwischen ließ und er die Straße auf Nimmerwiedersehen hinaufgerannt war. Die Schuld lag allein bei mir. Ich hätte durchaus Verständnis dafür, wenn sie mir nie verzeihen würden. Die Luft um mich herum, die ich einatmete, hatte etwas Giftiges und Saures.

Doch dieser wahnwitzige Morgenlauf durch mein Viertel hatte auch etwas Angenehmes, etwas seltsam Erregendes, was mich immer weitertrieb. Auf die eine oder andere Weise waren wir dem schwer greifbaren Como sehr lange hinterhergejagt. So hoffnungslos meine Chancen auch sein mochten, ich würde jetzt nicht aufgeben. Nach allem, was wir durchgemacht hatten, rannte ich weiter, bis das bleierne Gefühl in meinem Magen zu einem körperlichen Schmerz geschmolzen war, der durch meine Brust bis in meine Kehle und wieder hinab in meine Schenkel floss. Mit diesem Gefühl und dem vor mir rennenden Como, eilte ich immer weiter.

EINS

WIE ES NICHT BEGANN

Ich wollte Ecstasy.

Die Erfüllung dieses Wunsches war, wie mir schien, der direkte Weg zu den anderen Dingen, die ich ebenfalls wollte. Ich wollte Familienidylle und Gesellschaft. Ich wollte jetzt lachen und später die Geschichten darüber erzählen. Ich wollte Rituale und etwas Neues, das ich im Urlaub fotografieren konnte, einen Grund, rauszugehen, und einen Charmebolzen, der einem die Kontaktaufnahme mit Nachbarn und Fremden erleichterte.

Ich wollte eine zwölfjährige Tochter jenseits all dessen, was sie sich geduldig vorgestellt hatte, glücklich und zufrieden machen, wollte eine Ehefrau, die mich im gegenseitigen Glanz einer erfüllten ehelichen Mission anstrahlte. Ich wollte Versöhnungen und Trennungen – und dann noch fröhlichere Versöhnungen, eine Lösung für meine Anfälle von Einsamkeit und Isolation. Und ein Ende dieser endlosen Suche.

Doch am allermeisten, aus all diesen und weiteren Gründen, wollte ich Ecstasy – ganz plötzlich, unmissverständlich und unabdingbar.

Und Ecstasy gab es – in der unvergleichlichen Gestalt einer Hündin, die vom Betonboden durch den Zaun eines Tierheims in Redwood City in Kalifornien zu mir aufblickte. Die Mischung aus Beagle und Corgi war der Hund, nach dem wir, wie ich auf Anhieb wusste, die ganze Zeit gesucht hatten. Einen langen, innigen Moment hielten wir Zwiesprache durch die mandelförmigen Öffnungen des Zauns zwischen uns. Wir blickten uns an, und ein leichter Schauder lief mir über den Rücken, als hätte ich einen Seelenverwandten getroffen. Das war's. Dieses Tier würde bald Teil unserer Familie werden.

Vor allem war sie ein göttlicher Anblick: tellergroße Augen, zwei perfekt dreieckige Ohren, weiches, weißes Fell, das leicht und unregelmäßig mit braunen Flecken wie Schokoladenstücke, die in einen cremigen Teig gerührt werden, gesprenkelt war. Sie hatte genau die richtige Größe, nach der wir suchten – schoßfähig, mit etwas unter zehn Kilo –, sah gesund und untraumatisiert aus und hielt meinem begeisterten, einschätzenden Blick stand, ohne bedürftig zu zucken, sich ängstlich zu winden oder die Zähne zu fletschen und den Zaun rasseln zu lassen wie zahlreiche andere Hunde, die uns während unserer Suche im Tierheim überrascht und erschreckt hatten.

Diese Hündin hier tat nichts von alldem. Ein großer Vorteil war noch, dass sie eigentlich überhaupt nicht viel tat. Sie saß im hinteren Drittel ihres engen Zwingers und wirkte auf mich durchaus gelassen angesichts ihrer nüchternen Umgebung: nackter Boden, düsteres Deckenlicht, verbeulter Wasser- und Fressnapf aus Metall, verlaust aussehende Decke und gepunktete Gummihantel zum Spielen, und trotz des Tumults aus wildem Heulen, hektischem Bellen und Scharren auf dem Beton, der diesem doch respektablen Tierheim ebenso wie den vielen anderen mehr oder weniger respektablen Tierheimen, die wir in den vergangenen drei Monaten besucht hatten, die Atmosphäre eines Asyls für vierbeinige geisteskranke Straftäter verlieh.

Inmitten all dessen blieb diese Hündin – »unsere Hündin« – gemütlich sitzen. Sehr gemütlich mit ihrem runden Hintern auf der einen und ihren beiden locker zur anderen Seite ausgestreckten Hinterpfoten. Sie sah aus, als würde sie sich, halb hypnotisiert von den in der Ferne rauschenden Wellen, am warmen Strand von Kalifornien sonnen. Als würde dieses Objekt meiner frisch entflammten Zuneigung mich, ihren Bewunderer, nur schwach wahrnehmen, blinzelte sie sanft und stellte sich auf ihre stummeligen Corgi-Beinchen. Hurra, sie bewegt sich! Mir fielen Phoebes erste wacklige Schritte vor zehn Jahren auf der Wiese vor Tante Judys Haus in Milwaukee ein. Entzückt beobachtete ich, wie Ecstasys kurze Beinchen unter ihrem plumpen, runlichen Körper scherenartig vor und zurück glitten und ihr leicht überdimensionierter Kopf beim Laufen wackelte. Sie wirkte, anders als die vielen Hunde, die wir gesehen hatten, alles andere als deprimiert. Sie hastete nicht hin und her, galoppierte nicht plötzlich auf die potentiellen Herrchen oder Frauchen zu, sprang nicht am Zaun hoch und schmollte nicht mit traurigem Blick in der hintersten Ecke ihres Zwingers. Sie schien so von sich eingenommen, dass nichts sie aus der Ruhe bringen konnte. Welcher Hund wäre besser für uns, die wir nie einen Hund gehabt hatten, und für eine Tochter, die so schüchtern und ruhig war, dass Sally und ich uns Sorgen über das unvorhersehbare Chaos machten, das ein Haustier verursachen konnte? Außerdem war diese Hündin, als ich sie in Bewegung sah, hübsch und in komischer Weise unproportioniert – an einigen Stellen mehr Beagle, an anderen mehr Corgi.

Ich musste lächeln. »Hier, meine Kleine«, rief ich. »Hier, komm her, Kleine.« Sie lehnte meine Einladung ab und setzte sich wieder an ihren Platz. Auch das war in gewisser Weise liebenswert. Sie schien zu wissen, wo sich ihre Komfortzone befand. Ich war entzückt, ja, dennoch fragte sich der skeptische Teil in mir: Wenn diese Hündin so großartig ist, warum ist sie dann noch hier? Doch ich schob diesen Gedanken beiseite und konzentrierte mich weiter auf die positiven Eigenschaften der Hündin.

Vielleicht war sie erst vor kurzem ins Tierheim gebracht worden, und wir würden die glückliche Familie sein, die sie dort wieder herausholte. Sie war schön. Sie war nett. Sie war treu. All das zeigte sich bei ihr. Ich stellte sie mir in unserem Haus vor, wie sie auf dem Wohnzimmerteppich lag, von dort in die Küche watschelte, um etwas zu fressen, und sich anschließend wieder auf den Teppich sinken ließ. Ihr Name stand, mit Hand geschrieben, auf einem Schild, das mit Draht an ihrer Zwingertür befestigt war. »Ecstasy« hieß sie. Unter ihrem Namen war weiter zu lesen: »Stubenrein. Freundlich. Kinderlieb.«

»Phoebe. Komm her. Schnell!«, drängte ich meine Tochter gerade so laut, dass ich das Bellen, Lärmen und gemeinschaftliche Winseln der anderen Hunde übertönte, aber nicht die Aufmerksamkeit anderer potentieller Mitbewerber für diesen Hund auf mich zog. Wir besuchten dieses Tierheim, das etwas mehr als vierzig Kilometer südlich von unserem Zuhause in San Francisco lag, zum dritten Mal. Wir wussten, wie die Dinge hier funktionierten. Man musste rasch, aber unauffällig handeln, wenn im Meer aus knurrenden Pitbulls und heruntergekommenen Setter, die aussahen, als hätten sie die tierische Entsprechung des

Krim-Krieges ohne Hoffnung auf ein glückliches Ende hinter sich, ein viel versprechender Hund auftauchte. Gute Hunde gingen weg wie warme Semmeln, wie wir immer sagten. Eines Tages würden auch wir einen ergattern. Und dieser Tag war heute.

Phoebe kam aus der benachbarten Zwingerreihe und stellte sich neben mich. Lange Zeit schwieg sie und betrachtete sich den Hund unserer Träume. Schließlich konnte ich mich nicht mehr zurückhalten. »Also, was denkst du?«, fragte ich sie. »Ist sie nicht wunderbar? Schau mal, ob sie zu dir kommt.«

Phoebe ging in die Hocke und winkte mit ihren schlanken Fingern durch den Zaun. Klar, Ecstasy erhob sich und kam herübergeschlendert. Ihr Schwanz zuckte beim Gehen ein paar Mal vor und zurück, was ich vorher nicht bemerkt hatte. Sie streckte sich nach vorn, um an Phoebes Hand zu schnüffeln, kam näher und gestattete ihr, ihr über die Schnauze zu streicheln. Das sollte Sally sehen, dachte ich. Gerade als ich mich auf die Suche nach ihr machen wollte, stand auch Phoebe wieder auf. Der letzte Wachstumsschub hatte sie mehrere Zentimeter in die Höhe schießen lassen, sodass sie bereits größer als einige Mütter ihrer Freundinnen war, und ihr Gesicht schien täglich hübscher und geschmeidiger zu werden. Damit gab sie mir das wirre Gefühl, dass sie bereits erwachsen war, obwohl sie mit ihren zwölf Jahren immer noch unser freundliches, aber zielstrebiges Kind war. Sie ließ die Arme hängen und blickte zu Boden.

»Ich mag sie nicht, Daddy«, sagte sie.

»Warum nicht? Du hast sie doch eben erst kennengelernt. Sie mag dich.«

»Ich sie aber nicht. Sie fühlt sich komisch an.«

»Was meinst du damit, sie fühlt sich komisch an? Kristof hast du gemocht, obwohl er auch ein drahtiges Fell hatte.«

Kristof zu erwähnen war ein Fehler. Ich wusste es, sobald die Worte über meine Lippen waren. Ich sah es in Phoebes Gesicht, in ihren verengten Augen und ihrem angriffslustig nach vorn geschobenen Unterkiefer. Kristof, ein Pudelmischlingswelpe, hatten wir einige Monate zuvor beim Tierschutzverein von San Francisco gefunden. Sally und ich hatten unser Veto eingelegt, weil Kristof noch nicht stubenrein war und als ausgewachsener Hund fünfzehn bis zwanzig Kilo wiegen würde. Phoebe war damals total sauer gewesen und hatte uns beschuldigt, ihr das Einzige zu verwehren, an dem ihr wirklich etwas liege, und überhaupt nicht die Absicht zu haben, ihr jemals einen Hund zu schenken. Ihren düsteren, anklagenden Blick hatte ich lange nicht vergessen können.

Kristof hatten wir ganz am Anfang unserer Suche kennengelernt, und wir hatten Phoebe gesagt – und auch daran geglaubt –, dass es noch Unmengen anderer Hunde gebe. Damit hatten wir recht gehabt: Es gab Unmengen anderer Hunde. Das Problem war, dass fast alle entweder zu durchgeknallt, zu bedrohlich, zu ungestüm, zu groß, zu alt oder zu scheu waren. Und diejenigen, die all diese Eigenschaften nicht aufwiesen, wurden so schnell vor unserer Nase weggeschnappt, dass ich zu dem Schluss kam, dass der Insiderhandel auf dem kalifornischen Hundemarkt weitaus verbreiteter war als an der Wall Street.

Nachdem wir Phoebe an ihrem zwölften Geburtstag versprochen hatten, dass sie endlich den Hund haben durfte, um den sie gekämpft hatte, seit sie sprechen konnte – und damit hatte sie sehr früh angefangen –, hatten wir uns mit Elan, aber auch einer leichten Blasiertheit in die Suche gestürzt. Man denke nur an die vielen ungewollten Hunde in den Tierheimen, die glücklich wären, bei uns ein Zuhause zu finden, redeten wir uns ein. Man denke nur daran, was wir ihnen boten – ein bescheidenes Häuschen mit kleinem, umzäuntem Garten, die Nähe zum Golden Gate Park mit seinen vielen Hektar offenes Grün, eine Tochter, die Hunde als halbgöttliche Wesen betrachtete, und zwei Erwachsene, deren flexible Arbeitszeiten als Lehrerin am Community College und als Journalist viel Zeit für regelmäßige Spaziergänge und Betreuung boten. Welcher Hund würde sich nicht um all das reißen? Als weiterer Bonus würden wir einen Hund durch eine Adoption vor dem Karma eines vorzeitigen Dahinscheidens bewahren. Die Entscheidung, einen Hund aus dem Tierheim zu retten, statt fünfhundert oder tausend oder noch mehr Dollar für eine der aktuellen Modezüchtungen hinzublättern, kam natürlich unserer Ehre zugute.

All das zählte für Phoebe nicht. Sie wusste nur, dass der Sommer fast vorbei war und sie noch immer keinen Hund mit nach Hause nehmen konnte. Eine Zeit lang erinnerte sie uns im Rahmen ihrer anhaltenden Lobbyarbeit daran, welche ihrer Freunde und Klassenkameraden bereits einen Hund bekommen hatten oder demnächst bekommen würden. Sie verbrachte den Sonntagnachmittag nach dem Fußballtraining oder -spiel mit Laurie und erzählte uns anschließend, wie sie mit Spencer, Lauries Airedale-Terrier, durchs Haus getobt war. Emily hatte einen lebhaften, weißen Terrier namens Popcorn. Molly hatte Lola, einen riesigen, braven Hund einer mir nicht bekannten Rasse. Lily, deren Eltern geschieden waren, hatte im Haus ihrer Mutter einen Hund mit Namen Bagel und in der Wohnung ihres Vaters eine Katze, zu der sich aber, wie ihr versprochen worden war, bald noch ein Hund gesellen würde.

Dann gab es da noch den beängstigenden Fall von Tobias, dessen schokobrauner Labrador Mia starb, als die Kinder in der fünften Klasse waren. Scheinbar schon wenige Minuten später wurde Mia durch Oscar ersetzt, einen Dackelwelpen, der eines Nachmittags seinen Auftritt in der Schule hatte, als ich Phoebe abholen wollte. Während sich auf dem Spielplatz eine Horde Kinder um den sich windenden, zweifellos bewundernswerten Oscar scharte, ging meine Tochter stoisch erhobenen Kopfes an ihnen vorbei zum Wagen.

»Möchtest du nicht …«, begann ich zu fragen, bis ich merkte, dass ich als Zuschauer für ihre Aufführung gedacht war. In gut inszenierter Schweigsamkeit fuhren wir nach Hause.

Von Zeit zu Zeit ließen Sally und ich uns auf eine Diskussion – oder vielmehr auf ein Verhör – mit Phoebe über unseren hundelosen Zustand ein. Glaubte sie wirklich, für diese Verantwortung bereit zu sein? Würde sie ihn füttern und baden und mit ihm spazieren gehen, auch wenn es regnete, sie zu viele Hausaufgaben zu erledigen oder einfach keine Lust dazu hatte? War ihr klar, dass ein Hund nicht einfach etwas war, dem man seine Aufmerksamkeit schenkte, wenn man wollte, und ihn die restliche Zeit ignorierte? Wusste sie, dass diese Verpflichtung ein Leben lang galt?

Ja! Ja! Eintausend leidenschaftliche, feurige und in letzter Zeit erschöpfte Ja auf all diese Fragen. Phoebe verdrehte sogar einmal die Augen bei dem Satz mit der lebenslangen Verpflichtung. Sie wusste bereits im Alter von fünf Jahren sehr wohl, dass ein Hund nicht ewig lebte. Man hatte ihn und liebte ihn von ganzem Herzen, bis er starb. Fertig. Trotz all ihrer romantischen Fixierung auf das Subjekt – die Hundeposter an den Wänden, Bettwäsche mit Hundemuster, Hundekalender und -pullover, ihre Keramiksammlung und die ausgestopften Hunde aller Rassen und Größen – war Phoebe vielleicht bodenständiger und realistischer, was einen Hund im Haus betraf, als wir es waren.

Manchmal lagen Sally und ich im dunklen Schlafzimmer und gestanden einander unsere Sorgen und schlimmsten Befürchtungen, während Phoebe in ihrem Zimmer am Ende des Flurs tief und fest schlief und mit Sicherheit von Hunden träumte. Ich hatte es vor allem darauf angelegt, im Kopf versicherungsmathematische Studien durchzuführen und die Ergebnisse mit Sally zu besprechen.

»Gehen wir mal davon aus, wir holen uns jetzt einen Hund, der vierzehn Jahre lebt«, sinnierte ich laut. »Phoebe wird in sechs Jahren aufs College gehen. Das heißt, wir müssen uns noch weitere acht Jahre selbst um den Hund kümmern. Und er könnte auch zwanzig Jahre leben. Das kommt bei Hunden schon mal vor. Das wären vierzehn Jahre für uns. Du wärst siebzig, ich wäre zweiundsiebzig.«

Sally, für die als Englischlehrerin Zahlen kaum von Bedeutung waren, schwieg eine Weile. Dachte sie über uns als grauhaarige und behäbige Siebzigjährige nach? »Hunde leben nicht immer so lange«, erwiderte sie schließlich. »Er könnte sterben, noch bevor sie aufs College geht.«

»Oh, das wäre toll«, pflichtete ich bei. »Warum gehen wir nicht einfach zu ihr und brechen ihr gleich das Herz?« Mittlerweile starrten wir beide an die dunkle Decke. An Schlaf war nicht mehr zu denken.

Meine Gespräche mit Phoebe nahmen eine andere, fast juristische Wendung. Als sie besonders harte Beweise bezüglich ihrer mit Hunden gesegneten Freundinnen auf den Tisch legte, nahm ich sie manchmal ins Kreuzverhör und konfrontierte sie mit widersprüchlichen Beweisen. Dann zählte ich alle Familien auf, die meines Wissens nach keinen Hund hatten.

»Was ist mit Jeanne?«, fragte ich. »Oder Camille? Die haben keinen Hund.«

»Jeannes Vater ist Allergiker«, konterte Phoebe. »Camilles Familie wohnt in einer Wohnung, in der keine Haustiere erlaubt sind.«

»Und Sophie?«, fuhr ich fort. »Sie haben ein großes Haus.«

»Sophie will keinen Hund. Sie mag Vögel.« Sie legte eine Kunstpause ein. »Und sie hat einen Vogel bekommen«, fügte sie hinzu, ohne den Namen als Beweis zu vergessen: »Fellini.«

»Nun«, stellte ich fest, »wir sind nicht wie die anderen Familien. Wir tun Dinge auf unsere eigene Weise, und zwar dann, wenn die Zeit reif ist.«

»Ich weiß«, stöhnte Phoebe. »Ich weiß.«

Ecstasy war fast mit Sicherheit ein verlorener Fall, nachdem Phoebe erklärt hatte, wie sich der Hund für sie anfühlte. Doch ich war noch nicht bereit aufzugeben.

»Warte hier«, wies ich sie an. »Ich werde Mami holen.« Als ich ging, blickte ich über meine Schulter zu Ecstasy. Sie hatte ihren vertrauten Platz auf dem nackten Boden wieder eingenommen. Seltsamerweise schien sie ihre Decke zu verschmähen.

Sally war draußen, wo sie eine ihrer häufigen Pausen von dem Tierheimchaos machte, das bei ihr Kopfschmerzen und/oder Heuschnupfen auslöste. Sie stand am Rand des Parkplatzes und blickte durch eine Hecke auf die Rückseite eines Ladens.

»Komm wieder rein«, bat ich sie. »Ich glaube, wir haben einen gefunden.« In gewisser Hinsicht musste ich geglaubt haben, dass Ecstasy immer noch eine Chance hatte, solange ich nicht erwähnte, dass sie von Phoebe bereits abserviert worden war. Sally erwiderte etwas, das ich nicht verstand, anschließend gingen wir an der Rezeption vorbei, wo sich eine Familie mit drei kleinen Kindern über einen großen, dreckigen Akita-Mischling freute, für den sie sich gerade entschieden hatten. An der Rezeption bogen wir in den Gang mit Ecstasys Zwinger. Phoebe war nirgendwo zu sehen.

Sally tat ziemlich genau dasselbe, was Phoebe getan hatte. Sie spähte in den Zwinger, bückte sich und lockte den Hund mit wedelnden Fingern zu sich. Auch ich beugte mich vor, um meinen ersten Körperkontakt mit Ecstasy herzustellen. Ihre Schnauze war warm, und ihr Fell fühlte sich weich, nicht »komisch« an.

»Sie ist nett«, murmelte ich in dem Versuch, die intime Atmosphäre nicht zu zerstören, die wir drei hier unten auf dem Boden aufgebaut hatten. Im Tierheim war es im Moment seltsam ruhig. »Auf dem Schild steht, dass sie gut mit Kindern kann«, sagte ich. »Das stimmt. Sie ist überhaupt nicht wild.«

Sally streichelte Ecstasy über Kopf und Hals und kratzte sie sogar mit einem Finger hinter einem ihrer großen, spitzen Ohren. Ecstasy machte einen glückseligen Eindruck, als stünde sie unter Drogen. Ihre Augen drehten sich nach oben, doch meine Frau warf mir nur einen skeptischen Blick zu.

Sally hatte sich ebenso widerwillig wie ich oder noch widerwilliger auf diese Hundesuche begeben. Sie wusste, wenn sie sich auf etwas einließ, wie sie es bei den meisten Dingen in unserem gemeinsamen Leben getan hatte, was passieren würde. Ich schwärmte von den grenzenlosen Freuden einer Sache – einem Urlaub, einem Umbauprojekt, jetzt einem Hund –, und sie erledigte den Löwenanteil der Arbeit in Form von Telefonaten und E-Mails an Hotels, den Klempner, den Tierarzt, ganz zu schweigen von den Sorgen und dem Ärger, die folgten. Egal, wie sehr Phoebe und ich das Gegenteil behaupteten, ein Hund stellte eine weitere große Herausforderung dar, von der Sally mehr als ihren Anteil schultern würde. Es war nicht gerecht und nicht richtig, aber nicht zu ändern.

Es war auch nur ein Teil des Verhaltensmusters. Trotz ihrer pragmatischen Vorbehalte, einen Hund bei uns aufzunehmen, wussten Sally und ich, was ein Haustier sonst noch bedeutete. Egal, für welchen Hund wir uns entschieden, sie würde sich hoffnungslos und rückhaltlos in ihn verlieben. Trotz ihrer Arbeitsweise ist meine Frau heillos romantisch veranlagt, viel mehr als ich es mit meiner draufgängerischen Offenheit jemals sein werde. Filme, sowohl lustige als auch traurige, Balladen von Bruce Springsteen, ein Familienalbum, feierlich auf dem Podium stehende Olympiaathleten – all das öffnete bei Sally die Tränenkanäle. Nach fünfzehnjähriger Ehe war ich zwar an diesen Charakterzug gewöhnt, dennoch hatte ich verblüfft die Wandlung von ausgelassenem Lachen zu Tränen mit angesehen, als ihr Vater an seinem achtzigsten Geburtstag spontan das Pepsi-Cola-Lied aus seiner Jugend gesungen hatte. Sie hatte um seine und ihre Kindheit und um ihre Mutter geweint, die plötzlich im Alter von etwas über fünfzig Jahren gestorben war. Sie hatte geweint, weil all das mit einem bittersüßen Beigeschmack über sie hinwegfegte. Ein Hund würde sie vollständig gefangen nehmen.

»Hat Phoebe sie gesehen?«, fragte Sally und zog ihre Hand aus dem Zwinger.

Es gab keinen Grund, zu lügen, auch wenn ich in Versuchung war. »Nur kurz«, antwortete ich. »Richtig Zeit hat sie mit ihr nicht verbracht.«

»Was hat sie gesagt?«

»Nicht viel. Etwas darüber, dass ihr Fell komisch sei. Aber daran kann man sich gewöhnen. Echte Hunde fühlen sich nicht wie Dakta an.« Ich meinte den Stoff-Husky, mit dem Phoebe jahrelang geschlafen hatte.

»Ich weiß, was sie meint«, sagte Sally. »Ihr Fell fühlt sich trocken an. Kein Wunder, wenn man weiß, wie man sich hier um die Hunde kümmert.« Sie blickte den Gang mit den gefängnisartigen Zwingern entlang und sagte etwas, was ich nicht verstand.

»Was hast du gesagt?«, fragte ich nach. Oft höre ich tatsächlich nicht, was meine leise sprechende, manchmal nicht hörbare Frau sagt, mitunter ist mein Nichtverstehen allerdings eine Verzögerungstaktik, um meine Gedanken zu sammeln.

»Natürlich kümmert man sich hier um die Hunde«, erwiderte ich auf Sallys vorherige Bemerkung. »Ansonsten würde das Tierheim geschlossen werden.«

»Woher willst du das wissen?«, provozierte mich Sally

mit erhobener Stimme. »Niemand schließt diese grässlichen Welpenfabriken, in denen nur kranke Hunde produziert werden.«

»Wovon redest du? Das ist keine Welpenfabrik. Wir wären doch gar nicht hergekommen, wenn wir das gedacht hätten.«

In dem Augenblick entlud in einem der Zwinger hinter uns eine Bulldogge, anscheinend angeregt von meiner lauten Stimme und meiner angespannten Stimmung, ihre Wut in heftigem Gebell. Ich drehte mich um und warf ihr einen strengen Blick zu, was ihren Unmut nur verstärkte. Kurz darauf stimmten andere Hunde in das Konzert mit ein. Wegen der Lautstärke mussten Sally und ich dankbarerweise unseren Streit beenden. Ein Mitarbeiter des Tierheims erschien und fragte, ob alles in Ordnung sei.

»Prima«, rief ich. »Alles bestens. Sie haben hier eine Menge tolle Hunde.«

Ohne etwas darauf zu erwidern, machte er sich daran, die Bulldogge zu beruhigen.

»Wo ist Phoebe?«, fragte Sally in schärferem Ton. »Ich dachte, sie wäre bei dir.« Wir machten uns in entgegengesetzte Richtungen auf die Suche. Ich fand Phoebe an der Anschlagtafel in der Eingangshalle. Sie betrachtete sich, wie bereits bei unseren vorherigen Besuchen, die Fotos von Familien mit ihren Haustieren, die sie adoptiert hatten. Alle auf den Bildern, selbst die Hunde, Katzen und auch ein Hase, dem man hier Unterschlupf gewährt hatte, schienen zu lächeln.

»Eines Tages hängt auch ein Bild von uns hier, Schatz. Das verspreche ich dir.«

Sie blickte zu mir auf. Ihre braunen Augen wurden feucht

und drohten überzulaufen. »Warum habt ihr beide euch angeschrien?«, fragte sie.

»Wir haben uns nicht angeschrien. Hast du uns etwa gehört?«

Sie wandte den Blick wieder zur Anschlagtafel. Sally kam hinzu und streichelte über das feine, blonde Haar unserer Tochter. In Momenten wie diesen wurde mir klar, wie sehr sich meine Frau und meine Tochter ähnelten – blondes Haar, wassergrüne Augen, schmale Schultern, leise Stimmen, aufrechte Haltung und die unverkennbare Art, Widerstand, Unsicherheit oder Empfindlichkeit auszudrücken, indem sie kaum merklich ihr Kinn verschoben.

»Was für eine Sorte Hund ist der hier?«, wollte Sally von Phoebe wissen, die sich mit den einzelnen Rassen bestens auskannte. Sie hatte die Hundebücher fleißig durchgearbeitet, die sie im Lauf der Jahre zu Weihnachten und Geburtstagen geschenkt bekommen hatte.

»Bin ich mir nicht sicher«, antwortete sie. »Es könnte ein Portugiesischer Hirtenhund sein. Oder vielleicht ein Laika.« Und dann, mit immer noch auf die Anschlagtafel gerichtetem Blick, sagte sie mit leiser Stimme: »Ich will diesen Hund nicht, Daddy. Estasy.« Sie sprach den Namen ohne c aus, sodass er wie »Ess-tä-sie« klang, als würde langsam Luft aus einem Ballon entweichen.

Ich wusste, wie schwer es für Phoebe gewesen sein musste, mir das zu sagen. Wieder einmal ließ sie die Gelegenheit verstreichen, einen Hund zu bekommen. Sie wusste nicht genau, was ihr an diesem Hund nicht gefiel, wusste nicht einmal, ob ihr jemals der Richtige begegnen würde. Und sie fürchtete, mich enttäuscht zu haben, versuchte um jeden Preis, nicht zu weinen. Ich war furchtbar stolz auf sie, fühlte mich aber auch elend angesichts dessen, was sie und wir alle hier durchmachten. Sally und ich warfen uns über dem Kopf unserer Tochter einen kurzen, hilflosen Blick zu.

»Gehen wir«, schlug ich vor. »Wer will ein Eis auf dem Nachhauseweg?«

»Ich, ich«, rief Sally. Dies taten wir oft, wenn unsere Tochter, ein Einzelkind, traurig war. Wir verhielten uns selbst wie Kinder, um sie aus ihrer schlechten Stimmung herauszuholen, die uns in ihrer Eindimensionalität einfach nur Angst machte. Phoebe ging hinter uns zum Wagen und setzte sich genau so auf die Rückbank, dass ich ihr Gesicht nicht im Rückspiegel sehen konnte.

Mit unseren Eistüten in der Hand standen wir vor dem Eisladen und beobachteten die Flugzeuge, die über der Bucht zur Landung auf dem San Francisco International Airport ansetzten. »Da oben waren wir auch vor ein paar Wochen.« Ich erinnerte mich an unseren Rückflug von Missouri, wo wir meine Verwandten besucht hatten. Keine Antwort. »Das hier ist ziemlich gut«, unternahm ich den zweiten Anlauf und deutete mit meinem Plastiklöffel auf mein Karamell-Pekannuss-Eis. »Aber nichts im Vergleich zum Winstead's Malz.«

»Warum müssen wir immer da reingehen?«, fragte Phoebe. Sie meinte die berühmte »Steakburger«-Bude von Kansas City.

»Als würde es dich stören«, erwiderte ich. »Ich habe nie gehört, dass du dich über die Pommes beschwert hättest.«

»Die Zwiebelringe sind das Entscheidende«, warf Sally ein.

»Das ist totaler Stuss«, hielt Phoebe dagegen.

Sie kabbelten sich noch eine Weile fröhlich über dieses

unerschöpfliche Thema, bevor sie sich auf mich einschossen, weil wir wegen mir beinahe den Rückflug verpasst hatten, da ich in letzter Minute noch schnell ins Winstead's gehen wollte. Das war gut. Unseren letzten missglückten Versuch zum Thema Hunde hatten wir für diesen Tag hinter uns. Auf der Heimfahrt überlegten Sally und Phoebe, später ins YMCA schwimmen zu gehen.

Ich war froh, dass sich die gedrückte Stimmung aufgelockert hatte und dass meine Frau und meine Tochter auf dem Nachhauseweg eifrig miteinander plauderten. Zum Abendessen lagerten im Kühlschrank ein paar bescheidene Reste, was hieß, wir konnten uns Zeit lassen, weil wir nicht kochen mussten, bevor meine beiden Frauen zum Schwimmen gehen würden. Doch als ich nördlich am Flughafen vorbei und über die 380 der weißen Nebelhaube entgegenfuhr, die im Sommer oft über San Francisco liegt, wanderten meine Gedanken zurück zu diesem lammfrommen Hund mit dem leicht abwesenden Blick, den wir uns im Tierheim angesehen hatten.

Vermutlich wusste ich insgeheim, dass Ecstasy nicht der richtige Hund für uns war. Vielleicht war sie für niemanden der richtige Hund. »Kinderlieb« könnte, wie mir klar wurde, auch »katatonisch«, »nahezu hirntot« oder »benötigt regelmäßige Wiederbelebungsversuche« heißen. Dennoch, irgendwie hatte ich den Eindruck, dass wir eine Gelegenheit versäumt hatten.

Vielleicht wären wir die einzige Familie gewesen, die Ecstasy aus ihrer Schale hätte locken und die Perle der Liebe und Anhänglichkeit freilegen können, die auch im unmöglichsten Hund verborgen ist. Vielleicht war ihr besonders unpassender Name ein Hinweis und forderte uns auf, die Antriebskraft und Freude zu wecken, die sich in diesem »unekstatischen« Hund verbarg.

Am Stonestown-Einkaufszentrum gerieten wir in die Nebelglocke und fuhren dann die Nineteenth Avenue hinauf.

Niemand von uns hätte es an diesem Nachmittag vermutet, als die klamme Luft um uns herumwirbelte und die bunten Reihenhäuser an uns vorbeizogen, doch bald schon würden wir wieder in dieses Tierheim nach Redwood City fahren, voller Hoffnung, aber ohne die Sicherheit, dass sich aus diesem Besuch etwas ergeben würde. Dies vorher zu wissen war unmöglich, doch die Ekstase, die sich an jenem Tag nicht einstellte, war das Vorspiel für den Wahnsinn, der folgen sollte.

ZWEI

LEBENSZYKLEN

Phoebe wurde am 14. Juni 1991 geboren. Seit dem 4. Juli bearbeitete sie uns wegen eines Hundes. Ich weiß, das ist eigentlich nicht möglich. Unsere Tochter wälzte sich ganze sechs Wochen in ihrem Bettchen herum, und ihre ersten Schritte machte sie kurz vor ihrem ersten Geburtstag. Doch im Rückblick betrachtet, glaube ich, dass sie nur ihre Energie sammelte, um unaufhörlich Hunden hinterherzurennen, was sie tat, sobald sie sich selbstständig fortbewegen konnte. Kaum dass sie lief, war kein Hund vor ihr sicher, egal, ob Setter, Spaniel, Chihuahua, Terrier, Bulldoge oder Dänische Dogge. Sie musste sie streicheln, am Schwanz ziehen oder ihnen ihre Arme um den Hals werfen und sie fest an sich drücken. Es grenzte schon an ein kleineres Wunder, dass sie nicht von einem ebenso liebevollen Mastiff oder Golden Retriever fortgeschleppt wurde.

Psychologisch zu taktieren begann sie sogar noch früher. Sie ließ sich nicht dazu herab, nur Bilderbücher oder Geschichten zu mögen, in denen Hunde vorkamen. In einem spielten eine Maus und Katzen, drei Bären und eine Kuh die Hauptrollen, aber kein Hund. Beatrix Potters hundefreie *Geschichte von Peter Hase* war eines ihrer Lieblingsbücher, ebenso wie ihre »Ameisen und Bienen«-Bücher und die Geschichte vom Hasen, der immer vor seiner Familie und aus seinem Zuhause weglief. Diese Geschichte warf, wie wir später merkten, nur allzu weit den Schatten voraus auf unsere tierische Zukunft.

Bevor ihre Hundebesessenheit voll ausgereift war, hatte Phoebe uns von ihrem gesunden, umfassenden Interesse an anderen Tieren überzeugt. Sie spielte mit Beanie Babies, aber nicht nur mit denjenigen, die wie Hunde aussahen. Sie ging gerne in den Zoo, wo sie von ihrem Kinderwagen aus nach oben zu den Giraffen, Elefanten und Affen blickte. Sie mochte sogar Angus, die rötlich braun getigerte Katze von Tante Nancy, die wir in Seattle besuchten. Unser Problem ahnten wir nicht einmal.

Doch es gab auch Anzeichen, dass Hunde einen unverhältnismäßig großen Teil von Phoebes innerem Leben einnahmen. Bestimmte Stofftiere tauchten öfter nachts in ihrem Bett auf. Zuerst war es ein Beagle, der quietschte, wenn man ihn drückte. Dieser wurde von einem riesigen, schwarzen Labrador abgelöst, den sie Kohle nannte. Und schließlich trat Dakta in ihr Leben, ein plüschiger Husky, der zwar laut Schild »Dakota« hieß, doch nachdem sie den Namen vom ersten Moment an falsch verstanden hatte, weigerte sie sich, diesen zu verwenden.

»Wir rufen Doktor Dakta« spielten Sally und ich immer. »Ist Doktor Dakta im Haus? Doktor Dakta bitte ins Zimmer von Fräulein Phoebe Ann Winn.«

»Ihr Dummköpfe. Er ist doch hier«, rief sie dann von der Tür aus, den kleinen grau-weißen Husky an sich gedrückt.

Nach und nach baute unsere Tochter ihre Interessen als Sammlerin aus. Nachdem ihr jemand zu einem ihrer ersten Geburtstage einen Deutschen Schäferhund aus Porzellan geschenkt hatte, verlangte sie immer mehr kleine Hunde, die dem Schäferhund auf dem Regal in ihrem Zimmer Gesellschaft leisten sollten. Das Porzellanrudel wuchs schneller, als die Mäuse ihrer Freundin Marlena Nachwuchs bekamen, und breitete sich von einem auf zwei und dann auf drei Regalbretter aus. Die Sammlung umzusortieren konnte Stunden in Anspruch nehmen.

Phoebes Lieblingsfilm war eindeutig *101 Dalmatiner*. Für lange Zeit blieb die Videokassette im Rekorder und wir ließen sie an der Stelle wieder laufen, an der wir sie vorher abgeschaltet hatten. Phoebe störte sich nicht an den Unterbrechungen. Für sie war der Film wie eine Endlosschleife. »Wauwau schaun« waren ihre ersten Worte, bevor sie noch viele andere über die Lippen brachte. Öfter, als wir hätten tun sollen, drückten wir die Abspieltaste und unterdrückten damit garantiert die schlechte Laune, mit der uns unsere Tochter quälen konnte.

Sally und ich rissen immer Witze, dass wir wahrscheinlich diesen Film für jeden Dalmatiner, der mitspielte, ein Mal gesehen hatten. Nach mehr als einem Jahr reichte unsere Energie auch nicht mehr für Witze. »Ich glaube, sie hat ihn wirklich schon hundert Mal gesehen«, sagte Sally eines Abends, während wir das Abendessen vorbereiteten und Phoebe sich schon wieder wie gelähmt die Szene anschaute, in der die Hunde in der Abenddämmerung bellen.

»Mindestens«, erwiderte ich und schnitt weiter meine Zwiebeln. Wir waren dabei, Fusili mit Marinara-Soße zu kochen, die Leibspeise unserer nudelbegeisterten Tochter. Mir kam der Gedanke, dass wir Roger und Anita sehr ähnlich waren, dem freundlichen Londoner Ehepaar, das im Film ihr Haus von den Dalmatinern erobern lässt. Viel zu ähnlich. Als wir uns bettfertig machten, deutete ich Sally gegenüber meine Befürchtung an.

»Ich weiß nicht«, erwiderte sie. »Phoebe hält uns vielleicht eher für Cruella De Vil.« Das war Anitas dämonische alte Schulfreundin, ein pelzfixiertes Ungeheuer, das sich mit den Hunden anfreundet, in der Hoffnung, sie wegen dem gefleckten Fell töten zu können.

»Wovon redest du?«, fragte ich, wusste aber genau, wovon sie sprach. In puncto Hunde waren wir Phoebes Feinde. Wir waren die bösen Eltern, die ihr keinen eigenen Hund gönnten. Wir konnten so tun, als spräche sie zu Gott und nicht zu uns, wenn sie ihrem Wunsch nach einem kleinen Hund – »eines Tages« – flüsternd Ausdruck verlieh. Wir konnten so tun, als wüssten wir nicht, was es bedeutete, als sie ausgeklügelte Teepartys für ihre Porzellanhunde veranstaltete oder sich nachts an Dakta klammerte. Doch natürlich wussten wir Bescheid. Wir wussten, dass wir diejenigen waren, die zwischen ihr und einem eigenen Hund standen.

»Sie ist noch viel zu jung«, sagte ich, nachdem wir das Licht ausgeschaltet hatten und in den Selbstgerechtigkeitsmodus wechselten, warum wir unserer vierjährigen Tochter keinen Hund schenken konnten. »Sie hat keine Ahnung, was alles damit zusammenhängt. Mit ihm im Regen spazieren zu gehen und ihn zu füttern.«

»Was ist, wenn wir verreisen wollen?«, fragte Sally in die Dunkelheit. »Wer würde mit ihm zu Hause bleiben, wenn etwas passiert?«

Es war wie eine Kirchenliturgie. Schon unzählige Male zuvor hatten wir alle unsere Bedenken in verschiedenen Varianten abgespult. Manchmal brachte Sally das Urlaubsproblem oder die Regenspaziergänge zur Sprache, manchmal tat ich es. Schuldbewusst angesichts dieser unbeantworteten, aber eigentlich leicht lösbaren Probleme, versuchten wir zu schlafen.

Aufgrund des anhaltenden schlechten Gefühls beschlossen Sally und ich, dem Problem zunächst mit einem Fisch zu begegnen. Als Phoebe fünf Jahre alt war, kauften wir ein kleines, kugelförmiges Glas, das wir auf ihr Nachttischchen stellten. Es war so groß, dass immer nur ein Goldfisch hineinpasste. Die ersten beiden Fische starben so rasch, dass sich bald schon niemand mehr daran erinnerte, ob Claro oder Hako zuerst da gewesen war. Phoebe hatte eine geheimnisvolle Gabe, sich Namen für Haustiere auszudenken, und lächelte rätselhaft, als wir sie fragten, woher der Name »Hako« stammte, vergaß aber nie, zweimal am Tag ein paar Futterflocken aufs Wasser zu streuen oder am Wochenende zu helfen, das Goldfischglas zu putzen.

Sally oder ich mussten das Glas nach unten tragen, doch Phoebe fischte die bunten Kieselsteinchen selbst heraus und legte sie in ein Sieb, um sie abzuwaschen. Vor der Spüle in der Küche auf einem Hocker stehend, schrubbte sie die kleine Keramikburg, bevor sie mit der Sorgfalt eines Chirurgen Claro oder Hako aus dem mit Wasser gefüllten Erdnusscremeglas in sein in neuem Glanz erstrahltes Heim setzte.

Selbstverständlich konnten wir Phoebe für das frühe Dahinscheiden ihrer Fische keine Schuld geben. Sie hatte Verantwortung bewiesen und alles richtig gemacht. »So was passiert, Schatz«, tröstete ich sie, als an einem Samstagmorgen einer ihrer Fische mit dem Bauch nach oben auf dem Wasser trieb. Phoebe saß im Schlafanzug auf der Bettkante und spähte nach einer raschen Beerdigung in der Toilette aufmerksam ins Fischglas. Sie wirkte ernst, aber nicht übermäßig aufgebracht. Es war, als könnte sie in eine ferne Zukunft blicken, zu der etwas Weiterentwickeltes als ein Fisch gehörte. Das Fischglas war für sie wie eine Kristallkugel, in der sie Bilder von sich heraufbeschwören konnte, wie sie auf einer großen, grünen Wiese mit einem Welpen umhertollte.

Als Rosie, der nächste Fisch in der Erbfolge, den Löffel abgab, konnten Sally und ich uns nur selbst die Schuld geben. Aus unerfindlichen Gründen überzeugt, dass das Glas eine gründliche Post-Claro-und-Hako-Reinigung benötigte, trugen wir es nach unten. Dort gossen wir eine Kappe voll Bleiche ins Wasser und schrubbten das Glas innen und außen. Anschließend spülten wir es gründlich und ließen das Wasser laut Anweisung aus dem Goldfischbuch über Nacht stehen, bevor wir mit Phoebe einen neuen Bewohner aussuchten. Dieser war rötlich gefärbt und trat im Goldfischaquarium der Zoohandlung besonders forsch auf. Doch ein paar Tage später machte Rosie schlapp. Lustlos schwebte sie über der Burg, ließ die Flossen noch etwa eine Woche lang hängen, bevor sie sich ihrem Schicksal ergab.

Als ich in den Zooladen zurückging, um mich zu beschweren, hörte sich der Verkäufer meine Geschichte an, bevor er fragte, ob etwas »Ungewöhnliches« ins Wasser geraten sein könnte. »Hat Ihr Kind vielleicht etwas ins Glas geschüttet? Das tun sie manchmal. Limo oder Salz oder so was, nur um zu sehen, was passiert. Oder Putzmittel. Haben Sie zufällig Spülmittel verwendet, um das Glas zu reinigen? Es ist nämlich fast unmöglich, die Reste rauszubekommen, und Goldfische vertragen kein Spülmittel.« Bleichmittel zu erwähnen war nicht mehr nötig. Am nächsten Tag ging ich mit Phoebe erneut in den Laden, wo sie sich einen anderen Fisch und ein neues Glas aussuchte.

Diese verschiedenen Wasserleichen und Ersatzbeschaffungen erinnerten mich an meine eigenen Erfahrungen mit dem tierischen Lebenszyklus während meiner Kindheit und Jugend. Wie Sally und ich hielten auch meine Eltern zusammen, wenn meine Schwester Judy und ich ihnen wegen eines Hundes zusetzten. Unsere ersten Haustierbedürfnisse mussten auf andere, einfachere Weise befriedigt werden. Ich bekam tropische Fische, deren leuchtende Farben und Fortpflanzungswille durch einen allgemeinen Mangel an Persönlichkeit und eine hohe Sterblichkeitsrate ausgeglichen wurden. Judy hatte eine Reihe Schildkröten aus dem Zooladen bekommen, deren Hauptfunktion darin bestand, dass Judy ausgeklügelte Beerdigungszeremonien veranstalten konnte, nachdem die kleinen Tiere zielgerichtet aus ihrem Plastikinselparadies geklettert und schnurstracks vom rosafarbenen Regal in die Tiefe gestürzt waren.

Judy stand während ihrer Schildkrötenjahre im Bann von Billy Graham. Angestachelt von seinem Fernsehsermon, bevorzugte sie hochtrabende Grabreden für Christopher oder Luke oder Mark oder John, die für ihre letzte Reise in ein mit Watte gepolstertes Schmuckkästchen gelegt wurden. Ich bekam die Rolle des Totengräbers zugeschoben, und meine Schwester, bekleidet mit einem korallenroten Bademantel, der als Priesterinnengewand diente, führte die Nachbarskinder, die sie für das Spektakel auftreiben konnte, mit düsterer Miene zu einer überlangen Trauerfeier in unseren Garten. Ich hatte immer Angst, dass ich mit dem Pflanzenheber meines Vaters, mit dem ich das Grab schaufelte, auf ein bereits in die Erde versenktes Schmuckkästchen von einer der vorherigen Beerdigungen stoßen könnte.

Wenn die Schildkröten das Symbol für die gesellschaftlichen Rituale für Tod und öffentliche Trauer waren, waren die Fische, die ich im Keller hielt, eine einsame Beschäftigung. Jeden Tag nach der Schule ging ich nach unten, um nach den beiden Aquarien zu sehen. In einem befand sich eine bunte Mischung aus Neonsalmlern, Zebrafischen, Kaiserfischen, Spitzmaulkärpflingen, Schwertträgern und zu guter Letzt einem schnurrbärtigen Wels, der eifrig den farbigen Kies absaugte und leise die Blätter der Plastikpflanzen rascheln ließ. Das andere, kleinere Aquarium, in dem ich Guppys hielt, war problematischer. Um dieses kümmerte ich mich immer erst zum Schluss, in der Befürchtung, dass sich einer meiner zarten, schleierschwänzigen Schönheiten über Nacht entweder einen weißen Pilz eingefangen hatte oder sie, wie sie es oft ohne Vorwarnung taten, einfach starben und aufgedunsen an der Oberfläche trieben.

Ab der siebten Klasse verlor ich das Interesse an Fischen. Meine Eltern mussten mich daran erinnern, sie zu füttern. Die Wände des Aquariums waren mit einer dicken, grünen Algenschicht überzogen, die ich so lange nicht putzte, bis ich kaum noch Anzeichen von Leben dahinter erkennen konnte. Eines Tages, als mein Vater im Keller an seiner Werkbank arbeiten wollte, bemerkte er zufällig, wie schlimm die Aquarien aussahen, und drohte, sie auszukippen, wenn ich sie nicht sauber halten könne. »Wie willst du für einen Hund sorgen, wenn du noch nicht einmal auf ein paar Guppys aufpassen kannst?«, schimpfte mein Vater.

Noch immer spüre ich seinen Zorn und seine Enttäu-schung, die mein schlechtes Gewissen anfachten. Bei der Erinnerung daran musste ich mich fragen, welche Gefühls-stürme durch Phoebe tobten, als sie in das Glas neben ih-rem Bett blickte und sich fragte, ob sie stattdessen je einen Hund bekommen würde.

Nibbler, der letzte Fisch, den Phoebe bekam, lebte am längsten – etwas mehr als ein Jahr. Unsere Tochter erwies sich als gute Pflegerin. Sie fütterte Nibbler, wechselte sein Wasser und sorgte dafür, dass unsere Nachbarn, Pam und Cheryl, sich um ihn kümmerten, wenn wir fort waren. Sie schrieb lange, ausführliche Anweisungen und trug das Glas selbst zu ihnen hinüber, als sie alt genug dazu war. In die-ser Zeit schrieb sie als Schulaufgabe auch ein Gedicht mit dem Titel »Mein Wunsch«. Es begann so:

> *Läuft ein Hund an mir vorbei,*
> *schließ ich die Augen und*
> *wünsche mir, ich hätt keinen Fisch,*
> *sondern 'nen Hund.*

All die vorbeilaufenden Hunde, fuhr sie ein paar Zeilen weiter unten fort:

> *sehen aus, als gingen sie zu einer Party.*
> *Ach wäre ich doch auch eingeladen!*

Das Gedicht endete mit einem resignierten Seufzer ange-sichts ihrer sozialen Verantwortung:

Doch wenn ich die Kinder in den armen Ländern seh,
Tut mir mit meinem Wunsch das Herz ganz weh.

»Hast du das hier gesehen?«, fragte ich Sally. Sie nickte. »Ich bin mir nicht sicher, ob wir ihr gleich morgen einen Hund kaufen oder ihr den Friedensnobelpreis verleihen sollten«, meinte ich.

Sally hatte eine bessere Idee. »Holen wir ihr einen Vogel. Ich habe ein bisschen nachgelesen. Unzertrennliche sollen echt lieb sein und viel Persönlichkeit entwickeln. Sie setzen sich auf den Finger, klettern den Arm hinauf und knabbern am Ohr. Das würde ihr gefallen. Und hübsch sind sie auch noch.«

Weil dieser Vorschlag wie aus dem Nichts kam und ich versuche, Sallys Instinkt und ihren Recherchen zu vertrauen, stimmte ich ohne Vorbehalte zu. Wir erzählten Phoebe, die zehn Jahre alt war, beim Abendessen davon. Als Fünftklässlerin hatte sie gelernt, ihre Gefühle zu verbergen, während sie uns perfekt durchschaute. Ich dachte, sie wäre glücklich wegen der Idee mit dem Vogel, doch sie musste sie durchschaut haben: Der Traum von einem Hund rückte durch ein anderes Tier wieder in weite Ferne. »Das hört sich prima an«, sagte sie und versenkte ihre Gabel in ihre Spaghetti carbonara. Sie hatte ihren Geschmackssinn für Nudeln ebenso wie ihre Fähigkeit im Umgang mit uns verfeinert.

Wir mussten uns noch ein paar Wochen gedulden, bis der Laden, den Sally auserwählt hatte, die nächste Lieferung bekam. Wir unternahmen mehrere Fahrten quer durch die Stadt und verbrachten lange Zeit damit, mit den Fingern auf verschiedene sehr grüne Vögel zu zeigen, die für mich alle gleich aussahen und alle die gleichen durchdringenden Schreie ausstießen. Phoebe entschied sich schließlich für einen, der wie die Reste in einem Chinarestaurant in eine kleine, weiße Schachtel gesteckt wurde. Zu Hause ließen wir ihn in einem geräumigen Käfig frei, den wir im Esszimmer aufgestellt hatten. Unser neues Familienmitglied hüpfte eine Zeit lang von einer Holzstange zur nächsten, pickte kurz an seinem Wetzstein und setzte sich auf die Schaukel. Nach einem weiteren kurzen Erkundungsgang wickelte er seine Krallen um zwei Gitterstäbe und blickte uns mit einem seiner weiß umränderten Augen an. Plötzlich begann er, hektisch auf und ab zu ruckeln.

»Sieht aus, als würde er Liegestützen machen«, sagte Phoebe, die ein paar Schritte Abstand zum Käfig hielt. Für mich hatten seine Bewegungen etwas viel Anschaulicheres. Ich überlegte, ob dies die Art war, in der Unzertrennliche Sex miteinander hatten.

Sally streckte einen Finger aus, um den Kopf des Vogels zu streicheln. Zunächst hielt er still, bis er plötzlich auf die andere Seite floh. Wir beobachteten ihn noch eine Weile. Die Art, wie er umherhüpfte, kräftig mit den Flügeln schlug, sich mit seinem krummen Schnabel nach oben zog oder plötzlich erstarrte, hatte etwas Faszinierendes und gleichzeitig etwas Beängstigendes. Wir legten ein Handtuch über den Käfig und gingen nach oben ins Bett.

Am nächsten Tag hatte Phoebe einen Namen für ihn: »Kewi«, erklärte sie.

»Wie die Frucht«, stellte ich fest. »Das ist gut. Die sind beide richtig grün.«

»Nein«, widersprach sie entschieden. »Man schreibt den Namen mit einem e. K-e-w-i.«

Phoebe schien gleich von Anfang an zu merken, dass dieser Vogel etwas Besonderes war. Statt auf einen Finger zu hüpfen oder auch nur auf ein Stöckchen, das man ihm hinhielt, floh er in die entgegengesetzte Richtung, wenn sich ihm jemand näherte. Sally, die viel Geduld und Vertrauen an den Tag legte, die Phoebe und mir fehlten, ließ nicht locker. Sie wechselte Kewis Wasser zwei Mal am Tag, streute Körner in seinen Futternapf, legte den Boden seines Käfigs mit dem *San Francisco Chronicle*, meinem Arbeitgeber, aus und verbrachte viel Zeit damit, leise mit ihm zu sprechen. Er schien etwas weniger zu kreischen, wenn sie in der Nähe war.

Eines Nachmittags, als Phoebe in der Schule war, war es Sally, die einen schrillen Schrei ausstieß. Ich rannte von meinem Arbeitszimmer ins Esszimmer, wo Sally ein Papierhandtuch gegen ihren Handrücken drückte. »Er hat mich erwischt.« Sie klang verletzter, als sie war. »Ich habe das Papier gewechselt, da ist er im Sturzflug auf meine Hand losgegangen.«

Wir beschlossen, Phoebe nicht zu erzählen, was passiert war, wiesen sie aber an, ihre Finger vom Käfig zu lassen. Solidarisch, wie ich war, wendete auch ich die Hände-weg-Methode an. Sally weigerte sich, nachzugeben. Sie trotzte der Gefahr und wechselte weiterhin das Wasser, füllte Futter nach, legte Papier aus. Kewi bohrte sich nicht jedes Mal in ihre Hand, dazu war er zu schlau. Doch nach mehreren weiteren blutigen Angriffen ging Sally dazu über, sich etwas Langärmliges und dicke Gartenhandschuhe anzuziehen, wenn sie ihre Käfigpflichten erledigte. Selbst dann schrie sie manchmal auf, weil Kewis Schnabel auch den dicken Stoff durchdrang.

Nach etwa sechs Monaten passierte eines Nachts, während wir schliefen, etwas Seltsames: Kewi legte ein Ei. Dieser Vogel, dessen feindliche Art auf eine Testosteronbombe schließen ließ, erwies sich als eine Sie. Kewi legte die zarten, kleinen, rohweißen Dinger in unregelmäßigen Abständen auf die *Chronicle*-Artikel, die sie auf dem Käfigboden schredderte. Diese unerwartete Wendung der Ereignisse, die Wandlung von einem Männchen zu einem Weibchen, erlegte Sally die Pflicht auf, unser wildes Federvieh zu zähmen. Sie tauchte weiterhin mit ihrem nur bedingt sinnvollen Schutzpanzer in den Käfig, um Ordnung zu halten und die Eier herauszuholen. Diese piekste sie an beiden Enden mit einer Nadel auf, blies den Inhalt heraus und legte ihre Sammlung auf einen kleinen Teller, als wollte sie sie zum Färben für eine Unzertrennlichen-Osterfeier vorbereiten. Aus meinem Arbeitszimmer hörte ich, wie Sally mit ihrem scharfschnäbligen Quälgeist murmelte, ohne dass ich je einzelne Wörter verstand.

Alles an diesem Vogelexperiment war verwirrend. Sowohl Phoebe als auch ich – und, was das betraf, auch Sally – sprachen von Kewi als »er« oder »ihn«, wenn wir nicht nachdachten, auch wenn uns die Biologie eindeutig eines Besseren belehrt hatte. Man könnte es sexistisch nennen, aber keiner von uns konnte sich vollständig daran gewöhnen, dass diese leuchtend grüne Borderline-Persönlichkeit weiblich war. Und, ehrlich gesagt, eigentlich konnten wir uns ohnehin nicht daran gewöhnen, einen Vogel im Haus zu haben.

Das Ende kam jäh und unerwartet. Nachdem wir von einem Wochenendurlaub zurückgekehrt waren, stellten wir unsere Koffer im Flur ab und gingen nach hinten in die

Küche. Wir hatten den Käfig auf den mit Zeitungspapier abgedeckten Küchenschrank gestellt, um es den Freunden leichter zu machen, die sich bereit erklärt hatten, ihm/ihr frisches Wasser und Futter zu geben. Verständnislos lauschten wir auf die Stille, die im Käfig herrschte. Hatten unsere Freunde den Vogel der Einfachheit halber mit zu sich nach Hause genommen? Aber wenn ja, warum dann ohne Käfig? Dann sahen wir sie – ausgestreckt auf den mit Guano bekleckerten Zeitungen auf dem Käfigboden lag Kewi auf der Seite, einen ihrer langen Flügel nur halb über ihre winzige Brust gelegt, als wäre eine Decke ein Stück nach unten gerutscht, und starrte ins Leere. Sie war vollkommen und ganz eindeutig tot.

Nachdem wir uns von dem ersten Schock erholt hatten, reagierten Sally und ich auf die gleiche Weise: Wir zogen Phoebe vom Käfig fort und begannen, sie zu trösten.

»Was ist passiert?«, fragte sie mit leiser Stimme, in der echte Verwunderung mitschwang. Kewi war das erste atmende Wesen, das sie tot sah.

»Es ist in Ordnung«, beruhigte Sally sie und nahm sie in ihre Arme. »Vögel werden eben manchmal krank.«

»Ich bin sicher, sie hat nicht gelitten«, fügte ich hinzu.

Phoebe wirkte benommen, doch sie weinte nicht. Sie trat noch einmal zum Käfig und blickte kurz hinein, wich zurück und sagte, sie wolle nach oben gehen. Ich wartete, bis sie außer Sicht war, bevor ich meinen eigenen Gefühlen einen Freiflugschein gab.

»Wie konnten diese Wichser das tun?«, platzte es aus mir heraus. Ich versuchte aber, meine Wut im Zaum zu halten, damit Phoebe mich nicht hören konnte. »Was haben die sich nur dabei gedacht? Schau«, zischte ich und zeigte auf den offensichtlich schlechten Dienst, den uns unsere Vogelhüter erwiesen hatten. »Wasser und Futter sind beide leer. Sie waren kein einziges Mal hier.« Ich knüllte ein paar Zeitungsblätter zusammen, einschließlich einer Seite mit einem meiner Artikel, und stapfte in der Küche umher. »Ich bin schon gespannt, was sie sich als Entschuldigung ausdenken.«

Sally hatte bisher noch keinen Ton von sich gegeben, wie ich bemerkte. Sie stand reglos vor dem Käfig, eine Hand auf dem Riegel und den Kopf gesenkt, sodass ich ihr Gesicht nicht gleich sah. Sie weinte. Tränen rannen über beide Wangen hinab. Die Wut keimte ein weiteres Mal in mir auf, bis sie wieder erlosch. Sally hatte Kewi geliebt. Sie hatte sich mehr um sie gekümmert als Phoebe und mit Sicherheit mehr als ich. Sie hatte alles gegeben, damit Kewi das Gefühl bekam, zu uns zu gehören. Allein Sallys Hand, die aussah, als hätte sie ein Jahr lang in einer Konservenfabrik und nicht in einer Schule gearbeitet, war Beweis genug. Kewis Tod war ein Verlust für sie. Er war ein Verlust für uns alle.

In dem Moment, auf dem Höhepunkt dieser elenden Situation, wusste ich genau, was wir tun mussten. Wir würden für Phoebe einen Hund besorgen. Wir würden uns einen Hund besorgen. Wir hatten bei Fischen versagt und jetzt auch bei einem Vogel. Mit einem Hund würde uns das nicht passieren. Nein, auf keinen Fall. Ich fühlte mich wie ein untröstliches Kind und wie ein entschlossener Mann und Vater gleichzeitig. Wir würden uns einen Hund anschaffen. Genau das brauchten unser einsames Einzelkind und wir als Familie, jetzt und später. Ich verriet Sally davon noch kein Wort, als ich sie vom Käfig fortzog und sie in meinen Armen hielt, wo ich ihr Schluchzen an meiner Brust spürte.

Doch irgendwie spürte ich, dass sie es wusste und den gleichen Entschluss gefasst hatte. Ich beugte mich zurück und blickte in ihr Gesicht. Vielleicht nicht gleich, sagten wir einander ohne Worte. Aber wir würden es tun.

Ich war immer noch mächtig sauer auf unsere Freunde, doch während ich Sally in meinen Armen hielt, ließ meine berechtigte Wut nach. Vielleicht hatte es ein Missverständnis gegeben, sagte ich mir – was sich als Wahrheit herausstellte. Sheila und Todd hatten gedacht, sie müssten am folgenden Wochenende den Vogel hüten. Sie wirkten betroffen, als wir ihnen ein paar Tage später, als wir den ersten Schock über den toten Vogel überwunden hatten, erzählten, was passiert war, und entschuldigten sich immer wieder, auch wenn ich glaubte, einen konspirativen Schimmer in Todds Augen zu erkennen. War es nicht irgendwie in Ordnung, schien er mir zu bestätigen, dass unser kleiner, durchgeknallter Vogel von der Bildfläche verschwunden war?

Nachdem Sally sich wieder beruhigt und ihr Gesicht gewaschen hatte, gingen wir nach oben, um nachzusehen, was Phoebe tat. Sie saß mit gekreuzten Beinen auf ihrem Bett, Dakta auf ihrem Schoß. Beide blickten zum Flur hinaus, als warteten sie darauf, uns etwas mitzuteilen. »Ich möchte nicht, dass du einen anderen Vogel kaufst, Mami«, sagte sie. »Ich weiß, du bist traurig, weil Kewi gestorben ist. Aber bitte versprich mir, keinen anderen Vogel zu kaufen.«

Ich stand hinter Sally, doch ich merkte an der Art, wie sie ihre Schultern hob, dass sie gleich wieder anfangen würde zu weinen. Sie brauchte einen Moment, bis sie die Worte über ihre Lippen brachte. Als es so weit war, kamen sie schwach, aber deutlich. »Ich verspreche es«, sagte Sally. »Wir versprechen es.«

DREI

HUNDEVERGANGENHEITEN

Lange Zeit gab es zwei sehr gute Gründe, warum wir nicht darüber nachdenken mussten, uns einen Hund anzuschaffen. Die Gründe hießen Jessie und Riley. Bei allem, weswegen wir dankbar waren, Pam und Cheryl als Nachbarn zu haben – ihre munteren Grüße auf der Straße, der lockere Austausch gegenseitiger Gefälligkeiten, ihr politischer Eifer, ihre rauschenden Partys und die Dose mit Pams grandiosen Ingwer- und dunklen Schokokeksen zu Weihnachten –, waren wir besonders dankbar für ihre beiden Welsh-Springer-Spaniels. Als Mutter-und-Sohn-Team waren die beiden Hunde übermäßig freundlich und mit ihrem braun-weiß gefleckten Fell, den zerfurchten, hübschen Gesichtern und ihren glänzend braunen Augen ein außergewöhnlich erfreulicher Anblick. Ich mochte die beiden, konnte sie aber nicht auseinanderhalten, wenn sie auf dem Bürgersteig zu mir rannten und ihre Schnauzen zwischen meine Beine schoben. Phoebe hatte überhaupt keine Schwierigkeiten, sie zu unterscheiden.

»Das ist Jessie«, wies sie mich dann mit der Sicherheit einer Sechsjährigen zurecht. »Ihr Gesicht ist ganz anders. Sie sieht wie ein anderer Hund aus.«

»Was ist anders?«, fragte ich.

»Ach, Daddy«, antwortete sie dann und hielt Jessies leicht

gesprenkeltes Gesicht mit der angeblich weiblicheren Grimasse in meine Richtung. »Schau doch mal.«

Nachdem wir Phoebes Aufregung, wenn sie die Hunde sah, noch ein paar Monate beobachtet hatten, fragte mich Cheryl, ob sie Riley und Jessie zu uns auf einen Probebesuch schicken solle. Wir stimmten zu. Für Phoebe war dies wie eine Verabredung zum Traumspiel. Die Hunde jagten die Treppe nach oben in ihr Zimmer und gleich wieder nach unten, um im Flur zu toben. Im nächsten Moment waren sie wieder oben. Die Verabredungen zum Spielen wiederholten sich in den nächsten Monaten und Jahren. Mir und Sally dienten sie in zweifacher Weise. Es machte Spaß, zwei lebhafte, aufregend große Hunde im Haus zu haben – zumindest für eine begrenzte Zeit –, und war als Hunde-Aufschiebestrategie äußerst wirksam.

»Das ist eine gute Übung«, sagten Sally und ich, wenn Phoebe mit den beiden Spaniels auf dem Wohnzimmerboden umhertobte oder sie mit ihrer Sitz-und-Steh-Nummer traktierte. »Auf diese Weise lernt sie Hunde wirklich kennen.« Ungesagt blieb unser gemeinsamer Wunsch, diese Übungs- und Lernphase möge unendlich lange andauern. Wenn wir ehrlich waren, schindeten wir Zeit, indem wir mit unseren Nachbarn Hundeverleih spielten.

Mit der Zeit hatten wir Riley und Jessie so sehr ins Herz geschlossen, dass wir Pam und Cheryl regelmäßig anriefen. »Können die Hunde am Nachmittag herüberkommen?«, fragte dann einer von uns und ging hinaus in den Garten, um das Gatter zwischen unseren beiden Grundstücken zu öffnen. Wenn Riley und Jessie durch die Hintertür hinausgelassen wurden, sprangen sie die Treppe mit einem Satz hinab und unsere wieder hinauf in die Küche. Fressen war mit Sicherheit der Hauptgrund. Phoebe nahm sich die Freiheit, unseren Gästen die offensichtlich süchtig machenden Leckerlis anzubieten, die wir mittlerweile in unserer Speisekammer aufbewahrten. Doch den Hunden schien es zu gefallen, an einem anderen Ort Chaos anzurichten. Jessie hatte Spaß daran, Phoebes Stofftiere durchs Haus zu schleppen. Wenn wir kochten, achtete Riley wachsam auf alles, was auf den Boden fallen könnte. Sein ungezügelter Appetit war so groß – so offen und direkt, so grundlegend, so unverfroren männlich –, dass ich begann, kleine Stückchen Brot, gekochtes Huhn, rohes Gemüse und sogar Essiggurke fallen zu lassen. Riley fraß alles und hob erwartungsvoll wieder den Kopf.

Damit legten wir wahrscheinlich den Grundstein für eine unserer Lieblingsgeschichten. Eines Samstagmorgens bereiteten Phoebe und ich uns darauf vor, Sally zum Picknick zu treffen. Wir wollten Nudelsalat mitbringen, den ich, Riley zu meinen Füßen, zubereitete. Da wir zu spät waren, stolperte ich beinahe über ihn, als ich das Pesto aus dem Kühlschrank holen wollte. »Pass auf, Großer«, sagte ich, als ich um ihn herumging, um das Sieb mit den Nudeln aus dem Spülbecken zu holen. Rasch vermischte ich die Nudeln mit der Mischung aus grünen Bohnen, Pesto, Käse und Walnüssen und ging nach oben, um Phoebe zu sagen, sie solle sich fertig machen. Ich konnte die Küche nicht länger als eineinhalb Minuten verlassen haben. So lange hatte Riley gebraucht, um mit seinen Vorderpfoten auf den Küchentisch zu springen und die Hälfte des Salats hinunterzuwürgen. Er leckte noch immer die grünen Schlieren von seinem Maul ab, als ich zurückkehrte, um die Schüssel mit Zellophan abzudecken.

Meine Wut hielt etwa zehn Sekunden an. Als Phoebe in die Küche kam und ich ihr die halb leere Schüssel zeigte, blickte sie mir aufmerksam ins Gesicht, um zu sehen, wie ich reagierte. Beide brachen wir in Lachen aus und erzählten uns später die Geschichte immer wieder gegenseitig wie eine alte Volkssage. »Rileys Pestosalat« tauften wir den Salat, einen Namen, den er bis heute behalten hat.

Rileys und Jessies Besuche umspannten und pufferten die Jahre unserer sinnlosen Ausweichmanöver mit Fischen und Vogel. Nach Kewis Tod änderte sich der Tenor. Wir mochten immer noch die Besuche der Nachbarshunde und freuten uns auf sie, doch sie schienen auch ein Zeichen für unsere eigene Unzulänglichkeit in Sachen Haustiere zu sein. Warum mussten wir Pam und Cheryl für diesen Teil unseres Lebens ausnutzen? Warum verweigerten wir unserer Tochter die eine Sache, nach der sie sich mehr als alles andere sehnte und die wir ihr, wenn auch stillschweigend, bereits zugestanden hatten? Warum bremsten wir immer noch ab, obwohl wir bereits bei Kewis Tod einen neuen Weg eingeschlagen hatten?

Kewis Käfig hatten wir in der Garage verstaut, als ich, mit Sally allein in der Küche, das Thema anschnitt. »Weißt du, wir können Riley und Jessie nicht ewig herkommen lassen«, begann ich.

»Warum nicht?« Meine Frau klang abwehrend, doch ich sah ihrem Gesicht an, dass sie zustimmte.

Ohne es je auszusprechen, wussten wir, dass wir schließlich nachgeben würden. Wir ließen unsere Haustiervergangenheit an uns vorbeiziehen. Wir verabschiedeten uns von Claro und Hako, Rosie und Nibbler, sagten ein letztes Mal Lebewohl zu Kewi. All die beerdigten Schildkröten und mit

Pilzen überzogenen Guppys meiner Kindheit wurden wirklich Vergangenheit. Das Gleiche geschah mit den verschiedenen Katzen und einer vom Unglück verfolgten Ente, die Sallys Familie als Haustiere gehalten hatte.

Sally und ich mussten jeweils noch eine weitere Geschichte hinter uns bringen. Wir versuchten, nicht darüber zu reden, wenn Phoebe in der Nähe war, um Vergleiche zu vermeiden, die sie zu ihrem eigenen hundelosen Status ziehen würde. Beide nämlich hatten wir einen Hund gehabt, als wir ungefähr in ihrem Alter gewesen waren. Beide, durch Zufall beides reinrassige Zwerghunde mit europäischen Namen und lebhaftem Wesen, hatten auf die eine oder andere Weise ihre Narben hinterlassen. Sowohl Sally als auch ich hatten beschlossen, nie wieder mit einem Haustier zusammenzuleben. Unsere erste und einzige Hundeerfahrung hatte uns von Sehnsüchten dieser Art geheilt.

In meinem Fall hatte mich ein Hund angesprungen, lange nachdem ich die Hoffnung aufgegeben hatte. Ich war in der siebten Klasse und meine Schwester Judy im ersten Jahr in der Highschool, als unsere Eltern eines Abends beiläufig erwähnten, dass wir nach dem Essen einen Hund aussuchen würden. Aus Gründen, die mir damals nicht klar gewesen waren – natürlich hinterfragte ich den Plan nicht, um ihn nicht zu vereiteln –, hatten unsere Eltern beschlossen, einen Hund anzuschaffen. Später erfuhr ich, dass Judy unsere Eltern in Hinterzimmerverhandlungen für ihre Sache gewonnen hatte.

Nach dem Dessert fuhren wir zu viert zu einem Zwergdackelzüchter, der in einem Vorort von Philadelphia wohnte, und standen im Wohnzimmer um ein provisorisches Gehege herum. Die Hundemutter lag auf einer durchsichtigen Plastikplane auf der Seite, während sechs winzige, braune Dinger, die nicht größer als Mäuse waren, um ihren aufgeblähten, grauen Bauch umherwuselten. Der Züchter nahm einen der kleinen Welpen und legte ihn in die hohle Hand meiner Schwester, dann in meine. Vorsichtig, um das arme Tier nicht zu zerquetschen, fuhr ich mit dem Zeigefinger über den Rücken des Welpen. Er fühlte sich glatt und weich an wie ein Fisch, der gerade aus dem Wasser genommen worden war. Wie klein und hilflos er war!

Sechs Wochen später, als die kleinen Dinger alt genug waren, um von der Mutter getrennt zu werden, kam Gengy mit uns nach Hause. Sein Name war die Kurzform des Mädchennamens meiner Mutter – Gengelbach. Es war das Verdienst meiner Schwester, dass wir einem deutschen Hund einen deutschen Namen gaben, und sie erklärte, er werde in ihr Zimmer ziehen.

»Nichts da«, wehrte meine Mutter mit ihrem im Mittleren Westen üblichen gesunden Menschenverstand ab. Sie war auf einer Farm in Missouri aufgewachsen, wo sich Hunde und Katzen um sich selbst kümmerten, und glaubte zu wissen, man müsse Hunden gleich zu Beginn ihren Platz zuweisen. Sie schob ein schweres Brett vor die Tür zwischen Küche und Wohnzimmer und hob einen Finger. »Bleib!«, befahl sie Gengy und schickte uns ins Bett.

Eine Stunde lang wimmerte der Dackel und kratzte mit seinen kleinen Pfoten an der Absperrung. »Wagt ja nicht, zu ihm rauszugehen«, warnte uns meine Mutter vom Flur aus. Raffiniert, wie sie war, konnte sie natürlich unsere Gedanken lesen. »Er muss sich an sein eigenes Bett gewöhnen. Er muss wissen, wer der Chef ist.« Als der Lärm schließlich etwa eine Stunde später endete, lag ich vor Aufregung und Neugier immer noch wach. Auf Zehenspitzen schlich ich am rappelnden Geschirrschrank im Esszimmer vorbei, wo ich über den neuen Küchenzaun spähte. Dort lag, den Rücken an eine Schranktür gelehnt und den Hund auf dem Schoß seines gestreiften Bademantels, mein Vater. Beide schliefen.

Vom ersten Tag an war eine Sache klar: Gengy war vor allem und auf ewige Zeiten der Hund meines Vaters. Wenn er abends durch den Hintereingang das Haus betrat, begrüßte er Gengy mit der künstlichen Singsangstimme, die er Hunden, Säuglingen und Kleinkindern vorbehielt, die zu jung waren, um ihm zu antworten oder etwas Unerwartetes zu sagen. Uns oder den Freunden meiner Eltern gegenüber grenzte seine Verschlossenheit schon an Übellaunigkeit. Es war, als bestünde er aus zwei Persönlichkeiten oder als träte zumindest sein zweites, kindhaftes Selbst durch den Anblick eines Säuglings oder eines Zwergdackels aus seinem Schattendasein.

Gengy, der immer bestens wusste, wie er das bekam, was er wollte, erwiderte eifrig die Zuneigung meines Vaters. Auf langen oder kurzen Autofahrten sprang er auf den Rücksitz und legte sich wie der teure Pelzkragen eines eleganten Mantels meinem Vater um den Hals. Beim Abendessen nahm er treu den Platz unter dessen Stuhl ein, wo er seinen Kopf auf die Strebe legte und heimlich fallen gelassene Fleischstückchen aufschnappte oder gemütlich an den Schuhen meines Vaters kaute. Als sich mein Vater eines Abends vom Tisch erhob, bemerkte meine Mutter ein neues Loch in einem seiner kostbaren Schuhe. »Ach, das ist doch egal«, wimmelte er sie ab. Gengy schlief natürlich nicht mehr in der Küche – dies hatte ein Ende, sobald er stubenrein war. Ab dem Moment schlief er zusammengerollt im Ehebett auf der Seite meines Vaters.

Wir anderen mochten Gengy. Ich nehme an, wir liebten ihn. Doch wir hatten auch Angst vor ihm, besonders während seiner unvorhersehbaren Wutanfälle, die er bekam, wenn sich ein Freund oder Nachbar näherte, während wir ihn auf dem Arm hielten. Meistens passierte nichts. Gengy zuckte nur mit seinem peitschenförmigen Schwanz und begrüßte die Leute fröhlich. Doch ab und zu bekam er Stress, bevor wir reagieren konnten. Dann knurrte er und biss in einen ausgestreckten Finger oder in eine Hand. Besonders beängstigend war, dass er nicht nur kurz knabberte, sondern seine Beute festhielt wie eine plötzlich zugeschnappte Fuchsfalle.

Jennifer, das kleine Mädchen von nebenan, formte ihren Mund verblüfft zu einem »o«, als die Sache passierte. Als Gengy nicht lockerließ und ich versuchte, sein Maul aufzubekommen, rannen Tränen über ihr Gesicht. Sie jammerte nicht und sagte kein Wort. Anschließend hielt sie sich aber auf Abstand. Mrs Corwin, die ein Stück die Straße hinauf wohnte, reagierte ganz anders. Zufällig war ich mit meiner Mutter, die Gengy auf dem Arm hielt, im Vorgarten. Etwas an unserer Nachbarin – die Art, wie sie sich bewegte oder die Hand ausstreckte, um ihn zu streicheln – gefiel ihm nicht. Er ließ den Kopf nach vorn schnellen und biss die Frau ins Handgelenk.

»Jesus Maria!«, rief unsere Nachbarin. »Sag ihm, er soll loslassen!« Meine Mutter bemühte sich, bis sie schließlich Mrs Corwins Arm aus den Fängen unseres Hundes befreit hatte. Mrs Corwin betrachtete zuerst ihre Wunde, dann uns. »Was, zum Teufel, ist bloß mit diesem Hund los?«, keifte sie und eilte die Straße entlang nach Hause. Meine Mutter schimpfte den Hund aus, während wir hineinhuschten und die Tür hinter uns schlossen. Immer wieder ließ ich mir die Szene durch den Kopf gehen, empfand gleichzeitig Scham und Erregung. Ich sah Mrs Corwins böses, verzerrtes Gesicht vor mir, hörte ihre Stimme immer noch durch unseren Garten hallen: »Jesus Maria!« und »Was, zum Teufel …«.

Am Abend, als mein Vater von der Arbeit nach Hause kam, gingen er und meine Mutter in sein Arbeitszimmer und schlossen die Tür. Judy und ich hörten sie miteinander streiten. Wir vermuteten, er weigerte sich, unseren bissigen Hund abzugeben. »Wir kriegen noch eine Anzeige an den Hals«, meinte Judy. »Die Corwins könnten uns vielleicht das Haus wegnehmen.« Die Tür zum Arbeitszimmer blieb noch lange geschlossen. Beim Abendessen wurde über die Angelegenheit kein Wort mehr verloren. Gengy saß wieder unter dem Stuhl meines Vaters, wo er an dessen Schuhen knabberte und darauf wartete, dass etwas Leckeres vor seine lange Schnauze fiel.

Im Jahre 1975, als wir uns kennenlernten, erzählte ich Sally meine Geschichte von Gengy. Das war in Seattle, wo ich bei einer neu gegründeten Wochenzeitung arbeitete, nachdem ich mich erfolgreich vor dem Englischstudium an der University of Washington gedrückt hatte. Sally arbeitete für die King-County-Bibliothek und spürte Bücher auf, die nicht rechtzeitig zurückgegeben worden waren. Ihre Chefin, Karen, hatte uns miteinander bekannt gemacht.

Sally und ich waren vom ersten Moment aneinander interessiert, taten aber, als wäre dem nicht so. Sie befand sich noch in einer offiziell intakten, aber verschlissenen Dauerbeziehung mit einem Highschool-Typen aus alten Tagen. Geschmeichelt von einer Frau, die mir einen Verehrerbrief wegen meines Berichts zu einer Fotoausstellung geschickt hatte, fragte ich mich, ob dieser Brief zu mehr führen könnte – was er in der Folge auch tat. Indem Sally und ich stillschweigend vereinbarten, füreinander unberührbar zu bleiben, hatten wir die Freiheit, freundlich miteinander umzugehen und auch ein bisschen zu flirten, ohne die Grenze zu überschreiten. Weitere elf Jahre vergingen, bevor wir uns wieder trafen und dann tatsächlich zusammenkamen. Es war schließlich unsere lang zurückliegende, gemeinsame Geschichte einer lockeren Freundschaft – und unterdrückten Liebelei –, die sich dank ihrer Lagerzeit als guter Brennstoff erwies. Sobald ich bei der Arbeit ihren Namen in einer SMS las, sobald ich ihr Gesicht in der Eingangshalle des *Chronicle* sah, sobald sich unsere Finger auf einem der schmuddeligen, mit Initialen verkratzten Holztische der Kneipe, die gleich um die Ecke meines Verlags lag, ineinander verschränkten, loderten die Flammen auf, ohne wieder zu erlöschen. Mir wurde kaum klar, dass ich viele Dinge nicht hörte, die sie sagte. Bei unserem ersten Kuss ein paar Stunden später wurde mir vor Schwindel beinahe schlecht. Später lachten wir darüber, dass sich verlieben eine Menge mit einer durch Bewegung verursachten Übelkeit zu tun hatte und alles um einen herum unkontrolliert schwankte.

Doch wenn ich ganz ehrlich bin, war dieser erste Kuss rein technisch nicht unser erster. Diesen hatte es 1975 am Halloween-Abend bei einer Kostümparty in West Seattle gegeben. Sally ging als Marlene Dietrich, ich als Groucho Marx. Beide stolzierten wir mit einer nicht angezündeten Zigarre umher, aßen gegrillten Tintenfisch und tranken zu viel Ouzo. Später saßen wir auf der baufälligen Treppe vor dem Haus, gerade noch geschützt vor dem Regen, und drückten die Knie aneinander. Wir reisten in entgegengesetzte Richtungen und waren uns dessen bewusst. Sally löste gerade eine langjährige Beziehung, ich war auf dem Weg dorthin. Doch mit dem Nieselregen, dem leicht wabernden Rauch vom Grill und unserer ziellosen Unterhaltung liefen unsere Wege an diesem Abend ein kurzes Stück völlig parallel. Der Kuss war nicht geplant, gelang uns aber mühelos und schien sich innerhalb einer Seifenblase zu ereignen. Wir wandten uns einander zu, schmeckten klebrigen Ouzo – Groucho zudem noch fettige Schminke – und feuchte Zigarrenblätter auf den Lippen des anderen und erhoben uns. Ein Kuss, und wir waren bereit zu gehen.

Auf der Rückfahrt von West Seattle unterhielten wir uns über unsere Familien. Beide hatten wir körperlich arbeitende Väter, unsere Mütter waren Hausfrauen, und beide hatten wir eine ältere Schwester. Wir hatten Wurzeln im Mittleren Westen – ich in Missouri, wo meine Eltern geboren und aufgewachsen waren, Sally in Kansas, der Heimat ihrer Mutter. Wir merkten es zumindest nicht bewusst, erforschten aber gegenseitig unsere Fundamente. Die Unterhaltung wechselte zu Haustieren aus unserer Kindheit – zu ihren Katzen und einer dem Untergang geweihten Ente und zu meinen Fischen und Schildkröten. Schließlich erzählte ich ihr von Gengy. Sie lachte über die Bindung meines Vaters zu dem Hund und lauschte aufmerksam, als ich Gengys asoziale Ader beschrieb.

»Hat euer Hund Leute gebissen?«, fragte sie.

»Hm, stolz bin ich darauf nicht, aber er hat es getan.«

»Hat er dich jemals gebissen?«, fragte sie weiter.

»Nein«, antwortete ich. »Warum fragst du?«

Sie holte tief Luft und erzählte von Beau.

Sallys Mutter beschloss ein paar Jahre später, als Gengy bereits lange bei uns war, einen Hund anzuschaffen. Die Familientheorien unterschieden sich in dem Punkt, wie und warum dies passierte, wie Sally mir erzählte, doch Heimweh muss eine wichtige Rolle gespielt haben. Von den vielen Orten, an denen die Familie Noble im Lauf der Jahre gelebt hatte – ihr Ehemann war Ingenieur bei Boeing gewesen –, war Sallys Mutter Marty offensichtlich in New Orleans am glücklichsten gewesen. Dorthin nämlich ging sie, um nach einem Hund zu suchen, als wollte sie sich auf ihre guten Zeiten besinnen. Einer ihrer dortigen Freunde kannte jemanden, der französische Zwergpudel züchtete. »Es dauerte nicht lange«, erinnerte sich Sally, »da fuhr Mom mit uns zum Flughafen raus, um Beau abzuholen.«

Beau war die Abkürzung von Beauregard, was wiederum die Abkürzung für Pierre Beauregard war. Und das war die Abkürzung für Pierre LaPierre Beauregard.

Beau war eine echte Nummer, ein reinrassiger Pudel mit Stammbaum und so französisch wie der Eiffelturm oder ein *croque-monsieur*. Er war mit Bändern und Schleifen geschmückt, als er auf dem Seattle-Tacoma International Airport landete. Der Flug von New Orleans war nicht so einfach über die Bühne gegangen. Sobald Beau aus seiner Kiste entlassen worden war, setzte er sich zu Sally auf den Rücksitz, die versuchte, das sehr nervöse Tier zu beruhigen, während sie von Seattle nach Hause nach Bellevue fuhren, einem Vorort auf der anderen Seite des Lake Washington.

Da Sallys Schwester, Nancy, damals bereits auf dem College war, genoss Sally den Luxus, die konkurrenzlose Spielgefährtin des neuen Mitbewohners zu werden. Doch so wie Gengy unmissverständlich der Hund meines Vaters war, gehörte Beau zu Marty. Sie war diejenige, die ihn fütterte, ihn stubenrein machte und mit ihm die meiste Zeit spazieren ging. Als Beau in Sallys Leben trat, ging Sally in die neunte Klasse und war, ebenso wie Judy und ich, bereits so alt, dass sie andere Dinge im Kopf hatte, nicht zuletzt einen ziemlich hübschen Freund, mit dem sie eine ernste Beziehung führte – derjenige, mit dem sie sich immer noch abplagte, als wir uns kennenlernten.

Marty, von Natur aus ein geselliger Mensch, bot der Hund Gesellschaft während der langen Tage an einem Ort, an dem sie noch nicht die Art von Freundschaften geschlossen hatte wie in New Orleans. Auf einem von Sallys kostbaren Familienfotos trägt ihre Mutter eine marineblaue Bluse mit großen, weißen Punkten und streckt ihren Arm zu Beau aus, der auf den Hinterpfoten steht, seine Aufmerksamkeit auf ihre fest geschlossene Hand gerichtet, in der sie eine Belohnung hält. Ich habe Sallys Mutter leider nicht kennengelernt; sie starb 1977, zwei Jahre nach meiner ersten Begegnung mit Sally. Doch dieser Schnappschuss vermittelt mir ein Gefühl für diese Frau. Ihr völlig auf den Hund konzentrierter Blick und die Freude, die ihr das dichte, graue Fell, die sanft gesprenkelten Ohren und die großen, wachsamen Augen machten, sind unverkennbar.

Doch auch Beau hatte seine dunkle Seite. Anders als Gengy, der seine Wut gegen Besucher richtete, richtete

Beau den Schaden im näheren Umkreis an und biss hin und wieder die einzelnen Familienmitglieder. Auf Sallys kleinem Zeh des rechten Fußes prangt noch immer eine kleine Narbe als Zeichen einer Kampfwunde. Beau schnappte nach ihr, als sie einmal an ihm vorbeiging und er aus seinem Nickerchen aufschreckte. Auch ihre Schwester und ihr Vater kamen in den Genuss seines Zorns. Doch Marty erlitt die größte Erniedrigung.

»Er sprang auf und biss sie in die Brust«, erzählte Sally, als wir an jenem Halloween-Abend die Aurora Avenue entlangfuhren. Ich nahm an, ihre Mutter hatte sich nach unten zu Beau gebeugt, vielleicht als er schlief, und ihn so sehr erschreckt, dass er nach ihr schnappte. Erst sehr viel später, als mir ein verblichenes Foto zwischen die Finger kam, das ich vorher noch nicht gesehen hatte, zog ich eine andere Möglichkeit in Betracht. Auf diesem Bild steht Beau mit breit gegrätschten Vorderbeinen auf einem Picknicktisch, das Gesicht wie zu einem frechen Grinsen verzogen. Auffällig ist seine linke Vorderpfote. Was ein mit Fell umspannter Fuß sein sollte, sieht eher aus wie die nackte Klaue eines Greifvogels. Je länger ich das Foto anschaute, desto mehr ähnelten Beaus lange, breite Ohren zwei Flügeln, mit denen er sich jeden Moment in die Luft erheben könnte.

Sallys rational veranlagte Schwester Nancy weist diesen kuriosen Erklärungsvorschlag zurück. Für sie gibt es nur einen Grund für Beaus Bosheit: Er wurde von den Nachbarkindern gnadenlos gehänselt. Auch Sally erinnert sich daran und stimmt zu, dass diese Hänseleien eine Rolle bei Beaus Ausbrüchen gespielt haben mussten. Doch sie glaubt, der Hund könnte bereits bei seiner Ankunft in Seattle ein bisschen plemplem gewesen sein. Für mich stellte sich also die Frage: Könnte ihre eigene Geschichte mit einem traumatisierten Hund der Grund sein, dass wir einen gestörten Hund bei uns aufnahmen?

»Dieser lange Flug muss ihm geschadet haben«, erzählte mir Sally Jahre später in einem anderen Hunde-in-unserer-Jugend-Gespräch. »Außerdem war er ein Pudel, um Peters willen. Ein französischer Pudel.« Nachdem Sally ein Collegejahr in Aix-en-Provence verbracht und später eine Zeit lang in Paris gelebt hatte, fühlte sie sich berechtigt, hin und wieder ihrer Abneigung auf alles Französische Ausdruck zu verleihen.

»Um Peter des Peters willen«, korrigierte ich sie. »Pierre LaPierre.«

Sally reagierte mit einem schwachen Lächeln. Selbst nach all den Jahren ist Pierre LaPierre Beauregard noch immer kein besonders angenehmes Thema für sie.

Ließ der mangelnde Humor im Kapitel Beau auf eine tief verankerte Abneigung schließen, einen Hund anzuschaffen? Und was war mit meiner alles andere als angenehmen Erinnerung an Gengy? War unsere eigene Hundevergangenheit zu belastet und ruiniert, um für uns als hundebesitzende Erwachsene erfolgversprechend zu sein? Welche Rolle, fragte ich mich voller Sorge, könnten diese Defizite bei einem echten, zweifelsfrei fehlerhaften Hund im Haus spielen? Würden wir alle nicht unweigerlich für Enttäuschung und Versagen sorgen?

Wie jeder, der schon einmal mit einem Hund zusammengelebt hat, wussten sowohl Sally als auch ich, dass Komplikationen drohten, wenn ein Kind ein idealisiertes Bild zeichnet. Wir befürchteten die unterschiedlichsten Arten der Enttäuschung und des Schmerzes, die Phoebe erleiden könnte, wenn ihr Hundetraum schließlich wahr wurde. Doch vielleicht hatten wir diese Lektion mit den Hunden unserer Kindheit zu gut gelernt. Diese launenhaften und mitunter bösartigen Tiere waren eher an einen unserer Elternteile gebunden gewesen als an uns.

»Wenn wir einen Hund anschaffen, müssen wir uns hundertprozentig auf die Sache einlassen«, ermahnte ich uns eines Abends im Bett.

Sally las weiter, als hätte sie mich nicht gehört oder beschlossen, meine Bemerkung zu ignorieren. Ich wollte meine Worte schon mit Nachdruck wiederholen, als Sally ihr Buch auf den Bauch legte und in Richtung des Zimmers unserer Tochter am anderen Ende des Flurs blickte. »Wir können es versuchen«, sagte sie. »Ich bin bereit, wenn du es bist.«

Ich schob meine Hand übers Laken und legte sie auf ihre Hüfte. Ich hatte sie gefragt, ob wir uns einen Hund anschaffen sollten, und sie hatte geantwortet, indem sie Ehe und Elternschaft in zwei kurzen Halbsätzen beschrieb.

VIER

BUONO COMPLEANNO –
ALLES GUTE ZUM GEBURTSTAG

Im Juni 2003 unternahmen Sally, Phoebe und ich eine lang geplante Reise nach Italien. Venedig wurde am zwölften Geburtstag unserer Tochter von einer Hitzewelle heimgesucht. Wir hatten beschlossen, ihr genau an diesem Tag mitzuteilen, dass wir nach unserer Rückkehr nach einem Hund Ausschau halten würden. Die Hitze machte uns ziemlich zu schaffen, ganz zu schweigen von den Mücken, die uns in der Nacht und während des nicht sehr guten Geburtstagsmahls plagten, das wir im Stadtviertel Dorsodurol eingenommen hatten.

Phoebe saß in kurzen Hosen auf einem verschlissenen Sofa und versuchte angesichts des Buchs, der italienischen Kleider und des Muranoglases, das wir ihr geschenkt hatten, erfreut zu wirken.

»Ach«, sagte Sally mit bis zum Maximum ausgereizter Beiläufigkeit, »beinahe hätte ich die Karte vergessen.«

Phoebe öffnete den Umschlag, betrachtete sich das Hundebild auf der Karte und las unsere Geburtstagswünsche zwei Mal, bevor sie sie verstand. Sie blickte auf und sah, dass wir beide nickten. Selbst das schien sie nicht zu überzeugen.

»Echt?«, fragte sie. »Wir schaffen uns echt einen Hund an? Also echt, so wie echt?«

»Ja, echt«, sagte ich.

»Echt?«

»Echt.«

»Echt?«

Sally rannte zum Sofa und drückte ihren Kopf in Phoebes Bauch. »Würdet ihr bitte aufhören, ›echt‹ zu sagen? Das macht mich echt noch wahnsinnig.« Sie drehte sich auf den Rücken und trat in einem gespielten Wutanfall mit den Beinen in die Luft.

»Deine Mutter ist durchgedreht«, stellte ich fest. »Am besten holen wir die Carabinieri.«

Phoebe hielt inne, als wollte sie sich das italienische Wort für Polizei merken. Keine Chance. Ihre Gedanken waren vollständig auf Hund geeicht, und in ihrem Kopf war kein Platz für ein neues italienisches Wort oder gar einen Satz. »Dann schaffen wir uns tatsächlich einen Hund an?«, wiederholte sie und starrte mich an wie eine Staatsanwältin. »Und keinen Plüschhund oder eine Witzfigur oder so? Wir schaffen uns einen Hund an, wenn wir nach Hause kommen? Wann genau? Ich meine, gleich sofort?«

So ging es den ganzen Abend, am nächsten Morgen und die nächsten drei Tage weiter, die wir in Venedig verbrachten. Ich bin mir nicht sicher, ob Phoebe mitbekam, dass sie in die Vaporettos ein- und ausstieg, Schoko-Haselnuss-Eis in sich hineinschaufelte oder sich von uns durch Kirchen und Museen schleifen ließ. Ihr Kopf war voller Hunde – ihrem Hund, wirklich und ganz echt ihrer –, sodass die Stadt der Kanäle, die ihr eigentlich hätte den Atem rauben sollen, zu einer verschwommenen Hintergrundkulisse verkam. Wir traten den langen Rückflug nach San Francisco an einem Mittwoch an. Am nächsten Morgen war sie um sieben Uhr auf den Beinen und bereit, mit der Suche zu beginnen.

»Könntest du uns bitte ein bisschen länger schlafen lassen?«, flehte ich in dem Versuch, meine zeitverschobenen Augenlider zu öffnen, ohne Licht hineinzulassen.

»Wie viel ist ein bisschen?«, fragte sie naseweis.

»Ich werde aufstehen«, stöhnte Sally auf ihrer Seite des Bettes. »Ich kann sowieso nicht mehr einschlafen.«

Als ich nach unten kam, hingen die beiden vor dem Computer und durchforsteten die Hundeadoptionsseiten. Während Phoebe anfangs auf einen Welpen gehofft hatte, hatten wir in einer Marathonsitzung im Flugzeug einstimmig beschlossen, einen Hund aus dem Tierheim zu nehmen. Phoebe, eine erklärte Verfechterin von Tierschutzrechten, war von Grund auf davon überzeugt, sie würde einen Hund retten, der ansonsten dem Untergang geweiht war. Hoch über dem Atlantik hatten wir uns gegenseitig versichert, wie aufregend und spaßig die Sache werden würde. All die ungewollten Hunde da draußen, die darauf warteten, von uns gewollt zu werden. All die Rassen und die unermessliche Auswahl. Wir würden den besten, liebenswürdigsten Hund aussuchen, den wir finden konnten.

Von Anfang an waren wir überwältigt. Dutzende Internetseiten zeigten Bilder von hübschen über sonderbar aussehenden zu absolut bedrohlichen Hunden. Daneben führten sie auf, wie man einen Besuchstermin vereinbarte und wie das Adoptionsverfahren ablief. Telefonanrufe in diese Tierheime in der Bay Area und manchmal auch weiter entfernt in Meterey, Sacramento und Redding führten fast immer zu einer Bandansage. Manchmal konnten wir eine wehmütig klingende Nachricht auf dem Anrufbeantworter hinterlassen, doch nur wenige Tierheime riefen zurück. Wenn sie es taten, waren die Hunde, die unser Interesse geweckt hatten, bereits weg. Hatten diese Hunde überhaupt zur Verfügung gestanden? Vielleicht hatten die Bilder nur als Köder gedient. Die Tierheime lockten die Interessenten, vertrösteten sie und machten sie mürbe, damit sie ihnen die schäbigsten Hunde andrehen konnten, die niemand mehr haben wollte.

Frustriert von unserer Cyber-Suche, begannen wir, Tierheime, Hundemessen und besondere Veranstaltungen abzuklappern. Der Tierschutzverein war ein erster Anlaufpunkt. Dort begutachteten wir in einer hübsch zurechtgemachten Einrichtung eine beachtliche Sammlung von Pitbulls. Vielleicht waren an jenem Tag noch andere Rassen im Angebot. Vielleicht waren unsere Erfahrungen alles andere als repräsentativ für den Charme und die schmeichelnden Eigenschaften, die Pitbulls an den Tag legen können. Doch ich erinnere mich nur daran, einen Flur wie in einem Horrorfilm entlanggegangen zu sein, in dem uns ein stämmiger, stumpfnasiger Hund nach dem anderen gequält anblickte. Andere bellten und jaulten, als sie uns sahen. Wieder andere verschmierten mit ihren Mäulern und Zungen die Glasfenster. Einige wenige fletschten ihre Zähne und knurrten. Einer marschierte in seinem Zwinger auf und ab. Ihn störte es offenbar nicht, beobachtet zu werden.

Weder Sally noch Phoebe oder ich sagten viel, als wir unsere Runde drehten. Auf dem Weg nach draußen fragte uns unser Begleiter, ob wir etwas Passendes gesehen hätten. Es war Phoebe, die sich zu meiner Überraschung zu Wort meldete. »Heute nicht«, sagte sie. »Aber wir schauen noch mal vorbei.«

Das taten wir dann auch ein paar Tage später. Auf wundersame Weise war die adoptierbare Tierschutzverein-Population nach der Pitbull-Revue um einige neue und hoffnungsvollere Kandidaten angewachsen. Es gab eine Reihe kleinerer und jüngerer Hunde – einen langhaarigen Collie, einen oder zwei Dalmatiner, aber auch eine Pudelmischung mit Namen Kristof, einen freundlichen, fast lebhaften Hund mit einem Fell aus schwarzen Locken, die beim Laufen auf und ab hüpften. Phoebe fand sogleich Gefallen an ihm. Als sie ihn hinter den Ohren kraulte, stellten Sally und ich einige Fragen und erfuhren, dass er nicht stubenrein war und bis zu zwanzig Kilo schwer werden könnte. Beides waren ausschlaggebende Faktoren, nicht auf den Handel einzugehen.

»Gehen wir, Schatz«, sagte ich. »Es gibt noch eine Menge zum Anschauen.«

Phoebe verstand sofort, worum es ging: Wir ließen unsere Autorität spielen, und es war sinnlos, einen Streit vom Zaun zu brechen. Sie warf uns einen giftigen Blick zu, drehte sich um und ging zum Wagen. Fast die ganze Fahrt über schwieg sie. Erst als wir in die Einfahrt bogen, gab sie uns Saures.

»Ihr wollt überhaupt keinen Hund«, beschuldigte sie uns. Sie beugte sich auf dem Rücksitz nach vorn und sprach direkt in unsere Ohren. »Das war gar nicht ernst gemeint.« Sie stieg aus und schlug die Wagentür zu. Sally und ich blickten einige Minuten geradeaus durch die Scheibe und lauschten auf das Ticken des Motors, bis es vollständig erstarb. Niemand hatte versprochen, dass die Sache einfach werden würde.

Die Suche ging weiter, von einem fröhlichen Haustiermarkt entlang eines Bürgersteigs im Noe-Valley-Viertel von San Francisco mit Hundeausführer, Radfahrern und Kaffeetrinkern – ach ja, und ein paar wertvollen Hunden – zu einem trübseligen Ort in der Nähe vom Oakland International Airport, der eher wie eine Schmuggelzentrale aussah. Wir gönnten dem Tierschutzverein von San Francisco eine Pause von uns und prüften die anderen Möglichkeiten in anderen Gemeinden. Sally führte die Internet- und Telefonrecherchen fort und ließ uns fünfzig Kilometer Richtung Norden nach Novato zurücklegen, nur damit wir dort erfuhren, dass der Hund, auf den sie es abgesehen hatte, aus nicht erklärten Gründen in Quarantäne gesteckt worden war.

Nach einem weiteren Telefonat mit Redwood City tuckerten wir zur Stoßzeit im Schneckentempo den Highway 101 entlang zu einem nicht ganz vielversprechenden Wurf sogenannter Turlock-Terrier. Keiner von ihnen passte zu uns, doch bei Limo und einem Milchmixgetränk auf dem angrenzenden Parkplatz eines Supermarkts kamen wir überein, dass wir alle drei ein gutes Gefühl bei diesem Tierheim hatten. »Ich kann mir gut vorstellen, dass wir noch einmal herkommen«, sagte Phoebe, die sich mittlerweile anscheinend auf einen langen Feldzug eingestellt hatte. Sie sog an ihrem Strohhalm und setzte sich auf die Rückbank.

Trotz aller Geduld, die Phoebe – genauso wie wir – aufbrachte, blieb unser Weg steinig. Tage, ganze Wochen vergingen, in denen wir nichts im Internet fanden und niemand uns zurückrief. Viele Hunde, die wir persönlich oder online sahen, ließen auch unsere Tochter erschaudern. Wenig hilfreich war, dass Phoebes gute Freundin Marlena eines Tages vorbeikam, um uns Lizzy vorzustellen, den Spielzeugpudel, mit dem ihre Eltern sie nach dem Ferienlager überrascht hatten. Sie ließ diesen winzig kleinen, pechschwarzen Köter auf den Teppich plumpsen, wo er umhersauste wie ein Aufziehspielzeug. Phoebe war begeistert. Das waren wir alle. Doch Sally und ich spürten auch das Gefühl von Trauer, das sich wie ein Nebelschleier übers Zimmer legte, als Lizzy auf Marlenas Schoß sprang. Phoebe ging nach oben in ihr Zimmer, nachdem ihre Freundin gegangen war, und schloss die Tür hinter sich.

Später am Abend rief Sally Marlenas Mutter an und quetschte sie aus. Lizzy war, wie sich zeigte, eine relativ einfache, wenn auch ziemlich teure Anschaffung. Suchte jemand nach speziellen Hunderassen oder Züchtungen wie Labradoodles, Yoranians oder Pugaliers, musste man direkt mit den Züchtern Kontakt aufnehmen, auf einen Wurf warten und bezahlen. Marlenas Eltern waren übers Wochenende nach Las Vegas gefahren und mit Lizzy auf dem Rücksitz zurückgekommen.

»Vielleicht sollten wir das mit dem Tierheim vergessen«, gab ich Sally am Abend zu bedenken. »Irgendwie funktioniert das nicht.«

»Was sie zwei Dinge lehren würde«, erwiderte sie. »Dass man seine Prinzipien in den Wind schießen kann und sich mit Geld von seinen Problemen freikauft. Wir haben vereinbart, einen Hund aus dem Tierheim zu nehmen.« Ich versuchte, meinen Ärger nicht zu zeigen, weil sie recht hatte. »Und übrigens kannst du morgen die Computersuche übernehmen«, fuhr Sally fort, um sich ihren Vorteil zu sichern. »Ich habe es satt, alles allein zu tun.« Diesmal hörte ich sie laut und deutlich.

Sally hatte schon wieder recht. Wie Phoebe hatte ich irgendwie erwartet, ein Hund würde auf magische Weise auftauchen. Es war Zeit, mich mehr reinzuknien, auch wenn dies für mich mit mehr Anspannung und Dramatik verbunden war. Zwei Tage später fand ich auf der Internetseite von Redwood City einen Boston Terrier und einen Schnauzermischling. Wir riefen Phoebe bei einer Freundin an, die sie gerade besuchte, um sie dann eine halbe Stunde später dort abzuholen. Als wir das Tierheim erreichten, waren beide Hunde fort. Dennoch ging ich noch einmal an den Käfigen entlang. Dies war der Moment, in dem ich Ecstasy erblickte. Ich war sicher, dass unsere Suche angesichts dieser Corgi-Beagle-Mischung ein Ende hatte. Phoebe und das Schicksal führten jedoch anderes im Schilde.

Eine Woche später übernahm Sally wieder die Suche, nachdem sie meine Verwünschungen des Computers, der keinen passenden Hund mehr ausspuckte, nicht mehr hören wollte. Das Haus wurde schlagartig ruhiger. Wie mehr als nur ein paar Freunde bemerkt hatten, kommt meine Frau dank ihrer geduldigen und besänftigenden Art in Bezug auf mich einem biochemischen Gegenpol sehr nah. Sally kann eine Stunde und länger mit einer Aufgabe verbringen – Zeitungen sortieren, Hemden bügeln oder Hundeseiten durchblättern –, ohne viel reden zu müssen. Wenn sie dabei etwas zu sagen hat, verdient es meistens Aufmerksamkeit. Selbst ein gemurmeltes »der ginge« zu einem Hund auf dem Bildschirm veranlasste mich, über ihre Schulter zu spähen.

»Was hältst du von dem hier?«, rief sie an einem heißen Septembernachmittag, kurz nachdem die Schule nach den Sommerferien wieder begonnen hatte. Ich erhob mich von meinem Schreibtisch und trat zu ihr, als sie auf der uns schon bekannten Seite von Redwood City mit der Maus ein Vorschaubild öffnete. Ein Knäuel mattweißes Fell, zwei dunkle Augen und eine für dieses Terriergesicht viel zu große Knollennase ploppten auf. Der Hund blickte uns mit vorgerecktem Kopf an, als wäre er gerade in Alarmbereitschaft versetzt worden und wollte gleich aus dem Bildschirm springen.

»Wo sind seine Ohren?«

»Da.« Sally fuhr mit dem Mauszeiger über seinen wirren Kopf. »Glaube ich jedenfalls.«

Sein Fell war wie ein Mandala um sein Gesicht gedreht, an den Seiten hingen Zotteln wie beim Schaf, auf seinem wuscheligen Haupt standen einzelne Strähnen ab und verdeckten seine Ohren, und über den Augen hing jeweils eine Franse. Das struppige Fell unter seinem Kinn sah aus wie der schlecht geschnittene Ziegenbart eines Beatniks der 50er-Jahre.

»Er ist ein Jahr alt und stubenrein«, las Sally aus dem Text unter dem Bild vor. »Er wiegt sechs Kilo, und die Fotos von ihm sind aktuell. Er heißt Gandalf und sucht ein gutes Zuhause mit Kindern.«

»Braucht er mehr als eins?«, fragte ich. »Wir haben nur ein Kind. Ist das nicht der Zauberer aus *Der Herr der Ringe*?«

»Was?«

»Gandalf. Sein Name.«

»Hör auf, Zeit zu schinden«, drängte Sally. »Wir brauchen endlich einen Hund. Der hier ist doch irgendwie süß. Ein bisschen anders, aber ziemlich hübsch.«

Ich betrachtete mir das Bild etwas genauer und versuchte mir vorzustellen, dass dies der Hund war, mit dem wir zusammenleben würden, der mit uns spazieren gehen, sich von uns baden lassen (was er offensichtlich bitter nötig hatte) und sich auf Phoebes Schoß zusammenrollen würde. Meine Vorstellungskraft reichte nicht. Andererseits bin ich mir nicht sicher, ob ich mir je richtig vorgestellt hatte, dass unsere Suche ein Ende haben und als Ergebnis ein echter Hund in unser Haus einziehen würde. Also echt.

»Na gut«, stimmte ich vage zu, spürte aber das Verlangen, das Thema zu wechseln. »Welcher Tag ist heute eigentlich?«

»Der elfte September 2003«, antwortete sie. Ein Datum, an das wir uns ohne Probleme erinnern würden.

FÜNF

VOM GEIST BESESSEN

Sally und ich warteten an diesem Donnerstagnachmit-
tag zehn Minuten vor dem letzten Klingeln vor Phoebes Schule. Sobald das erste Kind aus der Tür stürmte, stieg
Sally aus, um sich unsere Tochter zu schnappen. Es ist gut,
dass man uns in dieser Gegend kennt – Phoebe besuchte diese Schule von Anfang an und ging jetzt in die siebte
Klasse. Andernfalls wäre ein Anruf bei der Polizei voll in
Ordnung gewesen. Wir verhielten uns wie bezahlte Entfüh-
rer – Sally, die sich zwischen die umherrennenden Schüler
zwängte, ich, der das Gaspedal des Fluchtwagens durch-
drückte.

Phoebe hatte sich, da sie nicht ahnen konnte, dass wir
einen potentiellen Hund ausgemacht hatten und rasch handeln mussten, in der Schule noch mit einem Lehrer unterhalten und anschließend mit Freundinnen getratscht. Sally
hatte sie in einem Seitengang in der Nähe der Haupthalle
gefunden und nach draußen gezerrt. In vollem Galopp kamen sie auf den Wagen zugerannt.

»Wie sieht er aus?«, wollte sie wissen. »Welche Farbe?
Wie groß? Was für eine Art Terrier?«

Sally und ich blickten uns an. Wir hatten beide keine Ahnung.

»Ein Straßenköter«, sagte ich, während ich nach rechts

auf die Turk Street Richtung Freeway abbog. »Die beste Rasse überhaupt.«

»Wir schauen einfach mal«, ließ die sensible Sally in einem Dementi verlauten. »Vergiss nicht, wir wurden schon oft genug enttäuscht.«

Trotz ihrer Worte lösten sich die Erinnerungen an die Ecstasy-Niederlage und die anderen Sackgassen in Redwood City in nichts auf. Heute war unser Hundetag! Auch Sally spürte es. Sie schielte herüber und warf mir ein rasches, zuversichtliches Grinsen zu.

Auch der Verkehr spielte mit. Wir fädelten uns auf den Highway 101 ein, rasten am Candlestick Point am Football-Stadion und ohne Verzögerung am Flughafen vorbei. Phoebe plauderte über ihre neuen Lehrer in der siebten Klasse, vor allem, um ihre Vorfreude im Zaum zu halten. Die Klimaanlage vorn lief auf Hochtouren, was hieß, dass ich ungefähr nur ein Zehntel dessen mitbekam, was sie sagte. Es war egal. Sie schlug ohnehin nur ihre Zeit tot.

Wir bogen nach dem Supermarkt ab und stellten uns auf den halb vollen Parkplatz des Tierheims. Phoebe stürmte aus dem Wagen, noch bevor ich mich losgeschnallt hatte. Als Sally und ich durch die Tür traten, erfragte Phoebe bereits den Weg zu Gandalfs Käfig. Das allein war Beweis für ihre Entschlossenheit. Phoebe hatte bisher immer nur widerwillig mit Fremden geredet.

»Bist du ganz allein hier?«, fragte die Dame am Empfang.

»Nein«, antwortete sie und deutete in unsere Richtung. »Ich bin mit denen da hier.«

Mit denen da. Als wären wir anonyme Mitspieler in ihrer Geschichte. Was ja auf eine Art auch stimmte. Ein guter Teil von Phoebes sehnsuchtsvollem Leben zielte genau auf diesen Moment. Wir waren der Hemmschuh in ihrem Dauerlauf gewesen.

Die Frau am Empfang drückte ein paar Tasten auf ihrem Telefon und bat jemanden, sich um uns zu kümmern. Gleich darauf erschien eine junge Frau und betrachtete uns höflich.

»Sie sind an Gandalf interessiert«, sagte die Empfangsdame mit einer Stimme, die eine gewisse Anstrengung erfordert haben musste, um so neutral zu klingen. Vielleicht bildete ich es mir nur ein, aber ich meinte, einen kurzen wissenden Blick zwischen den beiden Mitarbeiterinnen beobachtet zu haben. Die Jüngere, zu deren auffälligsten Merkmalen eine äußerst lange und schmale Nase gehörte, führte uns nach hinten in den Bereich, in dem gebellt und gejault wurde. An einer Ecke blieb sie stehen und lächelte uns fragend an.

»Ist er nicht wunderbar?«, schwärmte sie.

Einen Moment lang wussten wir nicht, wovon sie sprach. In unserer Nähe befanden sich nur große, rotbraune Jagdhunde. Doch dann sah ich ihn. In der hintersten, dunklen Ecke seines Zwingers wand sich ein sandfarbener Wollknäuel. Es bedurfte eines gewissen Grades an Gutgläubigkeit, um ihn als Hund wahrzunehmen. Mit gekrümmtem Rücken grub er seine Pfoten in den Boden, während er versuchte, sich in der Gipswand zu verstecken. Sein Schwanz war nicht zu sehen. »Dürrer Knochen« wäre ein Kompliment für seinen Körperbau oder das gewesen, was wir von ihm sahen. Mit etwas weniger Fell wäre er locker als großes Nagetier durchgegangen, das sechs Monate erfolglos durch die Wüste geirrt war, um Wasser und Futter zu suchen. Seine Augen sahen aus wie zwei dunkle Alarmknöpfe.

Als unsere Führerin seinen Namen rief, rannte Gandalf direkt auf uns zu und sprang am Zaun hoch – ein Mal, zwei Mal ... acht oder zehn Mal ohne Pause. Sally und ich wichen automatisch zurück. Ich bewegte nur die Lippen in ihre Richtung: »Ist er das wirklich?«

»Ich glaube, ja«, bewegte sie die Lippen mit einem Schulterzucken.

Phoebe war nicht zurückgeschreckt. Sie stand nah bei der spitznasigen Frau und beobachtete in aller Seelenruhe den Hund, der seine Trampolinkunststücke vollführte. »Warum tut er das?«, fragte sie.

»Er ist aufgeregt, weil er dich sieht«, antwortete Miss Spitznase. »Merkst du das nicht?«

»Doch«, antwortete Phoebe verträumt flüsternd.

»Möchtest du ihn kennenlernen?«

»Ja«, stimmte unsere furchtlose Tochter zu. Miss Spitznase nahm einen Schlüssel von einem dicken Bund, der an ihrem Gürtel hing.

»Warten Sie einen Moment«, rief ich. »Sind Sie sicher, das ist in Ordnung? Ich meine, er kennt sie nicht.« Ich hatte bei einem von Gandalfs Raketensprüngen, bei denen er sein Gesicht verzogen hatte, zwei scharfe Eckzähne bemerkt. Phoebe und Katarina – ich hatte endlich den Namen auf dem Schild an ihrer Bluse lesen können – drehten sich zu mir um.

»Dad«, sagte Phoebe.

»Steven«, sagte Sally.

Katarina, die nicht wusste, wie sie mich nennen sollte, stimmte lautlos ein, indem sie eine Augenbraue hob und mit den Schlüsseln klimperte. Ich konnte das aufkeimende Gefühl, ungerecht behandelt worden zu sein, nicht unter-

drücken. Niemand hatte mir angeboten, Ecstasy kennenzu-
lernen. Vielleicht hätte dies die Entscheidung beeinflusst,
dann wären wir bereits eine glückliche, um einen Hund rei-
chere Familie. Aber dieser Zug war abgefahren. Die Gleise
führten uns nun in eine andere Richtung.

»Also gut«, gab ich nach. »Machen Sie nur.«

»Ich muss ihn aber in den Besucherraum bringen«, erklärte Katarina. »Man wird Ihnen sagen, wo Sie ihn finden.
Wir treffen uns dort.«

Der Besucherraum, ein langer, keilförmiger Bereich im
ersten Stock, war mit alten, an eine der Wände geschobenen Schreibtischen und Stühlen und am anderen Ende
mit einem notleidend aussehenden Kunstledersofa ausgestattet. Durch eine Reihe Milchglasfenster an der nackten
Wand drang spärliches Tageslicht herein. Wir setzten uns
in das düstere Zimmer und warteten. Ich kam mir vor wie
in einem schäbigen Krankenhaus, wo der Arzt gleich mit
einer schlechten Nachricht erschien. Ein paar Minuten später wurde die Tür geöffnet, und Katarina brachte Gandalf
herein. Sie schloss die Tür hinter sich und ließ den Hund
von der Leine. Dieser spurtete mit gesenktem Kopf die
Wände entlang, wandte sich von uns ab und verschwand
unter einem Schreibtisch.

»Terrier sind immer so«, erklärte Katarina ruhig. »Sie
kriechen gerne in tunnelartige Höhlen. Das gehört zu ihrem Jagdinstinkt.«

Sie hätte Sprecherin in einem Dokumentarfilm des Wis-
senschaftskanals sein können. Als sie in die Hocke ging
und lockend ihre Hand ausstreckte, in der sie ein Leckerli versteckt hielt, wie sich zeigte, tat es ihr Phoebe nach.
Eine Weile blieben sie so hocken, bis Gandalf unter dem

77

Schreibtisch hervorkroch und beide Hände beschnüffelte und beäugte, bis er beschloss, dass es in Ordnung war. Er schnappte sich das Leckerli von Katarina und zog sich wieder in sein Versteck zurück.

»Jetzt versuch du es«, schlug Katarina vor und legte Phoebe ein Leckerli in die Hand, bevor sie aufstand und sich neben Phoebes zweifelnde Eltern stellte. Phoebe ahmte Katarinas Technik perfekt nach und streckte geduldig einen Arm aus.

»Er kommt nicht raus«, murmelte ich Sally zu. »Das wird nicht funktionieren.«

Sally erwiderte nichts. Sie beobachtete aufmerksam unsere Tochter und sah, was ich noch nicht sehen konnte: Gandalf würde mit uns nach Hause kommen. Phoebe hatte bereits ihren Entschluss gefasst und, was wichtiger war, ihr Herz verloren.

Es zählte nicht, dass dieser Hund so wild, scheu und unnahbar war wie ein Kojote. Es zählte nicht, dass er sich unter einem Metallschreibtisch versteckte und nicht wieder herauskam. Es zählte nicht, dass er aussah, als wäre er gerade von einem Straßenreinigungsfahrzeug ausgeworfen worden, oder dass er nicht der rehäugige Welpe mit plumpen Pfoten war, den Phoebe seit ihrem zweiten Lebensjahr tausend Mal mit Kreide gezeichnet hatte.

All das zählte nicht. Er würde ihr Hund werden. Sie würde ihn davor retten, was ihn zu dem gemacht hatte, was er war.

Gandalfs dünne Füße schabten wie Rasierklingen über den Boden, als er schließlich herausschoss, sich das Leckerli von Phoebes Hand schnappte und wieder wie eine angespannte Feder in sein Versteck zurückschnellte. Unsere

Tochter erhob sich und blickte uns einen nach dem anderen direkt in die Augen. »Können wir ihn nehmen?«, fragte sie. »Ja? Ich möchte ihn ganz echt haben.« Nach einer gekonnt eingelegten Pause setzte sie zum K.-o.-Schlag an: »Bitte.«

Der Hund, der sich seinen eigenen günstigen Moment wählte, zeigte sich erneut, um eine weitere Runde durch den Besucherraum zu drehen. Selbst Katarina blickte etwas verblüfft, als er an der nackten Wand entlang an ihr vorbei und Richtung Tür stürmte. Seine Ohren hatte er so dicht an den Kopf gelegt, als liefe er durch einen Windkanal. Phoebe wich ihm aus und setzte sich zu uns.

»Ist das normal?«, fragte ich, nachdem Gandalf die nächste Runde gedreht hatte und in die andere Richtung weiterrannte.

»Manchmal«, antwortete Katarina nichtssagend. »Er ist sehr lebhaft. Das ist gut.«

Gut für was genau, wollte ich fragen, behielt es aber für mich.

»Vielleicht sollten wir uns einen anderen Namen für ihn überlegen«, schlug Sally vor.

Ich blickte sie verwundert an. »Was hast du gesagt?«

Sally warf mir einen kurzen, strengen Blick zu. »Du hast mich schon verstanden.« Ihren Vorschlag oder vielmehr ihre als Vorschlag getarnte Entscheidung hatte sie unter der eindeutigen Annahme verkündet, dass die Entscheidung für diesen Hund bereits gefallen war. Welchen Unterschied würde ein anderer Name machen? Der Hund wäre noch genauso wahnsinnig wie vorher.

Phoebe nutzte die Gunst der Stunde. »Ja, Mom, tolle Idee. Es müsste was Italienisches sein.«

»Wie Lasagne«, schlug Sally vor, was sie beide zum Kichern brachte. Gandalf zischte wieder an ihnen vorbei. Diesmal versuchte Katarina ihn zu schnappen.

»Oder Fettuccine«, fuhr Phoebe fort. »Oder wie wär's mit Provolone? Oder Prosciutto? Sein voller Name könnte Prosciutto con Melone lauten.«

Den beiden, die sich vor Lachen die Bäuche hielten, ging es bestens. Ich hatte vollkommen den Anschluss verpasst, verstand nicht, warum meine Frau und meine Tochter diese Impro-Komödie auf der Grundlage einer italienischen Speisekarte abzogen. Ich verstand nicht, wie wir uns in diese Falle locken lassen konnten, in diesen seltsamen Raum mit einem durchgeknallten Köter und einer Frau, die uns dazu verführen wollte, ihn mit nach Hause zu nehmen. Das alles ging über meinen Horizont. Katarina nahm Gandalf auf den Arm und kam auf uns zu.

»Halte die Beine still«, forderte sie Phoebe auf und legte den Hund auf ihren Schoß. »Keine Sorge, er ist sehr vorsichtig.« Einen Moment lang blieb er ruhig liegen, während Phoebe sanft seinen Nacken streichelte. Doch plötzlich machte er einen Satz. Automatisch streckten Sally und ich die Hände aus, um ihn zu halten. Später dachte ich, wie dumm es war, ihn in der Weise zu zügeln. Wir nahmen Katarina beim Wort, dass ein Hund schnell mal böse werden konnte, wenn er das Gefühl hatte, in der Falle zu sitzen, oder Angst bekam.

Sally hatte ihren Finger unter Gandalfs Halsband geschoben, sodass er nicht fliehen konnte. Unter seinem langen, rauen Fell spürte ich, wie sich seine Schulter- und Rückenmuskeln anspannten. In ihm steckte eine Kraft, die durch meine Hand vibrierte, obwohl Sally und Phoebe ihn mit sanften Tönen und ihrem Streicheln beruhigen wollten.

»Er scheint stark zu sein«, stellte ich fest. »Spürt ihr das?«

»Er fühlt sich toll an«, schwärmte Phoebe. »Er ist so weich.«

Es war schwierig, nicht zu widersprechen. Verglichen mit Ecstasys plüschigem Fell, das sich für Phoebe »komisch« angefühlt hatte, oder auch im Vergleich mit Kristofs borstigen, fettigen Locken – alles Fellarten, die ihr egal waren –, war seine beinahe schon abstoßend. Sein Fell fühlte sich wie ein abgewetzter Flurteppich an, auf dem ordentlich herumgetrampelt und der schon lange nicht mehr gereinigt worden war. Phoebe schien dieses Gefühl zu genießen, als sie mit ihrer Hand immer wieder über seinen Rücken strich.

»Versuch mal, ihn oberhalb seines Schwanzes zu kratzen«, forderte Katarina sie auf. »Das mag er.« Den Beweis lieferte er mit einem nach oben gereckten Hinterteil.

»Hier, Daddy, versuch's mal.«

Ich legte meine Hand genau an die Stelle, an der Phoebes Hand lag, und kratzte. Gandalf spürte den Unterschied. Er warf den Kopf herum, um zu sehen, was los war, und versuchte, sich zu befreien.

»Terrier sind sehr empfindsame Wesen«, erklärte Katarina und nahm Gandalf von Phoebes Schoß. »Ich lasse Sie jetzt mit ihm allein, wenn Sie mögen. So können Sie ihn ein bisschen besser kennenlernen. Sie gewöhnen sich an ihn, und er gewöhnt sich an Sie.« Miss Spitznase war gut. Sie wusste genau, wie sie diese Besuche zu einem optimalen Ergebnis führen konnte.

Katarina setzte Gandalf mitten im Zimmer ab und huschte hinaus. Wieder fiel mir auf, wie eifrig sie die Tür hinter sich schloss. Der Hund schnüffelte auf dem Boden herum, bevor er schließlich aufgab und sich unter dem dunklen, sicheren Schreibtisch versteckte.

»Hey, Prosciutto«, rief Sally sanft, »komm wieder raus. Wir wollen dich sehen.« Sie stand auf und ahmte Katarinas Hock-und-Handausstreck-Methode nach. Klar, der Hund wagte sich heraus, näherte sich ängstlich und nahm etwas aus ihrer Hand.

»Was war das?«, fragte ich.

»Ein Leckerli. Katarina hat einen kleinen Beutel dagelassen.« Sally ließ ihn an ihrer anderen Hand herunterbaumeln. Dieser Tierheimtrick war mir entgangen.

»Meinst du nicht, du erkaufst dir seine Zuneigung nur?«, wandte ich ein. »Versuch's doch ohne Leckerli.«

Sally warf mir einen ätzenden Blick zu. »Vielleicht solltest du es mal versuchen«, schoss sie zurück.

»Schon in Ordnung. Ich werde mir die Sache vorerst von hier aus anschauen. Sei vorsichtig, ja? Wir wissen doch gar nichts über ihn. Er könnte alles Mögliche anstellen.«

Phoebe war aufgestanden und spähte unter den Schreibtisch, wo sich der Hund wieder versteckt hatte. Das Wartespiel ging noch eine Weile weiter. Entgegen meiner Hoffnung ließ sie sich nicht entmutigen. Gandalf – oder Mincotti oder Mortadella oder wie auch immer wir ihn nennen würden – verdiente sich mit seiner Tour noch ein paar Leckerli. Phoebe hielt neben dem Schreibtischhöhlenzugang Wache und versuchte alles, was ihr mit und ohne die kleinen knackigen Kügelchen des Tierheims einfiel, um mit dem Vieh dort drin Verbindung aufzunehmen. Doch soweit ich sehen konnte, kam er uns keinen Zentimeter näher und schien sich auch nicht im Mindesten an uns zu gewöhnen. Sally setzte sich wieder neben mich aufs Sofa.

»Weißt du, das hilft kein bisschen, wenn du nur hier rumsitzt«, flüsterte sie. »Siehst du nicht, wie aufgeregt sie ist? Siehst du nicht, wie sehr sie ihn liebt?«

»Ihn liebt?«, flüsterte ich zurück. »Wie, um alles auf der Welt, liebt man einen Hund, den man gerade zum ersten Mal gesehen hat und der nichts mit einem zu tun haben will?«

»Schau«, sagte Sally.

In ihrer leuchtend roten Hose und ihrem gemusterten T-Shirt, ihr blondes Haar zu einem Pferdeschwanz zusammengebunden, sah unsere Tochter genau wie eine Zwölfjährige aus, die sie war, doch gleichzeitig steckte in ihr die Zwei-, Zwanzig-, Zehn- oder Sechzehnjährige. Sie war größer und schlauer und schneller geworden. Sie wurde erwachsen. Doch eine Sache hatte sich nicht geändert und würde es nie tun – diese starke Anziehungskraft, die Hunde auf sie ausübten, das Bedürfnis, in ihrer Nähe zu sein und von ihnen gebraucht zu werden. Sie kniete auf dem Boden und spähte unter den dunklen Schreibtisch, wo sich der italienische Halunke versteckte.

Sally hatte natürlich recht. Hunde zu lieben – *diesen* Hund zu lieben – war nichts, das Phoebe bewusst oder überlegt tat. Es war ein Impuls des ganzen Körpers, es war, als wäre sie von einem Geist besessen, der sie taub und blind für alle Vorsichtsmaßnahmen und Zweifel machte. Ich hatte keinen blassen Schimmer, woher diese Neigung stammte, und nur eine leise Ahnung, was dies für ihre Fähigkeit bedeutete, andere zu lieben und sich um eine bessere Welt zu kümmern. Doch ich wusste, es war echt. Ich erhob mich und stellte mich neben sie, um Wache zu schieben.

»Wo ist er, Skidge?« Ich benutzte einen der Spitznamen, mit dem wir Phoebe im Lauf der Jahre bedacht hatten.

»Da drin«, antwortete sie mit sanfter Stimme, um den Hund nicht zu verunsichern. »Siehst du?«

Ich sah nur drei dunkle Kreise – zwei Augen und eine Schnauze – in dem pelzigen Dunst eines Gesichts. »Hast du noch eines von diesen Dingern?«, fragte ich. »Von diesen Leckerli?«

Ohne den Blick von ihm abzuwenden, griff sie nach unten in den Beutel und reichte mir einen. Genau wie Katarina, Sally und Phoebe es getan hatten, ging ich mit dem kleinen Stück Sägemehl mit Hühnchengeschmack in der Hand in die Hocke. Der Hund rührte sich nicht vom Fleck. Ich wedelte ein bisschen mit der Hand, um zu sehen, ob er vielleicht darauf reagierte.

»Was tust du da?«, fragte Phoebe. »Du jagst ihm eine Höllenangst ein.« Sie nahm die Sägemehlkugel aus meiner Hand und hielt sie reglos nah über dem Boden. Etwa in dem Moment, als ich dachte, ihr Arm müsste abfallen, schob der Hund seine Schnauze ins Licht. Sein Kopf und sein halber Körper folgten. Er schnüffelte, ob Gefahr bestand, und huschte wieder zurück, nachdem er offenbar mich als solche ausgemacht hatte.

»Komm her, Kleiner, komm. Niemand wird dir was tun.« Phoebe krabbelte auf Knien vorwärts. Wieder kam er ein Stück näher. Statt ihm das Leckerli zu geben, nutzte sie es, um ihn in die Richtung herauszulocken, wo ich auf dem Boden saß. Sie streckte ihre andere Hand aus, damit er schnuppern konnte, und sagte, ich solle das Gleiche tun, aber darauf achten, dass seine Aufmerksamkeit auf das Leckerli gerichtet, dieses aber außerhalb seiner Reichweite blieb. Woher wusste sie, wie man so etwas machte?

»Siehst du, Daddy? Er gewöhnt sich an dich.«

Ich konnte dergleichen nicht erkennen. Er sah immer noch elend aus, gierte nur auf das Leckerli, konnte aber kaum seinen Impuls im Zaum halten, sich wieder zu verstecken. »Ja, scheint so«, log ich.

Phoebe lockte ihn noch ein Stück näher und schob mit einer raschen Bewegung ihren Finger unters Halsband, belohnte Gandalf aber auch sogleich mit dem Leckerli und zog ihn zwischen uns. »Du solltest ihn streicheln. Er muss deine Berührung kennenlernen.« Ich folgte ihren Anweisungen, tätschelte ein paar Mal den abgewetzten Läufer auf seinem Rücken und Hals. Phoebe hatte sich in der Zwischenzeit eine Stelle an seinem Hals gesucht, wo sie ihn kratzte. In dieser Stellung traf uns Katarina an, als sie zurückkehrte.

»Hey, gut gemacht!«, lobte sie. »Er mag uch beide.« Das Geräusch der sich öffnenden Tür versetzte den Hund in Panik. Zappelnd versuchte er, sich zu befreien. Als Phoebe sein Halsband losließ, rannte er zur Tür und inspizierte sie erneut. Vielleicht stehen alle Hunde auf Türen, dachte ich, doch die Faszination dieses Hundes für den Ausgang aus diesem Zimmer schien besonders ausgeprägt zu sein.

»Also, was halten Sie von ihm?«, setzte Katarina ihr sympathisches Verkaufsgespräch fort, ohne auf den hinter ihr an der Tür laut schnüffelnden Hund zu achten. »So habe ich ihn noch nie erlebt«, fuhr sie fort, was sowohl »so freundlich« als auch »so wahnsinnig« heißen konnte.

Bevor ich fragen konnte, in welche Richtung ihre Aussage zielte, kam Sally zu uns und legte Phoebe einen Arm um die Schultern. Sie waren bereits gleich groß, meine Frau und meine Tochter, und bildeten eine gemeinsame Front. »Müssen wir uns noch darüber unterhalten?«, fragte Sally mich mit der eindeutigen Überzeugung, dass wir dies nicht mussten.

»Und was passiert jetzt?«, fragte ich, zu Katarina gewandt. »Ich meine, wie sieht der nächste Schritt aus?« Ich versuchte verzweifelt, mir noch einen letzten Ausweg offenzuhalten.

Katarina beugte sich nach unten, um Gandalf an die Leine zu nehmen, und richtete sich rasch wieder auf. »Die Einzelheiten können wir am Empfang durchgehen«, sagte sie und überließ es uns selbst, den Weg dorthin ohne sie zu finden.

Der Papierkram war bereits für uns vorbereitet, als wir uns wieder am Empfang meldeten. Dies schien mir etwas voreilig zu sein, doch vielleicht wussten sie aus Erfahrung, dass die Adoption erfolgt, wenn eine Familie nach oben in den Besucherraum geht. Ich bat Sally, die Formulare auszufüllen unter dem Vorwand, dass ihre Schrift hübscher war als meine. Sie und Phoebe machten sich auf einem Sofa auf der anderen Seite des Empfangsraums gemeinsam an die Arbeit, wo sie flüsternd ihre Konferenz abhielten. Ich drückte mich am Empfang herum und versuchte noch ein bisschen nachzubohren.

»Wie viele Hunde werden hier denn, sagen wir, am Tag oder in der Woche adoptiert?«, fragte ich die Frau, die uns gleich zu Anfang begrüßt hatte. Katarina und Gandalf waren nirgends zu sehen.

»Das kommt darauf an. An manchen Tagen rennt man uns die Bude ein, und sechs oder acht Hunde – und Katzen – verlassen das Heim. An anderen Tagen geht es ziemlich schleppend voran.«

»Weil …?«

Die Frau schwieg, um einzuschätzen, was ich wirklich fragen wollte. »Wissen Sie, ich glaube, es gibt so was wie einen natürlichen Rhythmus. Ich persönlich würde alle diese kleinen Äffchen selbst mit nach Hause nehmen, wenn ich könnte. Dieser Gandalf ist schon etwas Besonderes.«

»Ja«, pflichtete ich bei, »das scheint er zu sein. Haben Sie denn selbst Haustiere?«

Sie musste einen Anruf annehmen. Sie hielt einen Finger in meine Richtung nach oben und hob eine Augenbraue, während sie zuhörte. Mit ihrer Hand über der Muschel flüsterte sie: »Die rufen wegen ihm an. Wegen Gandalf.« Dem Anrufer teilte sie mit, es tue ihr wirklich leid, aber dieser wunderbare Hund sei gerade adoptiert worden. »Na, so was!«, sagte sie zu mir, nachdem sie wieder aufgelegt hatte. »Eine halbe Stunde später, und Sie hätten wieder das Nachsehen gehabt.« Langsam beschlich mich ein unangenehmes Gefühl wie in einem Autosalon. War diese ganze Sache ein abgekartetes Spiel? Könnten meine Frau und meine Tochter die Drahtzieherinnen sein, um mich auszutricksen? Klar, ich litt unter einem leichten Verfolgungswahn und versuchte, weder den Verstand noch die Fassung zu verlieren.

»Können Sie uns noch ein paar Ratschläge geben?«, fragte ich. »Zum Beispiel, worauf wir gleich zu Anfang achten müssen?«

»Na ja, es gibt eine Menge Dinge zu beachten. Wo der Hund schlafen, wer ihn füttern und wer mit ihm spazieren gehen wird und so weiter. Regelmäßigkeit ist sehr wichtig. Wir möchten, dass diese Angelegenheit für Sie und das Tier zum Erfolg wird. Deswegen sind wir hier. Und Sie wissen ja, wenn es aus irgendeinem Grund nicht funktioniert, gibt es unsere Dreißig-Tage-Politik.«

»Von einer Dreißig-Tage-Politik weiß ich nichts. Was ist das?«

»Ach, das hat Ihnen niemand erzählt? Nun, das ist eine Art Absicherung für die sehr seltenen Fälle, in denen die neuen Hundeeltern und der Hund nicht zusammenpassen. Sie können den Hund innerhalb von dreißig Tagen zurückgeben und erhalten den vollen Geldbetrag zurück, ohne dass wir Fragen stellen.«

»Und danach? Was passiert nach den dreißig Tagen?«, wollte ich wissen, erpicht darauf, die Einzelheiten dieser Politik zu erfahren. Sie spielte die Angelegenheit herunter, die mir allerdings wichtig zu sein schien. Ein leichter Aufruhr hinter uns schnitt jede weitere Diskussion ab. Katarina führte Gandalf in die Eingangshalle. Eigentlich war es eine Kombination aus Ziehen und Führen, weil der Hund alle paar Schritte in eine andere Richtung zerrte. Er trug ein Hundegeschirr, das offensichtlich sicherer war als das gewöhnliche Halsband von vorher.

»Da ist er ja!«, rief die Frau hinter dem Empfang.

Phoebe rannte zu ihrem neuen Hund, um ihn zu begrüßen. Der Ablauf entsprach eher nicht einer videoreifen Begegnung. Er zuckte zurück und zerrte an seiner Leine, als Phoebe sich ihm näherte. Katarina flüsterte etwas Beruhigendes und reichte Phoebe die Leine. »Geh doch ein bisschen mit ihm an der Leine umher, nur hier drin, solange ich mit deinen Eltern rede. Herzlichen Glückwunsch.«

Phoebe machte ein ehrfürchtiges und leicht verwirrtes Gesicht, als hätte sie jemand hinter das Steuer eines Wagens gesetzt und gesagt, sie solle nach Los Angeles fahren. Sie hielt die Leine in ihrer ausgestreckten Hand und wartete, bis der Hund etwas tat. Sobald sich Katarina entfernte, zog er in ihre Richtung.

»Ist schon in Ordnung«, sagte Sally und ging vom Sofa aus quer durch den Raum. »Wir sind ja da.«

Katarina winkte uns zu einem anderen Schreibtisch, wo sich die stellvertretende Direktorin, eine erschöpft aussehende Frau über fünfzig, zu uns gesellte. Gemeinsam sahen wir die Unterlagen durch, erhielten aber noch weitere aus einem Ordner mit Informationen über Gandalfs bisherige Impfungen, seinen Reproduktionsstatus – kastriert –, sein geschätztes Alter – etwa ein Jahr – und den winzigen Computerchip, der in seinen Hals implantiert worden war, damit er, falls er verlorenging, dem Tierheim und in der Folge uns zugeordnet werden konnte. Wir erhielten einen kleinen Beutel mit Trockenfutter und einige Standardratschläge bezüglich Ernährung und der Suche nach einem guten Tierarzt in San Francisco. Ich stellte einen Scheck über hundert Dollar aus, und der so schnell wie möglich umzubenennende Gandalf gehörte uns.

»Haben Sie ein gutes Buch über das Zusammenleben mit Hunden?«, fragte Katarina. »Es gibt eine Menge guter Ratgeber.«

Als wir nickten, waren sie bereit, uns mit all ihren guten Wünschen ziehen zu lassen. Doch vorher sprach ich das Thema der Dreißig-Tage-Politik an.

Die stellvertretende Direktorin stieß einen leisen Seufzer aus. »Es steht alles im Vertrag.« Sie deutete mit dem Kinn auf einen mit einer Klammer verschlossenen Umschlag in Sallys Hand. »Aber dies kommt so selten vor, dass wir beinahe immer vergessen, dieses Thema zu erwähnen. Wir haben Glück, dass wir stets die passenden Leute finden.«

»Wie häufig?«, wollte ich wissen.

Bei meiner Frage verloren die beiden Frauen zum ersten Mal den Augenkontakt mit mir. »Nun, das ist irgendwie komisch«, sagte die stellvertretende Direktorin. Ihr besorgtes Gesicht hellte sich auf, als sie sich für ihre Geschichte erwärmte. »Der einzige Hund, der im letzten Monat zurückgegeben wurde, ist zufällig Gandalf. Eine ältere Dame nahm ihn, und dieser Schwung und die Energie eines Terriers waren eher nicht das, was sie brauchte. Ich hatte ohnehin immer gedacht, mit einer Katze wäre sie glücklicher.« Sie schenkte uns das Lächeln einer Geschichtenerzählerin. »Aber sehen Sie die Sache doch mal so«, fuhr sie fort. »Wenn diese Frau ihn nicht zurückgegeben hätte, würden Sie heute nicht mit diesem großartigen Hund nach Hause gehen.«

Ich blickte zu Sally hinüber, ob sie die Sache ebenso sah. Doch sie war anderweitig beschäftigt und beobachtete Phoebe, die mit dem Hund im Zickzack durch die Eingangshalle marschierte.

»Gibt es noch etwas, das wir wissen sollten?«, fragte ich.

Bis zum heutigen Tag bin ich Katarina dankbar für ihre ehrliche Antwort. Ob Nase oder nicht, schließlich war sie nicht Pinocchio. »Wir wissen eigentlich nicht, was mit ihm passiert ist«, begann sie. »Gandalf lebte in den Straßen von Santa Clara County und verbrachte dort einige Zeit in einem Tierheim, bevor er hierherkam. Jemand – irgendein Mann – muss ihn in dieser Zeit schlecht behandelt haben. Vielleicht einer der Besitzer oder jemand auf der Straße. Man kann es sehen: Er hat eindeutig Angst vor Männern. Aber er ist auch ganz süß. Ich weiß, Sie werden ihm viel Liebe schenken«, sagte sie. »Und Geduld.«

Zehn Minuten später saßen wir im Wagen und fuhren nach Hause. Phoebe auf dem Rücksitz drückte den Hund an sich. Sie hatte ihn in eine blaue Decke gewickelt, die sie schon vor Monaten genau zu diesem Zweck ausgesucht hatte. Sally saß auf dem Beifahrersitz, in Gedanken damit beschäftigt, was sie eben beschäftigte. So wie ich sie kannte, plante sie, wo genau wir seine Hundebox und Näpfe platzieren sollten.

Und ich hatte stillschweigend zugestimmt, einen Hund zu adoptieren, der bereits einmal adoptiert und wieder zurückgegeben und wahrscheinlich wer weiß wie übel von mindestens einem Mann misshandelt worden war. Aus dem Blickwinkel des Hundes betrachtet, schien es wahrscheinlich, dass alle Männer gleich verdächtig waren. Er mochte keinen von ihnen, und das aus guten Gründen. Ich blickte in den Rückspiegel. Phoebe und ihre neue Liebe hatten sich außerhalb meines Blickfeldes in die Ecke des Rücksitzes gekuschelt. Sie schienen beide sehr weit weg zu sein, abgeschottet in einem privaten Königreich, dessen Straßen, Tore und Geheimnisse vor mir verborgen waren.

Wieder herrschte auf der 101 auf wundersame Weise nur spärlicher Verkehr. Wir eilten unserem neuen Leben entgegen, was auch immer es bringen mochte. Nichts würde uns aufhalten.

SECHS

UMBAU AN DER HEIMATFRONT

Sally und ich wussten alles, was man über die Adoption eines Hundes und die Eingewöhnung in sein neues Zuhause wissen musste. Wir hatten Bücher gelesen, mit Freunden und Verwandten geredet und alles zusammengetragen, was wir auf unseren Hundestreifzügen in den verschiedenen Tierschutzvereinen und Tierheimen herausfinden konnten. Egal, wie die Ratschläge gegeben, aufgemotzt und aufgearbeitet wurden, sie ließen sich mehr oder weniger zu dieser einen Aussage zusammenfassen: Liebe mit Grenzen.

Hunde wollen und müssen geliebt werden. Sie sind empfindsame Wesen, die auf Menschen eingestimmt und scharf darauf sind, sich mit uns zu verbünden und unsere Liebe zu erwidern. Doch wenn man nicht rechtzeitig Dominanz und eine eindeutige Befehlskette etabliert, sind Mensch und Hund in einem elenden, endlosen Machtkampf miteinander verstrickt, der beiden an die Substanz geht. Hunde wollen uns gefallen, hören wir immer wieder, und um das tun zu können, brauchen sie ein gleichbleibendes Regelwerk. Es liegt in ihrem Interesse und in ihrer Natur. Daher ist es ganz besonders wichtig, einem Hund zu zeigen, dass man der Boss ist, indem man ihn liebt und sich um ihn kümmert. Dies tut man als wohlwollender Boss, aber als Boss.

Das Problem dabei ist, dass Hunde nicht lesen, sich keine Fernsehsendungen über Hundetraining anschauen und sich keine Verlautbarungen der Fachwelt anhören. Doch auch wenn Hunde gehorchen und uns gefallen wollen, haben sie mindestens das gleich starke Interesse daran, wild umherzulaufen, alles zu fressen, was sie finden, und nur das zu tun, wozu sie Lust haben. Und damit habe ich noch nicht die besonders stark ausgeprägte Zielstrebigkeit eines traumatisierten Hundes angesprochen, der sein Leben auf seine eigene Art leben will.

In dem Moment, in dem wir den nicht mehr Gandalf heißenden, aber noch namenlosen Hund nach Hause brachten, machte er sich daran, sein neues Revier in Beschlag zu nehmen. So jedenfalls könnte man die Art beschreiben, wie er seine Schnauze auf den Boden senkte und das Wohnzimmer, Esszimmer und den Flur auf Gerüche, Essensreste und wer weiß was noch absaugte. Doch natürliche Neugier einem neuen Ort gegenüber schien nur einen kleinen Teil seiner Unruhe auszumachen. Aus der hektischen Art zu schließen, wie er quer durchs Zimmer und wieder zurück fegte, wie er an einer Wand entlangwischte und plötzlich stehen blieb, um in unsere Richtung zu spähen, ob sich jemand bewegt hatte, uns aber ansonsten ignorierte, benahm er sich wie ein wildes Tier, das mit seinen Häschern im Käfig eingesperrt war und einen Fluchtweg suchte.

Damit konnte ich mich identifizieren. Wenn sich unser neuestes Familienmitglied in seiner neuen, seltsamen Umgebung wie ein Gefangener fühlte, konnte ich dies nachvollziehen. Je mehr der Hund nervös das Erdgeschoss inspizierte, desto kleiner und begrenzter schien unser Haus zu werden. Ich selbst fühlte mich eingesperrt.

»Wie lange wird er das eurer Meinung nach machen?«, fragte ich. Der Hund wuselte umher wie ein Flipperball, der keine Punkte machte.

Phoebe schaltete in ihren Mitgefühlsmodus und hockte sich auf den Boden. »Ist schon in Ordnung, mein Junge«, säuselte sie, als der Hund an ihr vorbei- und die Treppe hinaufsauste. »Das ist gut. Schau dich um. Das ist dein neues Zuhause.« Die Entschlossenheit stand ihr ins Gesicht geschrieben, als sie ihm hinterherkrabbelte. Unsere Tochter, die uns mit ihrem Interesse am Wissenschaftsunterricht der siebten Klasse überrascht hatte, nachdem sie zuvor alles verabscheut hatte, was mit einem Teströhrchen oder einer Zahl zu tun hatte, setzte sich methodisch und planmäßig mit der Eingewöhnungsphase des Hundes auseinander. Sie schien diese Angelegenheit wie eine Herausforderung in der echten Welt zu sehen. Das war gut, doch ich bekam Panik angesichts dessen, was wir gerade getan hatten. Sobald Phoebe dem Nicht-Gandalf nach oben gefolgt war, bot sich Sally und mir die erste Gelegenheit, frei zu reden. Zuerst ließ ich mir bestätigen, dass sie gehört hatte, was die Leute im Tierheim über die Vergangenheit des Hundes mit Männern gesagt hatten.

»Habe ich gehört«, sagte sie. »Alles. Einen Hund zu nehmen ist immer ein Risiko. Das wussten wir vorher.«

»Du hast gut reden. Du bist kein Mann.«

»Aber du«, schoss sie zurück. »Darüber musst du hinwegkommen. Hier, hilf mir.«

Sie entfaltete eine durchsichtige Plastikplane, die wir in einem Baumarkt gekauft hatten. Der Plan war, den Esszimmerboden damit auszulegen und dieses Zimmer als für Hundemissgeschicke korrigierbare Zone einzurichten. Wir befestigten die Plane, die über den Teppich hinausragte, mit blauem Klebeband auf dem nackten Boden. Ich hatte die alten Gitter aus Phoebes Krabbelalterjahren aus der Garage geholt und sie vor die drei Türen gespannt. Nachdem sie unsere Tochter einst davor bewahrt hatten, die Treppe hinunterzustürzen, würden sie jetzt den Hund in seine Schranken weisen. Sally stellte die strapazierfähige Hundebox aus Kunststoff in die Ecke, die sie als die gemütlichste auserkor, und zwar in die neben dem Schrank, in dem wir Glühbirnen, angefangene Klebebandrollen und die Speisekarten von Restaurants aufbewahrten, bei denen wir manchmal etwas zum Essen bestellten.

»Phoebe!«, rief sie nach oben. »Bring ihn runter, damit wir ihm sein Schlafzimmer zeigen können.«

Unsere Tochter kam mit dem Hund auf dem Arm herunter.

»Mal sehen, wie ihm das gefällt«, meinte Sally.

Phoebe setzte den Hund so vorsichtig wie möglich ab. Einen Moment lang blieb er wie erstarrt stehen, bis er sich urplötzlich aus seiner Starre löste, mit den Vorder- und Hinterpfoten auf der Plane scharrte und mit dem gleichen Tempo wie im Tierheim direkt auf eines der Gitter zustürmte. Doch statt daran hochzuspringen, wich er im letzten Moment aus, als stünde das Gitter unter Strom und sendete einen surrenden Warnton aus. Das Gleiche geschah bei den anderen beiden Gittern, auf die er losstürmte.

»Das ist ziemlich komisch«, stellte ich fest, »aber ich denke, es wird funktionieren. Was die Plastikplane angeht, bin ich mir allerdings nicht sicher. Anscheinend brauchen wir etwas Dickeres.«

Während der Hund weiterhin im Kreis rannte, nutzte er

unseren provisorischen Bodenbelag rasch ab. An manchen Stellen war er zusammengerafft, an anderen zerrissen. Das blaue Klebeband war sein nächstes Ziel. Neben der Küche kratzte er zunächst eine Ecke ab und versuchte dann, das Band mit seinen Zähnen abzuziehen.

»Hey, lass das!«, rief ich. Damit erntete ich einen kurzen, schiefen Blick, bevor er sich wieder an die Arbeit machte.

»Ihm scheint der Geruch zu gefallen«, sagte Phoebe. »Oder vielleicht liegt es an der Farbe. Sie passt zu seiner Decke.« In Phoebe war die Amateurwissenschaftlerin zum Leben erweckt, indem sie beobachtete und dann Vermutungen und schließlich Behauptungen aufstellte. Mir gefiel die Vorstellung von ihr in einem weißen Laborkittel, auch wenn ihre Hypothesen keinen Sinn für mich ergaben. Andererseits war ich allein dadurch, dass dieses Tier in unserem Haus war, ohnehin schon desorientiert.

»Haben wir noch was von diesem schwarzen Isolierband?«, fragte Sally. »Das könnte besser funktionieren.«

Sie wollte sich gerade auf die Suche in den Schubladen machen, als der Hund in einem plötzlichen Sinneswandel das blaue Band losließ, sich sammelte und das Gitter, das den breiten Zugang zum Wohnzimmer absperrte, erneut in Angriff nahm. Diesmal rannte er darauf zu und sprang in hohem Bogen darüber hinweg. Wie angewurzelt blieben wir auf der ramponierten Plane stehen und sahen ihm hinterher, wie er, den dicken Schwanz triumphierend aufgerichtet, davonlief.

Einige Stunden später, nach dem Abendessen und nachdem Phoebe mit dem Hund spazieren gegangen war und wir vergeblich versucht hatten, ihn zu füttern – offenbar war er zu gestresst, um zu fressen oder um Wasser zu saufen –, versammelten wir uns erneut im Esszimmer, um ihn auf die Nacht vorzubereiten. Sally hatte die Idee, wir sollten uns alle auf den Boden setzen.

»Wir müssen wie Riesen auf ihn wirken«, sagte sie.

»Genau«, stimmte ich zu, »das soll auch so sein.«

»Hunde sind wie wir, Daddy«, wies mich Phoebe zurecht. »Sie müssen sich sicher und wohl fühlen. Wir müssen sie darin bestärken.« Sie hatte diese Art von Botschaften über den Wert von Empathie und Gemeinschaft seit dem Kindergarten gehört und ihre Lektion anscheinend gut gelernt. Sie trafen auf Menschen zu, warum also nicht auch auf Hunde?

»Du hast recht, Schatz.« Ich krabbelte zu dem Hund, der hinter Sallys ausgestrecktem Bein lauerte. Er beobachtete mich aufmerksam, schien sich aber durch meinen Annäherungsversuch nicht allzu sehr verängstigen zu lassen, bis sich meine Hand in der Plastikplane verheddterte und ich sie mit einem Ruck befreite. Erschreckt zuckte er zurück.

»Keine plötzlichen Bewegungen«, schimpfte Sally.

Phoebe hatte seine blaue Decke in der Hundebox drapiert und das Türchen offen gelassen. Sie ging zu dem Hund, nahm ihn auf den Arm und zeigte ihm seinen Schlafplatz. Ein paar Mal tätschelte sie aufmunternd sein Hinterteil, woraufhin er sein neues Reich betrat.

»Wow, jetzt schaut euch das an«, sagte ich verwundert. »Er mag seinen Platz. Die Box scheint ihm Sicherheit zu bieten wie der Platz unter dem Schreibtisch im Besucherraum. Wisst ihr noch, dass Katarina gesagt hat, Terrier würden sich in die Erde einbuddeln?«

Zunächst tauchte der Schwanz und dann der Rest des

Hundes wieder auf. Er verließ die Box um einiges schneller, als er sie betreten hatte. »Was ist passiert?«, fragte ich.

»Er hat das Leckerli gefunden«, antwortete Phoebe.

»Du hast für ihn ein Leckerli reingelegt?« Ich signalisierte meine ablehnende Haltung gegenüber weiteren Bestechungsversuchen mit Nahrungsmitteln.

»Sie hat recht, Steven«, Sally fiel mir in den Rücken. »Wie sonst sollen wir ihn in die Box locken?« Ich wusste, dass ich den Rückzug antreten musste, wenn sie mich mit Steven anredete. Wir hatten einen langen, ereignisreichen Tag hinter uns, und wir waren erschöpft von der Aufregung und dem Stress. Ich wechselte das Thema.

»Wie sollen wir ihn denn jetzt nennen? Er braucht einen Namen, wenn er nicht Gandalf heißen soll.«

Sally schlug Prosecco vor in Erinnerung an den Perlwein, den wir in Italien so gern getrunken hatten. »Weil er so sprudelt und voller Leben ist.«

»Ich habe davon aber nichts abbekommen«, hielt Phoebe dagegen. »Jedenfalls habe ich beschlossen, er soll nicht nach etwas benannt werden, das man essen oder trinken kann.«

»Wie heißt das italienische Wort für ›springen‹?«, fragte ich. »Für einen kleinen Hund war das schon eher eine Flugübung.« Momentan wuselte er wieder umher, was mir so vorkam, als wappnete er sich zum nächsten Hindernislauf.

»Oder wie wär's mit einem berühmten Italiener?«, schlug Sally vor. »Da gibt es Dante oder Michelangelo oder Leonardo da Vinci. Und Pavarotti – Luciano Pavarotti.«

»Ist das nicht dieser fette Typ?«, fragte Phoebe. »Wir können einen Hund doch nicht nach einem fetten Typen benennen, der Opern singt.« Sie verzog ihr Gesicht.

»Palladio«, startete Sally ihren nächsten Versuch. »Wisst

ihr noch? Wir haben auf dem Weg nach Venedig die vielen schönen Herrenhäuser besucht, die er gebaut hat. Mit Spitznamen könnten wir ihn Pal nennen.«

Phoebe schien diesen Vorschlag einen Moment abzuwägen. Schließlich hatten wir ihr in Venedig eröffnet, sie könne einen Hund haben. Das musste doch etwas bedeuten. Ich dachte darüber nach, Gondola oder Marco – für die Piazza San Marco – oder Doge vorzuschlagen. Aber mir war klar, dass sie keine Hilfe brauchte. Phoebes Gesicht hatte diesen ruhigen, nach innen gekehrten Ausdruck angenommen wie immer, wenn sie zu einer Entscheidung gekommen ist. Dann zieht sie ihre Unterlippe unter ihre Vorderzähne, und ihre Augen wirken noch grüner und konzentrierter. Sie erhob sich, drängte den Hund in die Ecke neben seiner Box und drehte sich zu uns, als sie ihn auf den Arm genommen hatte.

»Como«, verkündete sie.

»Wie Perry Como?«, fragte ich nach. Wie konnte sich eine Zwölfjährige an diesen alten Schnulzensänger in Strickjacke erinnern?

Sally verstand das Missverständnis. »Nein, wie der See.«

Phoebe nickte. Wir hatten auf unserer Reise ein paar Tage am Comer See verbracht und in der Abenddämmerung eine Bootsfahrt von Bellagio aus unternommen. Das seidenmatte Wasser, die Berge, die sich beiderseits des Sees erhoben, der Gedanke an die nahen Schweizer Alpen, die anderen Boote, die wie zauberhafte, leuchtende Geschenkschachteln auf dem Wasser trieben – all das hatte sie begeistert. Ein Traum vermischte sich mit dem anderen. Sally und ich lächelten zuerst uns an, dann Phoebe.

»Perfekt«, sagte einer von uns.

»Como passt«, sagte der andere. Es war Zeit, ins Bett zu gehen.

Phoebe kam die Ehre zu, ihn für seine erste Nacht zu Hause ins Bett zu bringen. Sie legte Como neben der Box ab und hielt ihn mit einer Hand am Halsband, während sie mit der anderen die Decke aufschüttelte. Widerstrebend, aber ohne Widerstand zu leisten, ging er hinein. Phoebe ließ ihn sich umdrehen, sodass er nach draußen schauen konnte, dann schloss sie die Tür. Einer nach dem anderen blickten wir durch das Gitterfenster in der Tür.

»Leg dich hin, Como«, wies Phoebe ihn an. »Sei ein guter Junge und schlaf. Bist ein braver Junge. Leg dich hin.«

Sally war die Nächste. Sie nutzte mehr oder weniger den gleichen Stil. Als ich auf die Knie ging, um in die Box zu spähen, stand der Hund immer noch kerzengerade und mit erstauntem Ausdruck auf seinem haarigen Gesicht hinter der Tür. Sein knochiger Rücken berührte das Dach, und seine dürren Vorderbeine schienen im Boden verankert zu sein. Er sah elend aus, aber auch entschlossen, etwas daran zu ändern. Ich wollte so tun, als wäre alles in Ordnung.

»Gute Nacht, Como«, rief ich ihm zu, als ich mich von der Box entfernte. »Wir sehen uns morgen.« Dann schalteten wir das Licht aus und gingen nach oben.

Unser Haus, das vier Straßenblocks südlich des Golden Gate Parks im westlichen Teil von San Francisco liegt, ist nachts gewöhnlich angenehm kühl, besonders im Sommer, wenn der dichte Nebel wie eine natürliche Klimaanlage funktioniert. Normalerweise brauchen wir im September schon wieder ein oder zwei Decken, nicht aber in diesem Jahr, in dem es im September heiß und sonnig blieb. Wir ließen die Fenster weit geöffnet, als wir zu Bett gingen, und der Lärm der Menschen und Autos und vorbeifahrenden Busse lenkte uns von dem ab, was im Erdgeschoss geschah. Phoebe tauchte drei oder vier Mal in unserem Schlafzimmer auf, um uns haarklein zu erklären, was wir am nächsten Tag mit Como tun müssten, während sie in der Schule war. Sally, Lehrerin für Englisch für Ausländer am San Francisco City College, würde am nächsten Tag Unterricht haben und erst um zwölf oder eins nach Hause kommen. Ich arbeitete oft zu Hause an meinen *Chronicle*-Artikeln.

»Ich übernehme dann am Wochenende«, versicherte uns unsere stolze, seit neustem hundebesitzende Tochter. Wir wünschten ihr eine gute Nacht und schalteten das Licht aus.

Die Dunkelheit verstärkt jedes Geräusch. Sobald Sally und ich die Decken über uns gezogen hatten, hörten wir es – ein schweres, rhythmisches Schlagen. Da die Furcht vor Erdbeben in den Köpfen der Bewohner von San Francisco verankert ist, ging ich vom Schlimmsten aus und wartete, ob das Bett gleich wackeln und das Glasfenster über unseren Köpfen scheppern würde.

»Das ist er«, flüsterte Sally, die dem Geheimnis als Erste auf die Spur kam. »Was treibt er da unten?«

Das Geräusch hörte auf. Im Haus wurde es sehr still. Dann setzte der Lärm wieder ein, diesmal begleitet von einem gesangähnlichen Heulen, das über mehrere Oktaven reichte, kehlig im unteren Bereich und scharf und unheimlich im oberen. Bums. Rums. Bums-bums. Es musste die Hundebox sein, die gegen den Schrank oder die Wand oder beides schlug.

»Was sollen wir tun?«, fragte Sally mit bereits lauterer Stimme. Sie war den ganzen Tag über ein Vorbild für

Standhaftigkeit und gesunden Menschenverstand gewesen, hatte Phoebe an ihrem ruhmreichen Tag des Hundes unterstützt und meine Sturheit und Ängstlichkeit niedergetrampelt. Wie immer, sobald sie sich abends hinlegt, werden im gleichen Moment ihre eigenen Dämonen freigesetzt. Die Kombination aus Horizontale, Schwebezustand zwischen Wachen und Schlafen und unvorhersehbarem Chaos in ihren Träumen machte Sally angesichts ihrer eigenen rasenden Vorstellungskraft hilflos. Ich hörte es ihrer Stimme an.

»Nichts«, schlug ich vor, wusste aber, dass dies keine für sie akzeptable Strategie war. Ich versuchte, so zu klingen, als hätte ich alles unter Kontrolle, wollte aber Zeit schinden, um mir etwas Besseres auszudenken. Der Tumult im Erdgeschoss eskalierte. Das Schlagen und das Heulen hatten einen unregelmäßigen Rhythmus angenommen, als hörten wir einem Amateurzimmermann zu, der mit seiner Arbeit nicht zurechtkam und dessen Hammerschläge immer sinnloser, aber kräftiger wurden. Das halb erstickte Heulen des Hundes hätte sein Äquivalent für das leise Fluchen eines Menschen sein können.

»Wir können hier nicht einfach rumliegen«, sagte Sally. »Er wird Phoebe wecken. Sie muss morgen zur Schule. Wenn sie nicht schläft, ist sie völlig erschöpft, und das schon am Anfang vom Schuljahr.« Ich stieg aus dem Bett und sagte, ich würde nachsehen. Was auch immer ich vorfinden würde, könnte nicht schlimmer sein, als weiterhin diesem Lärm zuzuhören. »Ärgere ihn nicht«, rief Sally mir nach.

Como muss mich auf der Treppe gehört haben. Alles war still, als ich wartend im Flur stand. Nach ein paar Minuten begann das Poltern erneut, doch auch ein anderes

Geräusch, das wir oben nicht gehört hatten – das sprö-
de Mahlgeräusch wie das eines alten Getriebes oder eines
Steinmörsers. Es war anhaltend, aber nicht dauerhaft und
ertönte in den Pausen zwischen dem Poltern. Lauschend
schlich ich näher. Wieder musste der Hund mich gehört
haben und hielt inne.

Als ich schließlich über das niedrigste der drei Gitter
spähte, sah ich, dass Comos Box aus der Nische gerutscht
war und zwei Meter von der Wand entfernt unter dem Esszimmertisch stand. Er musste sich gegen die Seite seiner
Box geworfen haben, in der er nicht viel Bewegungsfrei-
raum hatte. Seine Willenskraft war beängstigend, aber auch
beeindruckend. Ich beschloss, die Sache direkt mit ihm ab-
zuwickeln.

»Sieh mal einer an«, begann ich, als ich über das Gitter
stieg und über die unter meinen Füßen klebende Plane ging.
»Du machst einen Höllenlärm hier unten. Wieso?« Als ich
mich bückte, um in seine Box zu schauen, sah ich ihn nicht.
Ich wusste, er konnte nicht entschlüpft sein – auch Houdinis
Hund hätte das nicht geschafft –, doch ich brauchte einen
Moment, um den an die Rückwand gepressten Schatten als
Como zu erkennen.

»Was ist da drin los?«, fragte ich ihn und setzte mich, um
ein Kennenlernen zu erleichtern. Zum ersten Mal waren
wir allein. Como gab keinen Ton von sich und rührte sich
nicht. Nach ein paar Minuten legte ich eine Hand auf die
Box und schob sie zurück in die Nische. Ich hatte die Bücher gelesen, ich wollte mich als strengen, aber gerechten
Boss zu erkennen geben. »Ist das nicht besser?«, fragte ich,
woraufhin sich Como rasch umdrehte und zwei dunkle, un-
erschrockene Augen auf mich richtete.

»Gut«, sagte ich nach weiteren fünf Minuten dominanz-festlegender Stille. »Jetzt ist alles geregelt für die Nacht.« Ich ging wieder nach oben und kroch unters Laken. Auf die Bettdecke hatten wir bei dieser Hitze verzichtet.

»Was war?«, wollte Sally wissen, die hellwach war. »Was hat er angestellt?«

Ich erzählte ihr, wie er mitsamt seiner Hütte durchs Zimmer gewandert war und ich ihn zurückgeschoben hatte, merkte aber, dass ich mich nicht um das Mahlgeräusch gekümmert hatte. Beide lagen wir da, starrten an die Decke und lauschten auf das, was als Nächstes passieren würde. Als wie erwartet das Poltern wieder begann, stützte sich Sally auf einem Ellbogen ab und setzte das Thema Schule fort. Diesmal war es ihr eigener Stundenplan, an den sie dachte. Dieser verlangte, dass sie um kurz nach sieben das Haus verließ.

»Ich muss aber unbedingt ein bisschen schlafen«, beschwerte sie sich. »Was ist, wenn das die ganze Nacht so geht? Und morgen Nacht? Es ist so heiß«, fügte sie hinzu, warf das Laken von sich und drehte sich auf den Bauch. »Vielleicht ist das das Problem. Vielleicht verglüht er in dem Ding.«

»Unten ist es nicht so heiß«, erwiderte ich. »Hier oben ist es immer heißer.«

»Wir hätten die Ventilatoren aufstellen sollen«, meinte Sally. »Phoebe kocht wahrscheinlich in ihrem Zimmer.«

»Phoebe schläft tief und fest«, widersprach ich.

»Woher willst du das wissen?«

»Ich weiß es nicht«, gab ich zu. »Aber meinst du nicht, wir würden es wissen, wenn dem nicht so wäre?«

»Ich weiß nicht, ob wir es wüssten. Kann doch sein, sie stellt sich nur schlafend.«

»Warum sollte sie das heute Nacht tun?«

»Na, überleg doch mal!«

Zum gegenwärtigen Zeitpunkt war es egal, was einer von uns sagte oder worum es ging. Wir spielten Ehetennis, bei dem der Ball Größe, Farbe, Gewicht und Richtung ändern und sogar verschwinden kann, wenn er es übers Netz geschafft hat.

»Ich gehe nach unten und schaue noch mal nach«, bot ich in der Hoffnung an, diesem punktelosen Schlagabtausch ein Ende zu setzen.

»Nein« – Sally hielt mich auf –, »tu das nicht. Du wirst ihn nur wieder durcheinanderbringen.« Sie legte eine Hand auf meinen Arm. »Warte. Was ist das?«

»Was ist was?«

»Das«, sagte sie und brauchte es nicht weiter zu erklären. Jetzt hörte auch sie das Mahlgeräusch. Es war zu einem stetigen, ausgeprägten Dröhnen angewachsen, das eine oder eineinhalb Minuten andauerte, abbrach und dann wieder fortgesetzt wurde. Das Poltern hatte aufgehört und war vom Mahl-/Bohr-/Sägegeräusch abgelöst worden.

»Was treibt er da?«, flüsterte Sally, ihre Augen so groß wie eine Schauspielerin in einem Horrorfilm.

»Wir können nicht ständig runtergehen«, sagte ich. »Das hieße, wir würden nachgeben. Er muss sich daran gewöhnen, allein zu schlafen.«

Nachdem wir vereinbart hatten, ihm keine weiteren Besuche abzustatten, blieb uns nichts anderes übrig, als es mit Schlafen zu versuchen. Ich hörte ein paar Mal die Linie 6 nach Parnassus vorbeifahren. Die Oberleitungen knisterten leise, wenn der Bus unsere Straße kreuzte und die Ninth Avenue weiterfuhr. Das Geräusch vermischte sich nach und nach mit Comos Heulen. Irgendwann war ich weggesackt. Ich weiß nicht, ob auch Sally eingeschlafen war, doch ein paar Minuten nach vier Uhr – der Wecker stand nur wenige Zentimeter von meinem Gesicht entfernt, als sie mich an der Schulter stieß – hatte sie Neuigkeiten für mich.

»Er ist ausgebüxt«, sagte sie. »Wach auf.«

»Was? Wer ist ausgebüxt?«, fragte ich und suchte gleichzeitig nach meinem Bewusstsein und meiner Brille. Ein paar Stunden Schlaf hatten den Hund bereits aus meinem Gedächtnis gelöscht.

»Horch!«

Tatsächlich liefen kleine Pfoten unten frei umher. Wir hörten, wie sich das Klicken der Krallen Richtung Tür, von dort den Flur entlang zu unserem Arbeitszimmer und in die Küche bewegte. Ich stand auf und schlüpfte in meinen Bademantel. Ich musste zumindest ein bisschen was anhaben, um mich voll gewappnet zu fühlen. Auch Sally war aufgestanden und band sich den Gürtel ihres eigenen Bademantels zu. Ich folgte ihr nach unten. Als Como uns hörte, schaltete er in den höchsten Gang und lief durch die Küche. Ich trat am Fuß der Treppe in etwas Nasses, das noch leicht warm war, beschloss aber, nicht stehen zu bleiben und mir zu bestätigen, was ohnehin offensichtlich war.

»Du gehst da lang«, sagte ich zu Sally und deutete über den Flur. »Wir versuchen, ihn in die Enge zu treiben.« Das bedeutete, dass ich über eines der Gitter steigen musste, um ins Esszimmer zu gelangen, und von dort über das nächste in die Küche. Diese Vorgehensweise erwies sich mit Bademantel als komplizierter als vorher in meiner Unterhose. Das Überraschungsmoment, als ich hinter dem ersten Gitter in eine weitere Pfütze trat, bewahrte mich davor zu stolpern.

»Ich habe ihn«, rief Sally.

»Hat er da drin auch hingepinkelt?«, rief ich ihr zu. Als sie das Küchenlicht einschaltete, bemerkte ich das Ausmaß des Schadens. Die Box sah aus, als hätte sie jemand mit einem riesigen Dosenöffner geknackt. Ich zog das Dach ein Stück ab, um hineinzuschauen. Como hatte sich durch die dicken Plastikscharniere gebissen, was vermeintlich das Mahlgeräusch verursacht hatte. Die blaue Decke war zu einem Haufen faseriger, wirrer Streifen zerfetzt. Ein mechanischer Schredder hätte kein gründlicheres Ergebnis liefern können. Verblüfft versuchte ich das Unbegreifliche zu begreifen: Wir lebten mit einem Außerirdischen zusammen.

»Ja, er hat gepinkelt«, antwortete Sally. »Was machst du da drin? Ich kann ihn nicht festhalten und gleichzeitig putzen.«

Ich ging zum zweiten Gitter an der Küchentür und berichtete, was ich vorgefunden hatte. Sally hielt Como auf dem Arm. So, wie er seinen Kopf abgewendet hatte, um hinter ihr aus dem Fenster blicken zu können, sah er aus wie ein alter, verstaubter Muff aus einem Kostümladen. Der Himmel hinter ihnen begann schon im ersten rosa Tageslicht zu schimmern. In den nächsten zwanzig Minuten suchten wir die Stellen ab, die Como gekennzeichnet hatte – Teppiche, Läufer und Holzdielen. Es gab eine ganze Menge dieser Flecken. Der Hund ließ sich immer noch von Sally tragen, als wir schließlich nach oben gingen.

»Irgendwelche Vorschläge?«, fragte mich meine Frau.

Ich hatte keine mehr. Sie setzte den Hund auf dem Boden unseres Schlafzimmers ab, um zu sehen, was passierte. Nach einer kurzen Erkundungstour wählte er einen Platz in der Nähe des Bettes auf Sallys Seite und ließ sich, den Kopf zwischen den Vorderpfoten, auf den Boden plumpsen. Wir hatten alle drei eine anstrengende Nacht hinter uns. Sally und ich krochen wieder unter das Laken und versuchten, den Sonnenaufgang zu ignorieren. Als ich irgendwann meine Augen aufschlug, blickte ich genau in die von Sally, die sich zusammenzogen und in dem grauen Morgenlicht funkelten.

»Entweder er oder wir«, sagte sie ruhig. »Ich glaube, wir müssen ihn töten.«

»Du hast völlig recht. Wie werden wir es anstellen?«

»Tabletten«, antwortete sie. »Sein Futter vergiften.«

»Gas«, schlug ich vor. »Oder Steine in einen Leinenbeutel und ab in einen Teich. So hat mein Onkel überflüssige junge Katzen entsorgt.«

»Grausam«, stellte Sally fest.

»Stimmt«, pflichtete ich ihr bei. »Aber effektiv.«

Marlene Dietrich und Groucho Marx hätten die Szene nicht besser spielen können – halb anspruchsvolles Melodrama, halb absurde Komödie. Sally tätschelte meine Wange. Ich erwiderte ihre Geste und kratzte sie hinter dem Ohr. Das Gefühl, wachzuliegen und ein bisschen gaga im Kopf zu sein, war uns vertraut. Wir kannten es noch aus den Zeiten, als unsere Tochter nachts um drei Uhr gestillt, gewickelt oder getröstet werden musste. So hatten wir diese Nächte überstanden, waren dem Elend mit schwarzem Humor begegnet, wenn wir uns aus dem Bett schleppten. Mit etwas Glück würden wir auch die Überraschungen überstehen, die Como für uns parat hatte.

»Ich liebe dich, mein kleiner Pfaffe«, sagte Sally.

»Hä, komme ich dir jetzt schon wie ein sturer Prediger vor?«

»Affe«, stellte Sally klar. »Ich habe ›Affe‹ gesagt. ›Ich liebe dich, mein kleiner Affe.‹«

»Ich liebe dich auch«, erwiderte ich und rutschte auf meine Seite des Bettes. »Liebe ist eine gute Sache. Wir werden viel davon brauchen.« Erschöpft schliefen wir schließlich ein.

Unsere Sorge wegen Phoebes nächstem Schultag war unbegründet. Ein paar Stunden später, als ihr Wecker anfing zu piepsen, wachte sie erholt und aufgeregt wegen ihres ersten vollständigen Tages mit einem Hund im Haus auf.

SIEBEN

RÜCKTRITTSKLAUSEL

Zunächst war es nicht ersichtlich. Weil Como mit seinem chaotischen Verhalten so fordernd war, kam uns nicht in den Sinn, dass er so etwas wie geschlechtsbezogene Vorurteile hegte. Falls er seine Abneigung allen Männern gegenüber ausdrückte, was in diesem Fall ich als einziger Mann in seiner neuen Umgebung zu spüren bekam, hatten wir beschlossen, dieses Problem entweder zu ignorieren oder zu verschieben, bis wir Zeit dafür hatten. Die Herausforderung, ihn zu bändigen, stellte alle weiteren Überlegungen in die Warteschleife.

Nachdem Sally und Phoebe am nächsten Morgen in die Schule gegangen waren, wollte ich die Esszimmersicherheit verstärken. Como mochte die Barrieren überwunden und seine erste Hundebox zerstückelt haben, doch ich war nicht bereit, ihm wie ein Racheengel durchs Haus nachzulaufen. »Hierher!«, rief ich zu einem Hund, der nirgends zu sehen war. Ich hatte keinen Schimmer, wo er stecken könnte, doch ich wollte so ernst wie möglich klingen, als ich in die Garage ging, um dort nach ein paar stabilen Kartons zu suchen. Diese würde ich, um die Barriere zu erhöhen, unter die drei Gitter stellen. Selbst der athletischste Terrier musste eine Obergrenze haben, was die Sprunghöhe betraf.

Als ich mit den Kartons wieder nach oben kam, hielt sich Como immer noch bedeckt. Doch ich hatte das Gefühl, beobachtet zu werden, als ich ein Gitter abmontierte, eine Reihe Kartons in den Türrahmen quetschte und darüber das Gitter wieder befestigte. Ich hätte es nicht beschwören können; nach einer Nacht mit extremem Schlafmangel war meine Wahrnehmung vielleicht ein bisschen gestört. Doch als ich aufstand und zur Haustür ging, hörte ich etwas die Treppe hinaufflitzen. Okay, dachte ich, das ist gut. Wenn Como mich durch die Geländerpfosten beobachtet hatte, war ihm vielleicht klar, dass ich es ernst meinte. Dies würde sein Platz im Haus werden, den ich absicherte. Mit diesem Ziel vor Augen ging ich ein weiteres Mal in den Keller, um Kartons zu holen.

Was dann passierte, war sowohl eine Warnung als auch pures Glück. Statt Deckung zu suchen, als er mich die Treppe heraufkommen hörte, presste sich Como gegen die Haustür. Hier ging es nach draußen, wie er eindeutig erkannt haben musste, und er wollte die Gelegenheit ergreifen. Wäre ich mit leeren Händen hereingekommen und hätte die Tür, wie sonst auch, aufgedrückt, hätte er leicht die Flucht ergreifen können. Doch weil ich die Kartons auf den Armen balancierte, stieß ich vorsichtig mit der Hüfte gegen die Tür. Ich spürte ihn, bevor ich ihn sah, spürte ein Fell an meinen Füßen, weil ich eine kurze Hose und Sandalen trug. Erschreckt ließ ich die Kartons fallen, was bei Como die nächste Panikattacke auslöste. Er verschwand den Flur entlang ins Arbeitszimmer.

Ich setzte mich auf den Flurboden, um mich wieder zu fassen. Ich war gerade ganz nah dran gewesen, einen gerissenen Halunken freizulassen, den wir erst am Tag vorher nach Hause mitgenommen hatten. Wären nicht die Kartons gewesen, wäre er schon längst verduftet, wäre auf dem Weg zurück nach Redwood City – auch wenn ihm das Leben in einem Hundezwinger nicht behagt zu haben schien –, wäre auf den Straßen von Santa Clara County oder, was auch möglich war, in Richtung Mexiko. Jetzt würden wir jedes Mal, wenn wir das Haus betraten oder verließen, äußerst wachsam sein müssen. Como war klein, flink und wild entschlossen. Wir waren weniger als vierundzwanzig Stunden zusammen, da hatte dieser Hund mich bereits in einen Belagerungszustand versetzt. Ich hob die Kartons auf und machte mich wieder an die Arbeit.

Damit war ich immer noch beschäftigt, als Sally gegen Mittag nach Hause kam. Sie blickte mich über eine der eins fünfzig Meter hohen Wände an, die ich vor den drei Türen des Esszimmers errichtete. »Wie sollen wir rein und raus kommen?«, fragte sie.

Ich wollte ihr ins Wort fallen, vor allem, weil ich nicht selbst an dieses Problem gedacht, sondern sie mich kalt erwischt hatte. Beide waren wir übermüdet und mussten anständig miteinander umgehen. »Das werden wir überlegen, wenn es so weit ist«, antwortete ich, als erschüfe ich eine mit einem Graben umgebene Festung und zählte auf spontane Eingebungen, die mich führten.

»Wo steckt er eigentlich?«, fragte sie und nahm den Weg durchs Wohnzimmer in die Küche. Ich roch den Reis-mit-Bohnen-Taco, den sie gewöhnlich auf dem Heimweg von der Schule mitbrachte.

»Weiß nicht genau.« Ich wollte mich zu ihr an den Küchentisch setzen. Doch wie sie bereits festgestellt hatte, war ich im Esszimmer eingesperrt. Erst jetzt erkannte ich den wesentlichen Formfehler in meiner Konstruktion. Ich trat zurück, um die niedrigste der drei Barrikaden auszuwählen. In diese rannte ich hinein. Die Kartons gaben nach, das Gitter klapperte und rutschte am Türrahmen nach unten. Was ziemlich genial ausgesehen hatte, entpuppte sich als so zerbrechlich wie die Bühne eines Kasperletheaters.

»Was war das?«, rief Sally. »War er das?«

»Nein, keine Sorge.« Ich trat über meine eingestürzten Zinnen. »Ich kümmere mich später darum. Wir sollten noch mal in den Zooladen gehen und eine geeignetere Box für ihn besorgen. Die letzte muss für Welpen gewesen sein.«

Sally aß ihren Taco und trank ihre Diätcola, holte den Hund, der es geschafft hatte, sich von mir unbemerkt nach oben zu schleichen, und ging mit ihm spazieren, bevor wir zum Zooladen fuhren. Sobald wir dort mit der durchgenagten Box als Beweis für unsere Kundenunzufriedenheit auftauchten, riss der Verkäufer seine Augen weit auf und winkte seinen Vorgesetzten herbei.

»Was für einen Hund haben Sie noch mal?«, fragte der Geschäftsführer. Er war klein und sehr dünn, hatte schwarz gefärbtes Haar und schien vor uns auf der Hut zu sein. Viel Zeit mit Haustieren und Haustierbesitzern zu verbringen könnte zu einer solchen Geisteshaltung führen. Er begutachtete sorgfältig die Scharniere der Hundebox.

»Einen Terrier«, antwortete Sally. »Wir denken, er könnte eine Mischung aus Cairn-Terrier und Westy sein.« Das war mir neu. Sie musste es im Tierheim aufgeschnappt haben, als ich nicht zugehört hatte.

»So etwas haben wir ja noch nie gesehen«, wehrte der Geschäftsführer ab. »Ich weiß nicht, was ich sagen soll.«

Er gab uns die Hundebox zurück, als könnte sie ihn in ein Verbrechen verwickeln.

»Es muss ein Herstellungsfehler vorliegen«, behauptete ich und zog den Einkaufsbeleg aus meiner Tasche. »Wie Sie schon gesagt haben, das kommt sonst nicht vor.«

»Ich habe nicht gesagt, das kommt nicht vor«, korrigierte er mich. »Ich habe gesagt, so etwas habe ich noch nie gesehen.«

»Das ist das Gleiche«, konterte ich. Sein wie polierte Schuhe glänzendes Haar, das ich als einen Akt kosmetischer Aggression empfand, ging mir auf die Nerven.

Sally trat dazwischen, um eine weitere Eskalation zu verhindern. Sie fragte, ob es eine stabilere Box gebe.

»Nö«, antwortete der Geschäftsführer. »Das ist die stabilste, die wir haben. Es sei denn, Sie möchten einen Drahtkäfig, was ich für einen solchen Hund nicht empfehlen würde.«

»Einen solchen Hund?«, vergewisserte ich mich.

Er schwieg einen Moment, bevor er einen freundlicheren Kurs einschlug. »Jetzt muss ich Sie erst mal was fragen: Haben Sie sich die Zähne Ihres Hundes angeschaut?«

»Was meinen Sie damit?«, fragte Sally.

»Ein Hund, der so etwas in einer Nacht tut« – er blickte auf die Box hinab, die auf dem Boden zwischen uns stand –, »muss entweder Stahlzähne oder echte Zähne haben, die zu Stummeln abgenutzt sind. Er würde sich sein Maul an einem Drahtkäfig verletzen, weil er sich daran genauso zu schaffen machen würde wie an dieser Box dort. Da gehe ich jede Wette ein.«

Sally und ich dankten ihm für seinen Rat und zogen uns zu einer Privatkonferenz zurück. Im Gang mit dem Katzenspielzeug gingen wir unsere Pläne noch einmal durch und überlegten, wie wir mit einem Hund umgehen konnten, der in seiner ersten Nacht in unserem Haus aus seinem Gefängnis ausgebrochen war und überall seine Pfützen verteilt hatte. »Er könnte in unserem Zimmer schlafen«, schlug Sally vor. »Oder in Phoebes. Wir könnten ihn in einem der Zimmer einsperren und die Tür schließen.«

»Was hätten wir dadurch erreicht?«, fragte ich. »Wie wird er davon abgehalten, auf die Teppiche zu pinkeln?«

»Vielleicht tut er das nicht, wenn er nicht eingesperrt ist.«

»Aber du hast gerade gesagt, wir sollten ihn einsperren. Wäre er in einem Zimmer nicht eingesperrt?«

»Vielleicht würde er das nicht so sehen«, sinnierte Sally. »Ohne Box. Und diesem Plastikzeug auf dem Boden.«

Ihr Plan enthielt eine Menge Vielleichts, ganz zu schweigen von dem allgemeinen Gefühl der Kapitulation. Nach einer Nacht war sie bereit, vom Leitfaden abzuweichen, der in mehreren Büchern, die wir gelesen hatten, und vom Tierheim vertreten wurde, nämlich den Hund an eine Box zu gewöhnen. Sie versprach schließlich zahlreiche Vorteile. Von Hunden, die an ihre Box gewöhnt waren, sagte man, sie seien selbstsicherer, schneller stubenrein, zerstörten weniger die Möbel und hätten weniger Probleme beim Reisen. Jetzt verloren wir bereits eine Schlacht, auf die wir uns noch gar nicht richtig eingelassen hatten.

Aber es ließ sich auch kaum etwas gegen die Sichtweise des Geschäftsführers einwenden, der Como durchaus als boxenresistent einstufte. Schließlich war er kein beeinflussbarer, gefügiger Welpe mehr, sondern ein einjähriger Hund, der offenbar seine Erfahrungen auf der Straße gemacht hatte und über im Einsatz gehärtete Zähne verfügte.

Und es war ja nicht so, als könnte ich selbst mit wahnsinnig guten Ideen auftrumpfen. Wieder einmal spürte ich in dem Kundengeplapper, der leisen Musik, dem Sittichgeschnatter und dem gelegentlichen Kreischen eines Unzertrennlichen, wie die Wände um uns herum näher rückten. Was, um alles auf der Welt, hatten wir uns angetan?

»Lass uns von hier verschwinden«, schlug ich vor. »Wir müssen ohnehin bald Phoebe abholen.« Ich griff zu den Überbleibseln unserer nutzlosen Box, für die wir eindeutig keine Rückerstattung der Kosten erhalten würden, und ging Sally zum Wagen voraus.

Auf der Fahrt zurück durch die Stadt zur Schule unserer Tochter beschlossen wir, Phoebe zu erlauben, Como heute Nacht in ihrem Zimmer schlafen zu lassen, allerdings nur versuchsweise. Wir beide taten, als wäre es besser, den Hund im ruhigeren Hinterzimmer zu testen, weitab vom Straßenlärm in unserem Schlafzimmer. Und wir wussten, Phoebe würde ganz außer sich sein. Nur widerwillig hatte sie akzeptiert, dass Como unten im »Gefängnis« bleiben musste. »Hunde sollten nicht in Kisten leben«, wie sie es ausgedrückt hatte. Von allen unausgesprochen blieb die Annahme, dass sich Como leichter beruhigen würde, wenn in dem Zimmer kein anderes Männchen, sprich ich, anwesend sein würde.

Phoebe war enttäuscht, dass wir ihren neuen Schatz nicht mitgebracht hatten, damit sie ihn auf dem Schulhof herumzeigen konnte. »Eins nach dem anderen«, sagte ich. »Außerdem glaube ich nicht, dass er hier gut zurechtkäme.« Kinder rannten um uns herum, schrien und jagten einander hinterher und sprangen von den Bänken. Die Hunde, die von ihren jungen Herrchen und Frauchen zu den Freitagnachmittagstreffen mitgebracht worden waren, schienen sich davon nicht beeindrucken zu lassen. Ich erkannte Spencer, Lauries ungestümen Airedale, der an der Leine in Richtung einer Gruppe Drittklässler zerrte. Und auch Oscar war da, Tobias' voll ausgewachsener Dackel, der an dem Tag, als er seinen ersten Auftritt hier hatte, zwischen mir und Phoebe zu einer Eiseskälte geführt hatte. All dies sah so lebhaft, so normal aus – und schien für den Hund, den wir adoptiert hatten, undenkbar zu sein.

Phoebe tat ihre Enttäuschung über Comos Abwesenheit mit einem leichten Schulterzucken ab und eilte zum Wagen. Sie wollte unbedingt nach Hause. Sie und Sally besprachen logistische Probleme, wovon ich während des Fahrens nur wenig mitbekam. Sie beschlossen, aus alten Decken und Handtüchern ein Schlafnest für Como zu bauen. »Hunde mögen den Geruch alter Sachen«, erklärte Phoebe. »Für sie schafft das eine behagliche Atmosphäre.« Mit ihrem anscheinend umfassenden Wissen über Hundeverhalten wirkte sie selbstsicher, aber auch einschüchternd. Woher wusste sie so viel?

Als wir in die Einfahrt bogen, ermahnte ich die beiden, Vorsicht walten zu lassen, wenn wir das Haus betraten. »Lass Mommy oder mich zuerst hineingehen«, sagte ich. »Vielleicht wartet er an der Tür, um rauszuflitzen. Das wär's dann.« Ich wollte, dass sie verstand, dass Fluchtgefahr bestand. Phoebe nahm ihren Rucksack aus dem Kofferraum und rannte die Treppe hinauf. Sally schloss die Tür auf, woraufhin die beiden begeistert das Haus stürmten. Sie leinten Como bereits an, als ich hereinkam.

»Wir gehen mit ihm spazieren«, säuselte Phoebe. Sie und der Hund tanzten im Flur an mir vorbei.

»Gleich wieder da«, stimmte Sally ein und folgte ihr auf dem Fuße.

Allein im Haus, nutzte ich die Gelegenheit, unsere missglückten Barrieren einzureißen. Die Gitter und Kartons verstaute ich wieder in der Garage, dann zupfte ich das blaue Klebeband und die geschredderte Plastikplane vom Boden ab, knüllte sie zu einem großen Ball zusammen und stopfte sie in den Mülleimer. Sally, Phoebe und Como kehrten keuchend zurück, nachdem sie um die Baseball-Felder im Golden Gate Park getobt waren. Das Esszimmer war wieder ein Esszimmer und zeigte keine Anzeichen mehr unseres Versuchs, den Hund hier einzukerkern. In einem Boxkampf hätten die Ringrichter die erste Runde eindeutig für Como entschieden.

Die Hitze war noch genauso drückend wie in der Nacht zuvor, als wir zu Bett gingen. Zu schlafen wäre auch ohne unseren verrückten Hund schwierig gewesen. Wir überlegten, die Ventilatoren aufzustellen, kamen aber zu dem Schluss, wegen Como darauf zu verzichten.

»Ich sehe schon, wie er in so ein Ding reinläuft«, sagte ich.

»Oder sich sein Schwanz darin verfängt«, unkte Sally mit einem leichten Schauder.

»Oder drüberspringt.« Für uns wurde er zu einer Art Superhund, der ein Hindernis mühelos übersprang und jedem Kerker entkam, sich dabei aber gleichzeitig das Genick brach.

Sally und Phoebe hatten für Como in einer Ecke von Phoebes Zimmer einen gigantischen Schlafplatz errichtet. Da er durch beide Etagen unseres Hauses geisterte, schien er nicht die Absicht zu haben, dort zu übernachten. Lediglich ein oder zwei Mal während seiner Hochgeschwindigkeitserkundungstouren schnüffelte er in herablassender Weise daran, doch als wir endlich hinter ihm die Tür von Phoebes Zimmer schlossen, hörten wir keinen Mucks mehr. Sally und ich flüsterten uns eine gute Nacht zu – lauter zu sprechen trauten wir uns nicht, um den zerbrechlichen Frieden nicht zu gefährden und den Hund nicht wieder aufzuschrecken – und schalteten das Licht aus. Ich hatte mich umgedreht und war beinahe eingeschlafen, als Sally eine Hand auf meine Schulter legte.

»Bist du wach?«

»Jetzt ja.« Ich drehte mich zu ihr. »Was ist los?«

»Sie hat das Licht noch an.«

Mit zusammengekniffenen Augen bemerkte ich am Ende des Flurs unter Phoebes Tür einen Lichtstreifen. »Und?«

»Schau nach, was sie da treiben«, forderte sie mich auf.

»Warum ich?«

»Pst, nicht so laut«, warnte Sally mich. »Du schreckst ihn sonst noch auf.«

»Genau das würde ich tun, wenn ich da hineingehe. Entspann dich. Schlaf ein bisschen.«

Meiner Frau zu sagen, sie soll entspannen und ein bisschen schlafen, wenn ihre Gedanken rasten, war sinnlos. Doch nach vierzehnjähriger Ehe wiederholt man jeden Tag etwas Sinnloses. Ich wusste aus Erfahrung, dass unser Gespräch noch nicht beendet war.

»Hast du bemerkt, wie er uns anschaut?«, fragte Sally. Ich wusste, dies war nicht im eigentlichen Sinn eine Frage, und wartete. »Diese kleinen, dunklen, glänzenden Augen. Ich habe das Gefühl, er starrt durch uns hindurch. Echt, auf mich wirkt er irgendwie beängstigend. Und die Art, wie er die Scharniere durchgebissen hat, hat was Dämonisches.«

Darauf wusste ich nichts zu erwidern. Sally schien mit Como viel besser zurechtzukommen als ich. Abgesehen davon dachte ich, wir hätten den Gedanken, Como um die Ecke zu bringen, in der Nacht zuvor bereits abgehakt. Doch offenbar ging er Sally auf eine Art auf die Nerven, die ich noch nicht bemerkt hatte. Ich hatte ebenfalls Angst vor ihm, was aber eher damit zusammenhing, dass ich befürchtete, er könnte, während ich auf ihn aufpasste, aus dem Haus rennen oder überall hinpinkeln oder beides. Jetzt, wo sie es erwähnte, musste ich ihr zustimmen: Der Hund hatte glänzende Augen und einen erbarmungslosen Blick.

»Also.« Ich versuchte, so einschmeichelnd zu klingen wie möglich. »Ich vermute, wir müssen einen ganzen Tag und eine ganze Nacht abwarten, um zu sehen, wie es klappt.«

»Achtundzwanzig«, sagte sie.

»Achtundzwanzig?«

Dann begriff ich. Zum ersten Mal hatte einer von uns beiden die Dreißig-Tage-Rücktrittsklausel angesprochen, die uns das Tierheim gewährt hatte. Ab dem morgigen Tag blieben uns noch achtundzwanzig Tage, um zu entscheiden, ob wir mit einem Monster – demjenigen, das im Zimmer unserer Tochter am Ende des Flurs lauerte – zusammenleben konnten oder ihn bei Erstattung der vollen Kosten und ohne Angabe von Gründen zurückgeben wollten.

»Oh, ja, das stimmt.« Ich versuchte, unbekümmert zu klingen, doch ich hörte die Uhr ticken.

Phoebe sah trotz ihres trüben Blicks zufrieden aus, als sie am nächsten Morgen zum Frühstück herunterkam. Sie hielt sich bedeckt, ob oder wo genau in ihrem Zimmer Como geschlafen hatte, und unterließ es, zu erwähnen, welchen

Schaden er den aufgeschichteten Decken und Handtüchern zugefügt hatte. Doch sie behauptete, er habe sie nicht wach gehalten. Sally hob skeptisch eine Augenbraue und verkündete, sie werde ins Sportstudio gehen. Phoebe bot sich eifrig an, den Morgenspaziergang mit dem Hund zu übernehmen und ihn anschließend zu füttern. Hatte sie mich und Sally in der Nacht gehört und wusste, dass ihr noch vier Wochen blieben, in denen sich Como seine Daseinsberechtigung in unserem Haus verdienen musste? Dafür würde sie alles in ihrer zwölfjährigen Macht Stehende tun.

Im Vergleich zu unserem missglückten Start mit Como ging das erste Wochenende, abgesehen von einigen Pfützenunfällen, ziemlich glatt über die Bühne. Phoebe hielt ihr Versprechen, mit dem Hund regelmäßig spazieren zu gehen und ihn zu füttern, und sie nahm es auch auf sich, ihm mit Sallys Hilfe sein erstes dringend benötigtes Bad zu verpassen. Beide mussten ihn in der Badewanne festhalten, ihn mit Wasser abduschen und einseifen. Ich hörte alle Arten bedrohlichen Jaulens von Mensch und Tier. Schließlich schob ich meinen Kopf durch die Tür, um zu sehen, wie die Sache lief.

»Raus!«, rief Sally. Die offene Tür hatte Como wieder auf neue Gedanken gebracht, sodass er sich beinahe aus der Umklammerung ihrer vier seifigen Hände wand. Ich knallte die Tür wieder zu und zog mich in die Küche zurück. Nachdem meine beiden Frauen Como so gut wie möglich mit zwei gestreiften Strandtüchern abgetrocknet hatten, ließen sie ihn frei. Vielleicht können Windhunde auf der Rennbahn schneller laufen, doch auf seinem ersten Après-Duschlauf war Como unschlagbar mit seinen kurzen Sprints und den Haken, die er schlug. Ich saß am Küchentisch, von wo aus ich ihn beobachtete. Sally und Phoebe sahen vom Badezimmer aus zu, von der Geschwindigkeit und dem Dröhnen der Motoren überwältigt wie Neulinge bei einem Formel-1-Rennen.

Como rannte die Treppe auf und ab und polterte über unseren Köpfen durch den Flur. Immer wenn er ins Wohnzimmer zurückkehrte, legte er mit nach vorn gerecktem Kopf eine Bauchlandung hin und rieb zuerst die eine, dann die andere Seite seines Kopfes auf dem Teppich. Plötzlich hielt er inne, das Hinterteil steil aufgerichtet und den Kopf fest auf den Boden gepresst. Mit einem lauten Schnüffeln rannte er wieder nach oben auf der Suche nach einem trockenen Teppich. Damit unterhielt er uns eine ganze Weile.

»Wir baden ihn am besten jeden Tag«, schlug ich vor. »Vielleicht ist er hinterher so ausgelaugt, dass er nachts besser schläft.«

»Vielleicht solltest du ihn das nächste Mal baden, Daddy.«

»Ja, Daddy«, äffte Sally sie nach.

Wir drei, nein, wir vier hatten viel Spaß miteinander. Vielleicht würden wir es doch noch hinkriegen. Mit wässrigen Hundeshampooresten gemusterte Teppiche und eine mit Hundepfotenkratzern verzierte Badewanne waren ein kleiner Preis, den wir dafür bezahlen müssten. Como hechtete ins Wohnzimmer zurück und warf uns einen Blick zu, der uns davor bewahren sollte, ihn zu fangen. Sein Schwanz peitschte mit der Präzision eines Pendels hin und her. Phoebe sprang auf ihn zu, hatte aber keine Chance. Como war schon wieder oben, bevor sie, glücklich grinsend, vom Teppich aufgestanden war.

Am Montag hatte Sally nach der Schule eine Besprechung und würde frühestens um drei zu Hause sein. Ich musste am Vormittag ebenfalls für ein paar Stunden in die Stadt, und als ich mich vorsichtig durch die Haustür zwängte, wurde mir klar, dass ich den Mittagsspaziergang übernehmen musste. Bisher hatten ihn immer Sally oder Phoebe an die Leine genommen.

»Como«, rief ich, »Zeit für einen Spaziergang. Komm, Kleiner, lass uns jetzt spazieren gehen. Komm, Como.«

Stille.

Ich suchte zunächst unten, sah in der Küche und im Esszimmer unter den Tischen und im Arbeitszimmer unter beiden Schreibtischen nach. Oben ging ich zuerst in Phoebes Zimmer, weil er, wie ich dachte, in dem Haufen aus Decken und Handtüchern Zuflucht gesucht haben könnte. Falsch geraten. Sobald der Weg frei war, preschte Como aus dem Elternschlafzimmer die Treppe hinunter. Ich nahm die Verfolgung auf, versuchte aber, die Sache so beiläufig wie möglich aussehen zu lassen. »Cooomo«, säuselte ich, »möchtest du spazieren gehen?« Meine polternden Schritte konterkarierten alles, was ich an Leichtigkeit in meine Stimme gelegt hatte.

Unser Haus ist so gebaut, dass ein Hund bei einem Spiel wie diesem immer im Vorteil ist. Wenn ich Como durchs Wohnzimmer nachrannte, nahm er den Weg durch den Flur. Wenn ich durch den Flur ging, stand ihm der Weg durchs Esszimmer und dann wieder nach oben offen. Bei einer Erdgeschossrunde schaffte ich es, ihn kurz in der Küche abzufangen. Doch der Grundriss wurde mir zum Verhängnis. Einmal rechts und einmal links am Kochblock, der in der Mitte der Küche stand, ausweichend, konnte Como mir mit Leichtigkeit entkommen. Als er durchs Wohnzimmer trabte, warf er mir zum Abschied einen Blick über die Schulter zu und lief zur Treppe.

Diesmal gab ich mich geschlagen. Ich unternahm keinen Versuch mehr, ihn zu suchen oder ihm wieder nach unten hinterherzurennen, sondern ließ mich aufs Bett fallen und versuchte, ein paar Minuten über nichts nachzudenken, was mit Hunden zu tun hatte. Ich hatte einen Abgabetermin für einen Artikel, und die Zeit, um mit Como durchs Haus zu jagen, war begrenzt. Bis Sally nach Hause kam, könnte er es vielleicht »halten«, wie wir uns immer ausdrückten, als wir Phoebe von der Windel entwöhnten. Ich reimte mir in Gedanken den Anfang für meinen Artikel zusammen, als ich das leise Klingeln der Hunde- und Steuermarke hörte. Ganz langsam hob ich den Kopf. Como beobachtete mich von der Schlafzimmertür aus. Ich war am Zug. Der wollte allerdings gut überlegt sein.

Lange Zeit tat ich nichts, zwang mich, so ruhig zu bleiben wie möglich. Es funktionierte. Ich hörte, wie Como über den Teppich kroch, um meine träge Masse zu inspizieren. Er schlich immer näher heran wie ein Wolf zu einem zu Fall gebrachten Reh. Zum ersten Mal traute er sich auf meine Seite des Bettes. Schlaf zu simulieren, dachte ich, könnte ihn in Sicherheit wiegen. Ich stieß einen leisen Seufzer aus, als gähnte ich, drehte mich ganz langsam auf die Seite und drückte mein Gesicht noch einmal seufzend ins Kissen. Seit Jahren hatte ich dieses Vortäuschen des Schlafens nicht mehr geprobt, doch ich hatte meine Kindheitstechniken gleich wieder parat. Como kam weiter auf mich zu. Ich öffnete ein Auge, um den Fortschritt zu überprüfen. Das veranlasste ihn dann anzuhalten. Ich schloss das Auge wieder. Er kroch weiter. Näher. Näher. Näher. Als ich dachte, er wäre nah genug, sprang ich auf, schnappte mit der rechten Hand nach seinem Halsband und umfasste mit der linken sein Hinterteil.

Ich hatte ihn, wie ich Sally und Phoebe später erzählen würde. Er zappelte wie ein Fisch an der Angel, bog den Rücken durch und peitschte in drei Richtungen gleichzeitig. Er biss mich nicht und gab keinen Ton von sich, was sich als seine Geheimwaffe herausstellte. Das und sein drahtiger, starker Körper unter seinem Fell, wie mir gleich beim ersten Mal im Besucherraum des Tierheims aufgefallen war. Dieser Hund hatte etwas nervtötend Untypisches für einen Hund – seine Lautlosigkeit, die Weigerung, seine hervorragenden Zähne einzusetzen, seine Art, wie ein Fisch zu kämpfen, die meine Arme in Pfosten und bis zum Zerreißen gespannte Seile verwandelt hatte. Ich hätte ihn ein oder zwei Mal zur Beruhigung mit seinem Namen ansprechen können, doch ganz gleich, ob ich es tun würde oder nicht, ich wusste, dass ich ihn loslassen musste. Ihn mir so zu schnappen fühlte sich wie eine Vergewaltigung an, wie ein Betrug an einem anderen starken Wesen. Unsere Blicke trafen sich für eine Sekunde. Mit einem letzten sich windenden Zucken befreite sich Como – und weg war er. Wohin, wollte ich nicht herausfinden.

Stattdessen fand er mich eine halbe Stunde später. Ich machte im Badezimmer eine Pause von dem Artikel, den ich im Arbeitszimmer schrieb. Bequem an einer Stelle sitzend, an der einem manchmal gute Ideen zufliegen, hatte ich gerade das Problem einer Überleitung in meinem Artikel gelöst, als Como die Badezimmertür aufstieß und eintrat. Eine Zeit lang blickten wir uns nur an. Ich hatte es aufgegeben, ihn fangen zu wollen, was er zu wissen schien. Vielleicht spürte er auch, dass ich im Moment keine Gefahr für ihn darstellte – mit meinen heruntergelassenen Hosen. Alles in allem herrschte ein fairer Waffenstillstand. Ich streckte meine Hand aus. Er kam zu mir und schnüffelte daran. Ich wartete eine Weile, bis ich ihm meinen Vorschlag unterbreitete.

»Möchtest du vielleicht spazieren gehen?«

Diesmal bot er keinen Widerstand, als ich meine Finger unter sein Halsband schob. Der schwierige Teil kam, als ich versuchte mein Versprechen umzusetzen. Ich hob den Hund hoch und klemmte ihn unter meinen rechten Arm, dann bemühte ich mich, den Rest mit der linken Hand zu erledigen und mich wieder anzuziehen. Ein großer Teil des Toilettenpapiers wurde dabei abgewickelt. Gürtel lassen sich, wie ich herausfand, nur schwer mit einer Hand schließen, wenn unter dem anderen Arm ein Hund zappelt. Doch ich lernte, dass sich mit der linken Hand weit mehr erledigen lässt, als ich gedacht hätte, sollte ich meine rechte Hand aus irgendeinem Grund nicht mehr gebrauchen können. Erst später fiel mir ein, dass ich Como solange ins kleine Bad hätte einsperren können, um mich in aller Ruhe salonfähig zu machen.

Als Sally von der Schule nach Hause kam, fragte sie als Erstes, ob der Hund seinen Mittagsspaziergang gemacht hätte.

»Hat er«, bestätigte ich.

»Wie hat's geklappt?« Sie sah aus, als wollte sie mich mit unzähligen Fragen durchlöchern.

»Gut«, antwortete ich. »Hör mal, ich habe einen Abgabetermin. Können wir später darüber reden?« Ich war noch nicht ganz bereit, die besonderen Umstände meiner Badezimmerverrenkungen zu erläutern.

Am Abend – Como hatte sich wieder in Phoebes Zimmer zurückgezogen – fiel Sally etwas auf, als wir uns auszogen. »Was ist das?«, wollte sie wissen und nahm einen Fleck an meinem unteren Rücken in Augenschein. »Ist der neu?« Wir fanden noch weitere Stellen auf meiner Brust und meinen Oberarmen, einen roten Ausschlag, den ich nicht bemerkt hatte. »Sieht übel aus«, bemerkte Sally. »Du lässt das lieber mal untersuchen.«

Sally ist oft vorsichtiger als ich, was meine Gesundheit betrifft. Ich bin daran gewöhnt, dass sie etwas findet, was mir noch nicht aufgefallen ist, und mich nach Schmerzen oder Beschwerden fragt, über die ich einmal geklagt und die ich dann wieder vergessen habe, sobald die Symptome abgeklungen sind. Sie ist keine Panikmacherin, sondern neigt dazu, ein Problem nüchtern und vernünftig anzugehen. An diesem Abend allerdings fiel mir auf, dass Sallys Stimme etwas flotter klang als sonst. »Jetzt sieh dir das mal an«, sagte sie mit einem bewundernden Unterton, als betrachtete sie sich eine atemberaubende Landschaft oder ein überwältigendes Kunstwerk in einem Museum. »Das zieht sich über beide Seiten.« Wenn man es nicht besser wüsste, hätte man denken können, sie wäre über den Anblick meines Ausschlags erfreut gewesen.

»Es juckt nicht«, versicherte ich ihr.

»Egal«, wies sie mich schroff zurecht. »Wir müssen der Ursache auf den Grund gehen.«

Was ich wie gewöhnlich nicht sah, waren die zwei oder drei Schachzüge, die Sally schon vorausgeplant hatte, während ich ohne T-Shirt vor ihr stand – wobei es gut ist, dass wir nicht Schach spielen; ich würde jedes Mal abschmieren. Vermutlich ging sie davon aus, dass mein Ausschlag eine Art allergische Reaktion auf Como war. Und vermutlich ließ sich nichts daran ändern. Selbst Phoebe würde einsehen, dass wir keinen Hund halten konnten, der ihren armen Vater leiden ließ. Meine Frau schob Como und mich auf ihrem imaginären Schachbrett hin und her. Eine Niederlage zeichnete sich ab.

ACHT

DIE PARABEL
VOM ENERGIERIEGEL

Mein Flug nach Florida ging ganz früh am Mittwochmorgen. Wegen eines Zwischenstopps in Dallas landete ich erst am Abend in Tampa. Nach dem Abendessen mit Freunden und einer gemeinsamen Taxifahrt in unser Hotel nach St. Petersburg war es kurz vor elf. Normalerweise bin ich nach einer langen Reise erschöpft. Doch sobald ich mein Gepäck im Zimmer abgestellt hatte, war ich plötzlich wieder voller Energie. Ich war viertausend Kilometer von zu Hause entfernt. Ich war allein und wurde nicht von einem Hund gequält und gehasst. Das einzige Geräusch stammte vom leisen, katzenartigen Schnurren der Klimaanlage. Ich streckte mich auf dem Bett aus und genoss das Alleinsein eine Weile, dann fuhr ich mit dem Fahrstuhl hinunter, um die Eingangshalle, den Pool und die Terrasse mit Blick auf den Golf von Mexiko zu erkunden. Ich zog meine Schuhe und Socken aus und ging bei Mondschein barfuß über den Sand. Anschließend bestellte ich mir an der Bar einen Rumpunsch.

Es gab einen durchaus berechtigten Grund für meine Anwesenheit hier. Ich besuchte einen Journalistenkongress, bei dem meine Pflichten die Teilnahme an einer Diskussionsrunde und die gemeinsame Leitung einer anderen Diskussion umfassten. Doch der Zeitpunkt hätte nicht besser sein können. Genau in dem Moment, als ich begriff, was es hieß, einen durchgeknallten, sich vor Männern fürchtenden Tierheimhund zu adoptieren, hatte ich eine vier Tage gültige »Verlassen Sie das Gefängnis«-Karte gezogen. Ich wusste, dies war keine Dauerlösung. Ich wusste, ich würde wieder nach Hause fliegen und mich der Frage stellen müssen, ob wir den Hund behalten und in ständiger Furcht und Beklemmung leben oder ihn zurückgeben und Phoebes wahr gewordenen Traum zerstören sollten. Ich wusste, ich tat nur so, als zählte all das nicht, während ich hier im Pink Palace des Don CeSar Beach Resort saß. Doch so zu tun als ob, das war genau das, was ich vorhatte zu tun.

Zunächst musste ich, wie versprochen, zu Hause anrufen. Sally nahm nach dem zweiten Klingeln ab.

»Wo hast du gesteckt?«, fragte sie.

»In der Luft. Bin geflogen.« Sich unter den gegebenen Umständen wie ein Klugscheißer aufzuführen war vielleicht nicht der richtige Ansatz im Umgang mit ihr.

»Du hast gesagt, du würdest anrufen.« Ich erklärte, ich hätte es von Tampa aus versucht, aber niemanden erreicht. »Du hast keine Nachricht hinterlassen.« Nach ein paar genuschelten Worten fand ich die Möglichkeit, zuzugeben, mich irgendwie aus der Affäre gezogen zu haben.

»Du hast recht.« Ich versuchte ihr so weit entgegenzukommen wie möglich. »Es tut mir leid. Ich hätte früher anrufen sollen. Wie klappt es denn?« »Es« hatte in diesem Fall eine unzweideutige Bedeutung – Como.

»Also, er hat sich ein Badetuch geschnappt und zerfetzt. Dann ist er rumgerannt, als würde er ersticken. Er scheint das halbe Ding verschluckt zu haben.«

»Eines von den Handtüchern in Phoebes Zimmer?« Ich meinte eines aus seinem Schlafnest.

»Die hat er doch schon längst vernichtet«, erinnerte mich Sally. »Er hat sich eines aus deinem Badezimmer geholt, wohl dasjenige, das du heute Morgen benutzt hast.« Ich spürte einen leichten Schauder, der aber nicht von der Klimaanlage verursacht wurde. Der Gedanke, dass Como mein nasses Handtuch von der Stange riss und zerfetzte, sobald ich das Haus verlassen hatte, beschwor in mir das Bild eines Raubtiers herauf. Hatte er mich am Handtuch gerochen und es aus diesem Grund in die Mangel genommen? Oder nutzte er jede Gelegenheit, um etwas zu zerfetzen, was ihm als Beute über den Weg lief? Keine der beiden Möglichkeiten fand ich besonders erfreulich.

»Was ist mit pinkeln?«, fragte ich.

»Tut er im Moment nicht.«

»Na, das klingt gut.«

»Ja, aber die gute Nachricht ist, dass er nicht ins Haus gepinkelt hat«, erwiderte Sally. »Wir machen hier große Fortschritte.«

Gegen ihren Sarkasmus kam ich selten an, also versuchte ich es erst gar nicht. Ich erzählte ihr ein bisschen vom Hotel, spielte die Meereslage und das große, weiche Bett mit seinen riesigen Rüschenkissen herunter. Das Mondlicht und den Rumpunsch erwähnte ich nicht, sondern sagte, ich vermisse sie und Phoebe und werde bald wieder anrufen. Bevor wir unser Gespräch beendeten, erkundigte sich Sally nach meinem Ausschlag.

»Hat mich heute noch nicht gestört«, antwortete ich. »Ich schaue später nach.«

Am anderen Ende entstand eine Stille. »Mit solchen Sachen musst du wirklich vorsichtig sein. Es könnte nur ein Hitzeausschlag sein, aber auch eine allergische Reaktion. So was ist manchmal schwierig zu behandeln, manchmal auch unmöglich.«

»Gut«, meinte ich.

»Ich meine das ernst, Steven. Du ignorierst solche Dinge immer, bis es zu spät ist.« Vielleicht plante sie einen weiteren Schachzug wegen des Ausschlags, doch ich nahm ihre Strategie bei einem Abstand von viertausend Kilometern zwischen uns nicht wahr. Solche Nuancen bei einem Telefongespräch mit meiner Frau zu erkennen, das ist nahezu unmöglich.

Auch Phoebe wünschte mir zum Abschluss noch eine gute Nacht. Während ich in einem Zimmer lag, in dem es fast zu ruhig war – ich vermisste die Busse in San Francisco, die vor unserem Schlafzimmerfenster pusteten und surrten –, wurde mir bewusst, was Sally gemeint hatte. Mein Ausschlag hatte sich erst in den letzten Tagen gezeigt – in den Tagen, seit Como bei uns lebte. Wenn sich irgendwie herausstellte, dass ich allergisch auf den Hund reagierte, wäre unser Problem gelöst. Uns bliebe keine andere Wahl, als ihn zurückzugeben, was nicht unsere Entscheidung oder unser Fehler wäre. Ich konnte Sally beinahe hören, wie sie es Phoebe erklärte.

»Wir würden ihn ja wirklich gerne behalten, mein Schatz, aber wir können einfach nicht. Daddys Ausschlag ist so schlimm geworden, dass es keine andere Lösung gibt. Vielleicht finden wir einen anderen Hund, auf den er nicht allergisch ist. Vielleicht auch nicht. Vielleicht ist ein Hund nicht das richtige Haustier für uns. Vielleicht sollten wir stattdessen über eine Katze nachdenken.« Meine Haut begann zu kribbeln, als ich mir die Szene und Phoebes versteinerten Blick vorstellte. Sie verabscheut Katzen, genau wie ich es tue. Eine Stunde lang wälzte ich mich im Bett hin und her, bevor ich einschlief.

Die Konferenzsitzungen und Diskussionsrunden begannen gleich am nächsten Morgen. Erst am späten Vormittag hatte ich die Gelegenheit, in mein Zimmer hinaufzugehen, mir eine Badehose anzuziehen und vor dem Mittagessen zu schwimmen. Dies war auch die Gelegenheit, bei der ich die Ausbreitung des Ausschlags über meinen Oberkörper, meine Schienbeine und meine Fußknöchel feststellte. Und genau in dem Moment begann der Ausschlag zu jucken. Je mehr ich kratzte und scheuerte, desto mehr rötete er sich.

Sally hat nur zur Hälfte damit recht, wie ich mit meinen körperlichen Unregelmäßigkeiten umgehe. Ich ignoriere sie, solange ich kann, und dann wechsle ich sofort in den Panikmodus. Wenn der Ausschlag eine allergische Reaktion auf Como war, was mir logisch erschien, warum war er dann in Florida schlimmer geworden? Oder war der Zustand meiner Haut bedenklicher und hatte nichts mit dem Hund zu tun? Vielleicht würde bald mein gesamter Körper blühen, und ich würde mich für den Rest der Konferenz im Hotelzimmer verstecken und mich der Behandlung eines seltsamen Hautarztes aus St. Petersburg unterziehen. Vielleicht würde ich früher nach Hause fliegen müssen, eingequetscht auf einem Platz in der Mitte und gequält von dem Verlangen, mir die Kleider vom Leib zu reißen und mich wie ein Irrer zu kratzen. Ich zog ein T-Shirt über meinen geschändeten Leib und ging zwischen Zimmer und Badezimmer hin und her.

Ich ermahnte mich zur Ruhe und versuchte Sally anzurufen, die aber nicht zu Hause war. Auf eine Art war das alles ihr Fehler. Ich hätte diesen dummen Ausschlag nicht bemerkt, wenn sie ihn nicht erwähnt hätte. Wahrscheinlich wurde ich ständig von solchen Sachen geplagt, ohne es zu merken. Ignoranz kann auch ein Segen sein. Ich litt nur an einem harmlosen Hitzeausschlag, beschloss ich. Es war seit Wochen heiß in San Francisco gewesen, und auch in Florida war es heiß, auch wenn ich praktisch die ganze Zeit in klimatisierten Räumen verbrachte. Klimaanlagen an sich waren schlecht. Sie konnten die Haut austrocknen und einen leichten Ausschlag verstärken. In der Abendsonne schwimmen, das war es, was ich brauchte. Anschließend duschen und mich mit der kostenlosen Lotion aus dem Hotelbadezimmer einreiben. In meinem Don-CeSar-Bademantel herumlümmelnd, erreichte ich schließlich Sally und informierte sie über meinen Tag und meinen Ausschlag.

»Ich hoffe, du hast nicht die Feuchtigkeitscreme, oder wie sie sie nennen, aus dem Hotel benutzt«, sagte sie. »Das Zeug ist furchtbar, was Allergien angeht. Jetzt werden wir nie wissen, was los ist.«

»Wie konnte es nur dazu kommen, dass diese ganze Sache meine Haut so in Mitleidenschaft zieht?«, fragte ich.

»Welche ganze Sache?«

»Der Hund.«

Wieder herrschte einen Moment Schweigen. Ich wusste nicht, ob dies bedeutete, dass sie meinen Standpunkt anerkannte oder sich auf ein neues Scharmützel vorbereitete. »Hör mal«, sagte sie schließlich. »Ich will der Sache nur auf den Grund gehen. Ich weiß, wie schnell du durchdrehen kannst.«

Trotz der Wortwahl war ich eher erleichtert, weil ich so

etwas wie Rückzug aus ihrer Stimme heraushörte. »Gut, Schatz«, sagte ich. »Wir finden es raus. Irgendwie.« Wir wussten beide, dass wir nicht bloß über den Ausschlag redeten. Wir redeten mit so viel Hoffnung über Como, wie wir aufbringen konnten.

Die Konferenz verlief gut und war viel zu schnell vorbei. Ehe ich mich versah, saß ich mit zwei Autoren aus Boise und einem Redakteur aus Odessa in Texas in einem Wagen zum Flughafen. Ich hatte in den vergangenen Tagen der Idaho-Abordnung ein bisschen über Como erzählt, und sie hatten mich gebeten, sie auf dem Laufenden zu halten. Ich erzählte ihnen auch von dem Angriff auf mein Handtuch und von ein paar anderen Dingern, die sich Como während meiner Abwesenheit geleistet hatte. Sie schienen das alles sehr amüsant zu finden. Jetzt meldete sich schließlich der Texaner zu Wort.

»Wie groß ist dein Hund noch mal?«, fragte er.

»Er wiegt etwa sechs Kilo.«

»Und welche Rasse?«

»Ein Terrier-Mischling. Ein richtiger Straßenköter«, antwortete ich.

Er überlegte, während der Wagen über eine Brücke holperte. Ich dachte, er würde mir seine texanischen Weisheiten über das Einfangen mit dem Lasso, das Einbrennen von Marken und den strengen Umgang mit Haustieren verklickern. Stattdessen erzählte er uns von seinem unverbesserlichen Lhasa apso und darüber, wie er und seine Frau einen Hundetrainer engagiert hatten, um ihn stubenrein zu bekommen und davon abzuhalten, Gäste anzuspringen. »Kleine Hunde können große Persönlichkeiten entwickeln«, erklärte er. »Ich schlage vor, ihr zieht einen Experten zu Rate, damit erspart ihr euch eine Menge Ärger. Die Ausgabe werdet ihr nicht bereuen.«

Das war etwas, worüber ich während des langen Rückfluges nachdenken konnte. Phoebe gefiel die Idee vielleicht nicht, uns Hilfe von außen zu holen, doch Sally war wahrscheinlich bereit, alles zu probieren. Als ich meinen Koffer vor den Flughafen rollte, wurde ich nicht nur von meiner Frau und meiner Tochter abgeholt, sondern auch von Como. Bisher hatten sie den besten Tag mit dem Hund verbracht – keine Unfälle, keine zerkauten Decken oder Handtücher und nur begrenztes Umherwandern während der Nacht.

»Siehst du, Daddy? Er gewöhnt sich an uns.«

Phoebe, die ihre Fußballklamotten trug, saß auf dem Rücksitz, Como auf dem Schoß. Er sah grenzwertig normal aus, ohne diesen durchdringenden Blick, der Sally und mich so beunruhigt hatte.

»Das ist toll, Skidge«, bestätigte ich. »Das sollten wir beibehalten.«

Sie richtete den Hund auf, damit er aus dem Fenster blicken konnte, was ihn aber nicht im Mindesten zu interessieren schien. Auf Spaziergängen zeigte er das gleiche Verhalten – meistens gleichgültig, wenn er nicht sogar Menschen und anderen Hunden auswich. Ich machte mir in Gedanken eine Notiz, um Sally zu fragen, ob sie glaubte, Como könnte unter »Sozialisierungsproblemen« leiden. Diesen Ausdruck hatte der texanische Redakteur auf dem Weg zum Flughafen verwendet.

Eine weitere ereignislose Nacht mit dem Hund folgte. Damit waren es vier Nächte hintereinander ohne offene Kriegshandlungen, von denen ich drei verpasst hatte. So speziell Como auch war, vielleicht gewöhnte er sich doch an uns.

Am nächsten Morgen rief ich die telefonische Beratung meiner Gesundheitsvorsorgeeinrichtung an und beschrieb der Krankenschwester meinen Ausschlag. Sie stellte ein paar Fragen, bevor sie mich an meinen Arzt durchstellte. Überraschenderweise hob er ab.

»Nicht, dass Sie sich daran gewöhnen«, warnte mich Dr. Palacios. »Ich habe nur gerade Zeit, weil zwei Patienten abgesagt haben. Deswegen erledige ich Papierkram.«

Ich berichtete ihm von meinen Symptomen und wie sie sich entwickelt hatten.

»Es könnte eine allergische Reaktion sein«, schloss er. »Ich müsste mir das aber ansehen. Wie lange haben Sie den Hund?«

»Zehn Tage. Sie kommen mir wie zehn Jahre vor.«

»Was meinen Sie damit?«

Ich klärte ihn über die Nacht mit der durchgebissenen Hundebox, die zahlreichen feuchten Missgeschicke und die zerfetzten Handtücher und Decken auf, behielt aber für mich, dass Sally und ich dachten, der Hund könnte von einem bösen Geist besessen sein. Falls Dr. Palacios bereits dachte, mein Ausschlag könnte psychosomatische Ursachen haben, umschiffte er taktisch diese Möglichkeit.

»Ich werde in der Apotheke ein Rezept für eine Hydrokortison-Salbe hinterlegen«, bot er an. »Damit sind viele Sünden abgedeckt. Sie können sie in etwa einer Stunde abholen. Geben Sie Bescheid, wenn die Beschwerden in zehn Jahren noch nicht verschwunden sind. Das sind zehn Tage in Hundezeit.«

Lachend legte ich auf. Como machte sich rar, während

ich meine E-Mails beantwortete und mich duschte und anzog, um die Salbe aus der Apotheke zu holen. Bei der Gelegenheit erledigte ich noch andere Dinge und war sicherlich eine Stunde unterwegs. Ich machte halt in einem Kopierladen, holte Sachen aus der Reinigung ab, verbrachte eine gewisse Zeit mit der Suche nach einem Parkplatz vor der Post, besorgte etwas zum Abendessen und kümmerte mich um einige andere Punkte auf meiner Liste. Es mag tausendundeinen Grund geben für das, was als Nächstes passierte, vor allem hatte es was mit Como und mir und der flüchtigen Chemie zwischen uns zu tun. Doch letztendlich gebe ich der Reinigung die Schuld. Wären nicht diese in Plastik eingewickelten Hemden und zwei Hosen gewesen, die in meiner Hand wie eine Flagge mit Nadelstreifenmuster flatterten, als ich die Stufen zur Haustür hinaufging, hätte der Wahnsinn an diesem Tag vielleicht ein Ende gehabt. Oder auch nicht, wenn man Comos Willenskraft und Entschlossenheit in Betracht zog.

Ich bog in die Einfahrt und holte die Sachen aus dem Kofferraum. Die Salbe und die Kopien steckte ich in die Einkaufstasche und hielt den Hausschlüssel in der anderen Hand. Dann schnappte ich mir aus Faulheit, weil ich nicht noch einmal gehen wollte, auch die Kleider. Was ein schneller Weg die Treppe hinauf hätte werden können, wurde zu einem unbeholfenen Stolpern. Ein leichter Wind zerrte an den Plastikhüllen, und die Bügel drückten sich in meine Hand. Ich versuchte zu vermeiden, dass die sauberen Hosen auf meinem Weg die Treppe hinauf den Boden berührten, und ließ dabei beinahe die Schlüssel fallen. »Verdammt«, murmelte ich, darauf konzentriert, die Haustür aufzuschließen und meine Sachen hineinzuschaffen. Dabei vergaß ich

allerdings, was mich auf der anderen Seite erwarten könnte – ein Hund, der seine raffinierten Fluchtkünste auf Welt-
klasseniveau bereits unter Beweis gestellt hatte.

Mit den Schlüsseln und den anderen Sachen jonglierend,
drehte ich den Türknauf und öffnete die Tür einen Spaltbreit. Genau in dem Moment stürmte Como nach draußen. Der winzige Türspalt war alles, was er brauchte, um
sich hindurchzuzwängen. Er musste gleich hinter der Tür
gelauert haben, als er hörte, wie ich in die Einfahrt gefahren war. Und dann – wer weiß? Hatten ihn die in Zellophan
gehüllten Hemden und Hosen zum Äußersten getrieben?
Ein Mann war schon erschreckend. Ein grotesker zweiter,
wenn Como die Kleider in meiner Hand als solchen gesehen hatte, war für ihn unerträglich gewesen.

Es wird oft behauptet, dass sich ein physikalisches Unglück – Zusammenstöße, Stürze oder wenn einem eine teure, voll beladene Servier-Platte an Heiligabend vor versam-
melter Mannschaft aus der Hand rutscht – wie in Zeitlupe
ereignet. Und manchmal stimmt das. Jede Millisekunde
wird zu scheinbarer Unendlichkeit ausgedehnt, wenn man
hilflos die Folgen eines Fehlers in bedächtiger, unvermeid-
barer, qualvoller Abfolge beobachtet. Und manchmal geschieht es auch andersherum, wenn sich ein Ereignis in
altmodischer Stummfilmmanier vor einem abspult. Alb-
traumartig wird man mitten in eine hektische Jagdszene
geworfen, bevor man merkt, dass man im Film ist. Dieses
Gefühl hatte ich, als Como das Weite suchte.

Ich verfluchte mich und ihn in einem einzigen Atemzug,
stellte die Einkaufstasche ab, ließ die sauberen Kleider auf
den Boden fallen und wirbelte herum, um zu sehen, wie
weit Como es bereits geschafft hatte. Einen kurzen Mo-

ment lang erstarrten wir beide. Ein überraschter Blick blitzte zwischen uns auf: Keiner von uns konnte glauben, dass er so leicht hatte entwischen können und sich jetzt draußen vor dem Haus ohne Leine befand. Wir beschlossen, es auf das perfekte Zusammenspiel seiner Geschicklichkeit und meiner Sorglosigkeit zu schieben. Und dann war er weg, rannte überraschend zielsicheren Schrittes auf der Lawton Street Richtung Westen.

Vorsichtig eilte ich die Stufen hinunter, darauf bedacht, so leise und zurückhaltend wie möglich zu sein, um Como nicht noch mehr zu erschrecken. Ich fühlte mich wie ein Elch in Spitzenschuhen. Der Flüchtige überquerte die Tenth Avenue und trabte weiter. Ich stürmte hinterher, doch der Abstand vergrößerte sich mit jedem Schritt. Como schien zu wissen, wohin er ging, nämlich schnurstracks auf die Eleventh Avenue zu, wo er über der Lawton Street scharf nach links abbog und den Hügel hinaufrannte. Als ich ihn aus den Augen verlor, erlitt ich eine Panikattacke.

Er war weg. Ganz sicher. Einen fliehenden Terrier konnte ich nicht einholen, vor allem keinen, den ich nicht sah. Ich hatte alles vermasselt, das Glück meiner Tochter zerstört und meine Frau und mich und die Gemeinschaft der Hundebesitzer im Allgemeinen enttäuscht. Meine unterbewussten Wünsche waren wahr geworden. Ich hatte den Hund loswerden wollen, und jetzt war es passiert. Phoebe würde durch mich hindurch bis auf meine kleine, schwarze Seele blicken können. Sally würde als nicht angeklagte Mitverschwörerin nichts sagen, doch unser Schweigen würde so vielsagend sein wie ein Geständnis im Gerichtssaal.

Mit diesen Gedanken im Kopf spurtete ich über die Lawton Street und den Hügel hinauf, wo der Hund verschwunden war. Doch zum Glück erblickte ich Como, als ich um die Ecke bog. Pech war nur, dass er mir fast einen Straßenblock voraus war. Sein dicker Schwanz war auf die Größe eines Wattestäbchens geschrumpft. Die Chancen standen schlecht. Bis Como etwas tat, was für mich einen Hoffnungsschimmer bedeutete: Er blickte nach hinten, um zu sehen, wo ich war. Und das war nicht nur einfach ein kurzer Blick. Er blickte so lange nach hinten, bis er beinahe gegen ein Straßenschild knallte.

Ich wusste, es war riskant, war aber überzeugt davon, dass keine andere Möglichkeit bestand, ihn zu schnappen. Deswegen setzte ich meine schlaueste Idee in die Tat um: Ich blieb stehen. Klar, nach ein paar weiteren Schritten blieb auch Como stehen. Er drehte sich zu mir, um zu sehen, was ich als Nächstes tun würde. Solange ich es aushielt, tat ich nichts. Ich behauptete meinen Platz und versuchte, so unbeschwert und unbedrohlich auszusehen wie möglich, ließ die Arme seitlich herabhängen und setzte ein gekünsteltes Lächeln auf. Was als Hochgeschwindigkeitsrennen angefangen hatte, aus dem ich als klarer Verlierer hervorgegangen wäre, hatte sich zu einem Spiel gewandelt, das eher zu einer Mischung aus »Fangen«, »Erobere die Fahne« und »Alle Vögel fliegen hoch«, wobei Como die Regeln festlegte, zu werden versprach. Allerdings hatte ich keine Ahnung – vielleicht genauso wenig wie er –, wie diese Regeln aussahen. Doch zumindest bietet ein Spiel immer auch eine Gewinnmöglichkeit, so bescheiden sie auch sein mag.

Ich wartete noch einen Moment und nutzte die Gelegenheit, wieder zu Atem zu kommen, bevor ich den nächsten Schritt unternahm. Der allerdings etwas riskant war. Statt weiterzugehen, drehte ich mich um und ging langsam fort, hoffte aber, seine Neugier zu wecken und unser Unentschieden in ein »Folge dem Anführer« zu verwandeln. Ich huschte um die Ecke und wartete etwa eine Minute, bevor ich nachsah. Als ich es tat, war er mir bereits die halbe Strecke den Hügel hinunter gefolgt. Meine Hoffnung stieg, wenn auch nur minimal.

»Como«, rief ich munter, »du hast gewonnen. Ich gebe auf. Lass uns jetzt wieder nach Hause gehen. Ich wette, da finde ich noch ein Leckerli für dich.«

Trotz der angespannten Situation ärgerte mich diese Strategie ein bisschen. Como sollte nicht dafür belohnt werden, dass er abgehauen war. Doch Persönlichkeitstraining gehörte im Moment zu meinen geringsten Problemen. Irgendwie musste ich ihn zu fassen kriegen und nach Hause schleifen. Ich überlegte, zurückzukehren und ein paar leckere, gut riechende Köder zu holen, hatte aber Angst, ihn aus den Augen zu lassen. Zum gegenwärtigen Zeitpunkt war meine beste und einzige Waffe, ihn zu überzeugen, mich als völlig harmlos wahrzunehmen. Und so sank ich hier und jetzt mitten auf der Eleventh Avenue auf die Knie.

Der verzweifelte Tanz, der folgte – mein Flehen und mein gespielter Zusammenbruch auf der Straße, Comos Neugier, die ihn so nah zu mir geführt hatte, unsere Parallelsprünge den Hügel hinauf, der über die Ortega Street polternde Transporter der Gärtnerei, woraufhin Como endgültig ausbüxte –, nahm kein gutes Ende. Viel länger hätten meine Beine und Lungen sicherlich nicht mehr durchgehalten, und ich wäre wie die Kleider aus der Reinigung zu einem Häuflein zusammengesackt. Das dicke Ende war unausweichlich, sollte ich keine himmlische Unterstützung erhalten.

»Steigen Sie ein«, forderte mich jemand auf. Neben mir stand eine Wagentür offen. Ich folgte der Aufforderung. »Ich habe alles beobachtet«, erzählte der Fahrer. »Wir überholen ihn und schneiden ihm den Weg ab.«

Wo war er gewesen? Warum hatte ich ihn nicht gesehen? Auch egal. Er war mein schroffer Samariter, der ebenso plötzlich und unerwartet aus dem Nichts aufgetaucht war wie der Transporter der Gärtnerei. Wir preschten über die Kreuzung und weiter Richtung Pacheco. Ich wusste zwar nicht, wo Como steckte, doch der Samariter war im Bilde. »Da!«, rief er und deutete mit einer Hand auf den Hund, während er mit der anderen das Lenkrad herumriss. Ich kam mir vor wie in einer Polizeikomödie oder einer James-Bond-Parodie samt einem Stuntman als Fahrer. Quietschend bremste er und sprang aus dem Wagen. Er hatte Como, der in der nächsten Einfahrt geduckt auf der Erde kauerte, in die Enge getrieben. Der Fahrer reichte mir etwas, als ich ausstieg. »Nehmen Sie das«, sagte er.

Es war ein halb abgebissener Energieriegel, bei dem das Papier nach unten gezogen war. Der Samariter schien davon gegessen zu haben, als er mich aufgelesen hatte. Er hielt den Hund auf der einen Seite der Einfahrt in Schach, während er mir bedeutete, Stücke des Energieriegels als Köder abzureißen. Ich hatte alle Gedanken und Pläne beiseitegeschoben und tat nur das, was von mir verlangt wurde. Ich zog ein klebriges Stück von dem Energieriegel ab und wedelte damit in Comos Richtung. Ich wusste nicht, ob er in Panik oder erschöpft oder hungrig war. Oder vielleicht ging es ihm wie mir, und ihm waren die Ideen ausgegangen. Jedenfalls kam Como wie ein gut trainiertes Zirkustier, das auf einen Befehl reagierte, auf mich zu. Als er so nah war, dass ich ihn hätte packen können, sprang der Samariter mit einem Satz auf die Einfahrt, woraufhin Como direkt in meine Arme rannte und ich ihm das Stück Energieriegel ins Maul schob.

Einen Moment lang konnte ich es nicht glauben. Ich hielt den Hund an meine Brust gedrückt, spürte seinen vor Anstrengung zitternden Körper und seine weich gepolsterten Pfoten, doch der unwirkliche Film lief noch weiter. »O mein Gott, danke, danke, ganz herzlichen Dank«, faselte ich. »Ich hätte ihn nie gekriegt. Dieser Hund ist echt durchgeknallt. Danke, vielen Dank.«

Er spielte seine Rolle des schweigsamen Helden weiter und zuckte nur mit den Schultern. Dann bedeutete er mir, wieder einzusteigen. »Wo wohnen Sie?«, fragte er und schnallte sich an. Als ich ihm die Adresse genannt hatte, wendete er und fuhr Comos Fluchtweg zurück. Anscheinend faselte ich noch weiter, erinnere mich aber nur, dass ich ihm eine Belohnung geben oder eine Schachtel Energieriegel kaufen wollte. Er lehnte ab und schaltete die Scheibenwischer ein. Ich hatte nicht bemerkt, dass dicke Tropfen vom Himmel fielen.

Der Samariter hielt vor dem Haus. Ich dankte ihm noch einmal und war schon auf halbem Wege zum Haus, als mir einfiel, dass ich ihn nicht nach seinem Namen gefragt hatte. Er war Asiate, trug eine braune, kurze Hose und ein dunkles T-Shirt und hatte kaum mehr als ein paar Worte gesprochen. Er fuhr wie ein Zauberer. Er hatte Como für uns gerettet. Er war fort, und ich habe ihn seitdem nicht wiedergesehen.

Die offene Tür begrüßte uns. Meine Schlüssel baumelten noch vom Schloss herab, wo ich sie hatte stecken lassen, als ich Como nachgerannt war. Mein Kopf war viel zu voll und gleichzeitig viel zu leer, um auf weitere Überraschungen oder Schicksalsschläge, ob gute, schlechte oder neutrale, reagieren zu können. Ich ging um den Kleiderhaufen und die Einkaufstasche herum in den Flur, trug Como in unser Schlafzimmer und schloss die Tür hinter mir. Unten räumte ich nur noch die Milch in den Kühlschrank. Mit den Schlüsseln in der Hand verließ ich das Haus in einen Sommerregen, der wie Nadelstiche auf meiner Haut piekste. Ich wusste nicht, wohin ich ging oder warum. Ich wusste nur, dass ich fliehen musste.

NEUN

DER BEGINN
DER KAPITULATION

Aus reiner Gewohnheit fuhr ich zur Chevron-Tankstelle in der Irving Street. Meine Vormittage beginnen oft hier mit dem ersten selbst gezapften Becher Diätcola. Die Mitarbeiter sind immer fröhlich, lächeln ununterbrochen, unterhalten sich mit mir und lassen mich ab und zu meinen Becher kostenlos auftanken. Diesmal sagte niemand ein Wort, als ich hineinstürmte, den Colaschaum überlaufen ließ und in meiner Tasche nach einem Dollar und etwas Kleingeld kramte.

»Kein Problem, Mann«, meinte der Kassierer mit hochgehaltenen Händen, als ich die passenden Münzen nicht finden konnte. »Ein Dollar reicht.« Er blickte über meine Schulter. Niemand stand hinter mir. Ich verstand seinen Blick als Hinweis, dass ich mich wie ein Idiot benahm, und ging wieder hinaus, wo ich an meinem Strohhalm sog und den Verkehr auf der Nineteenth Avenue betrachtete. Da es mir gutzutun schien, mich selbst aufzutanken, wollte ich den Wagen nicht zu kurz kommen lassen, fuhr an eine Zapfsäule und öffnete den Tank, der noch drei viertel voll war. Ich überlegte, wie weit ich fahren könnte, wenn ich der Nineteenth Avenue durch den Park zur Golden Gate Bridge folgen und durch Marin County und dem Weg weiter nach Sacramento, Red Bluff, Redding und zur Grenze von Oregon folgen würde. Es regnete nicht mehr, und es war ein toller Tag zum Fahren. Bis zum späten Nachmittag könnte ich den Staat verlassen haben und unauffindbar sein.

Selbst der Gedanke daran bereitete mir ansatzweise ein schlechtes Gewissen. Am Vormittag war das Thema Fortlaufen bereits zur Genüge abgehandelt worden. Ich stieg in den Wagen und fuhr ins Zentrum zu Sallys Schule. Wir mussten reden, wir beide, und zwar sofort. Wir mussten herausfinden, wie wir mit einem Hund zusammenleben sollten, der es nicht im gleichen Haus mit mir aushielt.

Sallys Kollegen sahen noch beunruhigter aus als die Leute an der Tankstelle. Ich lasse mich fast nie in der Schule blicken, es sei denn, ich hole sie zum Mittagessen oder ins Kino ab. Beides kommt nur selten vor. Hier aufzukreuzen, wenn Sally wie an diesem Tag Unterricht hat, kam zum ersten Mal vor. Auf dem Flur in der Nähe des Lehrerzimmers begegnete mir Shama, eine ihrer Kolleginnen.

»Was ist los, Steven? Stimmt was nicht?«, fragte sie mich.

Ich hätte nicht gedacht, dass ich so gestresst aussah, doch ich nehme an, die Mühen meiner Verfolgungsjagd hatten Spuren hinterlassen. Ich versuchte die Sache herunterzuspielen. »Nichts, ehrlich«, wehrte ich ab. »Ist Sally hier irgendwo?«

Shamas Radar schien sich einzuschalten. »Sie hat Unterricht. Soll ich sie holen? Ist was mit Phoebe?«

»Nein«, sagte ich, »nichts in der Art. Ich warte einfach.« Ich täuschte Interesse an einem Aushang über Staatsbürgerschaft vor. Shama schien sich nicht sicher zu sein, wandte sich aber ab und ging nach oben. Kaum war die Schulstunde zu Ende, erschien Sally unten am Haupteingang. Shama musste mich verpetzt haben.

»Ich erzähle es dir draußen.« Ich wollte meine Geschichte nicht in Anwesenheit dieser unzähligen Menschen zum Besten geben. Sally schwieg während meines Berichts von der Flucht, der Jagd und der Wiederergreifung. Ich erzählte auch von dem langen Wettlauf die Eleventh Avenue entlang und von dem Samariter und dem Energieriegel.

»Du hattest ein großes Glück.« Sally drückte meine Hand. »Er hätte überfahren werden können.«

Ich nickte. »Oder weglaufen und dann überfahren werden können«, gab ich zu bedenken. »Das werden wir nie in Erfahrung bringen. Vielleicht hätte man ihn auch über den Computerchip aufspüren können.« Ich stellte mir Spitznase im Tierheim vor, die erfuhr, dass Como – für sie immer noch Gandalf – irgendwo in weiß der Henker welchem Zustand gefunden worden war. Ich sah ihr Gesicht vor mir, ihre gekräuselte Augenbraue und das wehmütige Stirnrunzeln und versuchte, dieses Bild wieder aus meinem Kopf zu vertreiben.

»Und wo ist er jetzt?«, wollte Sally wissen. Als ich ihr erzählte, ich hätte Como in unser Schlafzimmer gesperrt, blickte sie mich beunruhigt an. »Warum ins Schlafzimmer?«

»Wohin sonst hätte ich ihn sperren sollen? Wir müssen ihn von der Haustür fernhalten.«

Darauf erwiderte sie nichts, doch ich sah ihr an, dass sie mit dieser Tatsache nicht gut umgehen konnte. Allerdings musste Sally geahnt haben, dass ich nicht in der Laune war, mich im Nachhinein kritisieren zu lassen. »Ich hole meine Sachen«, sagte sie nur. »Dann fahren wir nach Hause.«

Ich bog in die Einfahrt ab, während sie mit ihrem Auto am Straßenrand vor dem Haus parkte. Ich betrat das Haus als Erster. Papier lag auf dem Flur verteilt. Als ich das Chaos sah, ging bei mir die Alarmglocke los. »Er ist wieder draußen«, rief ich, ohne mich daran zu erinnern, dass ich Como im Schlafzimmer eingeschlossen hatte, und knallte Sally beinahe die Tür vor der Nase zu.

»Um Himmels willen«, stöhnte sie und bückte sich, um die Post aufzuheben, die der Briefträger in der Zwischenzeit durch den Schlitz geschoben hatte. »Du drehst echt schon durch.«

»Du hast ihm ja nicht durch die halbe Stadt hinterherjagen müssen«, wehrte ich mich. »Das war kein Zuckerschlecken. Was für mich dabei?« Eine Weile blieben wir im Flur stehen und blätterten Rechnungen, Kataloge und Werbezettel von Anstreichern und chinesischen Restaurants durch. Keiner von uns beiden war besonders scharf darauf, nach oben zu Como zu gehen. Als wir es schließlich in Angriff nahmen, drückte Sally sachte die Tür auf und rief seinen Namen. Der Hund lag neben ihrem Nachttisch auf dem Bauch. Sein Schwanz klopfte ein paar Mal auf den Boden, als er ihre Stimme hörte. Sie ging auf ihn zu, blieb aber wieder stehen.

»Oh«, sagte sie sanft, als wollte sie ihn nicht einschüchtern. »Na, sieh mal einer an.«

Gleich hinter der Tür sah der Teppich aus, als wäre ein großer Teil bis zur Gummierung und an manchen Stellen bis zum nackten Boden durchgebrannt. Holzspäne und weiße Farbflocken lagen am Tatort verstreut herum. Sally schloss die Tür wieder, um sich den Schaden genauer anzusehen. Como hatte versucht, einen Tunnel unter der Tür hindurchzugraben, und dabei den Teppich und die Tür mit seinen Krallen und vermutlich auch seinen Zähnen bearbeitet. Diese Zerstörungswut war einschüchternd. Mit ein bisschen mehr Zeit hätte er sein Ziel erreicht. Er würde sich nicht einsperren lassen. Selbst in einer riesigen Villa in Pacific Heights oder in einem Tresorraum im Finanzviertel hätte Como die dickste Tür oder eine mit Stahl verstärkte Wand in Angriff genommen, um sich zu befreien. Sally und ich begutachteten den Schaden in respektvollem Schweigen.

»Armes Ding«, sagte sie schließlich und ging in die Hocke, um den leidenden Randalierer zu sich zu locken. Como schlich einige Schritte auf sie zu und wartete, damit sie näher kommen konnte. Verwirrt beobachtete ich ihre Besprechung in der Mitte des Zimmers. Sally vertraute Como leise einiges an, dass ich mir nicht einmal vorstellen konnte, dass er sie hörte. Doch ich wusste auch, dass ich meinem Urteilsvermögen und wahrscheinlich auch meinen Sinnen im Moment nicht trauen konnte.

Alles, was an diesem Vormittag draußen auf der Straße und jetzt passiert war, hatte mich ausgelaugt. Zwischen Como und mir war Krieg mit allem Drum und Dran ausgebrochen – den er mit links gewann. Ich hätte die Sache noch ernster nehmen sollen, weil Sally sich mit dem Feind verbündete, zärtlich dessen Hals streichelte und ihm etwas zugurrte.

Doch als sich Como auf den Rücken drehte, um sich den Bauch kraulen zu lassen, und er seine vier Pfoten wie weiße Flaggen in der Luft hängen ließ, begriff ich, jetzt, da ich aufgehört hatte zu denken, was Sally längst erkannt hatte: Como hatte Angst. Er lebte in einer völlig neuen Umgebung mit neuen Menschen, Gerüchen, Teppichen und Türen, von denen sich einige hinter ihm schlossen und bei ihm die Angst auslösten, in eine Falle geraten zu sein. Sein Überlebenstrieb löste Mechanismen in ihm aus, die in ihm verankert worden waren, noch lange bevor wir ihn kennengelernt hatten.

Ich dachte darüber nach, wie er auf den Straßen des Santa Clara County gelebt hatte und wie es dazu gekommen sein könnte. War der Besitzer seiner Mutter nicht in der Lage gewesen, den Wurf aus Welpen zu versorgen? Waren er und seine Brüder und Schwestern weggegeben und in ihrem neuen Zuhause vernachlässigt worden? Wurde er als Welpe ausgesetzt, um sich allein durchs Leben zu schlagen? Oder war er in der Wildnis von Sunnyvale oder Cupertino geboren worden und hatte sich seine groben Manieren in Regenstürmen, in vorstädtischen Sackgassen und auf mit Müll übersäten Picknickwiesen angeeignet?

Er war, soweit wir wussten, in zwei verschiedenen Tierheimen gewesen und mindestens ein Mal adoptiert und wieder zurückgegeben worden, und zwar von einer älteren Frau, die mit seinen vulkanartigen Ausbrüchen nicht zurechtgekommen war. Es ließ sich nicht rekonstruieren oder auch nur vorstellen, was ihm an jenem oder einem anderen Ort, an dem er gelebt hatte, zugestoßen sein könnte. Vor allem konnten wir nicht wissen, was ein oder mehrere Männer ihm im Lauf seines Lebens angetan hatten, welche Kälte oder körperliche Gewalt er hatte aushalten müssen. Dies war der Knackpunkt in der ganzen Geschichte, der irgendwo tief in seinem Innern verborgen lag. Wie sollten wir – oder wie sollte ich – dieses Problem jemals lösen?

Wahrscheinlich waren wir die Sache völlig falsch angegangen, indem wir ihn nach Hause geholt und in einen engen Plastikkasten gesperrt hatten, in dem er sich kaum umdrehen konnte. Dann hatte ich mich mit meiner Reise nach Florida vier Tage vor ihm gedrückt, nur um zurückzukommen und ihn abhauen zu lassen, ihn wie einen Fuchs zu jagen und in einer gemauerten Einfahrt mit noch einem anderen fremden Mann, der die Drecksarbeit übernommen hatte, in die Enge zu treiben. Als Belohnung hatte ich ihn wieder zurück in ein, wenn auch geräumigeres, Gefängnis geworfen und war so schnell, wie ich konnte, abgehauen. Kein Wunder, dass er das Zimmer auf den Kopf gestellt hatte. Konnte ich ihm dafür die Schuld geben?

Sally schaukelte mit Como auf dem Boden vor und zurück und kitzelte und knetete ihn wie einen Kuchenteig. »Du bist mir doch ein Spinner«, neckte sie ihn. »Was sollen wir bloß mit dir machen?« Sie drehte den Hund auf den Bauch und kraulte den leicht karamellfarbenen Fellstreifen, der entlang seiner Wirbelsäule verlief. Plötzlich hielt sie inne. »Hey. Komm und schau dir das mal an.«

Sally teilte das Fell und zeigte mir eine haarlose Stelle in der Größe einer Münze. Normalerweise wurde die graue Haut vom struppigen Fell verdeckt, sah aber empfindlich und wund aus, wenn sie freigelegt wurde.

»Was ist das deiner Meinung nach?«, fragte ich.

Sally kämmte Comos Haar eifrig gegen den Strich, um zu sehen, ob sie noch weitere solcher Stellen fand. »Vielleicht eine Entzündung«, murmelte sie. »Etwas, das nicht richtig behandelt wurde. Könnte auch ein Muttermal sein.« Sie machte eine Pause. »Oder ein Brandfleck.« Ihre Finger wanderten zu der nackten Stelle zurück. Sie blickte zu mir auf. »Könnte man so was mit einem Zigarettenanzünder machen?«, fragte sie mit harter Stimme. »Die Größe passt. Das könnte den Fleck erklären.«

Nicht nur die nackte Stelle, meinte sie, sondern auch, warum Como so war, wie er war, gezeichnet von sinnloser Grausamkeit, von dem Zwang eines Mannes, sein glühendes Feuerzeug ins Fleisch eines Tieres zu drücken. Beide schwiegen wir einen Moment.

»Halte ihn mal kurz so«, bat ich sie und kniete mich neben sie. Como spannte seinen Körper leicht an, als ich nach ihm griff, doch Sally hielt ihn fest. Ich strich über das wirre Fell auf seinem Kopf und kraulte ihn unter seinem Kinn, dann hinter seinen Ohren. Zunächst hielt er seinen Blick auf mich gerichtet, dann reckte er den Hals, um mir noch mehr Kraulfläche zu bieten. Vielleicht war er verwirrt durch meine sich widersprechenden Botschaften, vielleicht dachte er, Sally hätte drei Hände, eine, die ihn hielt, und zwei, die sich mit seinem Hals beschäftigten. Es war egal. Er würde sich an meine Berührungen gewöhnen, ob er sie unterscheiden konnte oder nicht. Und ich würde mich daran gewöhnen, wie es sich anfühlte, ihn zu berühren, ohne ihn fangen und meinem Willen unterwerfen zu müssen.

Sally taten die Beine weh, und sie musste aufstehen, behielt aber den Hund auf den Armen. Wir traten über den zerstörten Teppich und gingen nach unten.

»Ich brauche immer noch was zu essen«, stellte Sally fest und ging los, um ihren Taco zu holen. Como und ich warteten in getrennten Räumen. Während ich am Küchentisch die Post sortierte und öffnete, hielt er im Wohnzimmer Wache. Als Sally die Stufen zur Haustür heraufkam, rannte ich los, um sicherzugehen, dass Como nicht zur nächsten Flucht ansetzte. Doch es bestand kein Grund zur Sorge.

Sally schob den Schlüssel ins Schloss und trat ein. Como schlenderte auf sie zu, um sie zu begrüßen. Das Ganze sah so natürlich und ungezwungen aus, als pflegten sie schon seit Jahren einen solchen Umgang. Nach dem, was ich am Vormittag mit Como durchgemacht hatte, konnte ich einen Anflug von Neid nicht verhindern.

Ich blieb bei Sally sitzen, während sie aß, und wartete, bis sie fertig war, um ihr meinen Vorschlag zu unterbreiten. »Habe ich dir von dem Kerl erzählt, den ich in Florida kennengelernt habe?«, begann ich. »Er und seine Frau hatten einen verrückten Hund, der sie immer wieder auf die Palme brachte. Sie engagierten einen Hundetrainer, und er meinte, es habe funktioniert. Es war ein Lhasa apso.« Die Hunderasse erwähnte ich, um die Sache offizieller klingen zu lassen.

»Was ist das?«, fragte Sally.

»Ich weiß nicht. Diese kleinen Dinger, bei denen die Haare über die Augen wachsen.« Ob sie mich hinhielt, um sich einen Grund auszudenken, warum wir keinen Trainer brauchten?

Sally knüllte ihre Plastiktüte zusammen und warf sie in den Müll. »Könnten wir machen, denke ich«, sagte sie von der Spüle aus. »Ich meine, wenn du dir davon Hilfe versprichst.«

»Ich weiß, das Problem liegt vor allem an mir.« Wie großzügig ich mich fühlte, als ich dieses Zugeständnis machte. »Aber wir müssen alle mit ihm leben.«

»Du hast recht«, stimmte sie zu. »Wie viel kostet so ein Trainer?«

»Ist wahrscheinlich nicht billig«, gab ich zu. »Ich werde morgen ein paar Leute anrufen und fragen, ob jemand einen guten kennt.« Ich versuchte, aufrichtig zu klingen, als nähme ich die Sache gerne in die Hand, was ich ihr aber nur vorspielte. Sicher, ich hoffte, dass es helfen würde, doch eigentlich vertraute ich nicht darauf, dass ein Trainer viel Gutes tun konnte. Comos Wunden waren im wörtlichen und im übertragenen Sinne tief.

Am Nachmittag, bevor Phoebe vom Fußballtraining nach Hause kam, beseitigte Sally mit dem Staubsauger die abgesplitterten Türteile und versuchte den Zugang zu unserem Schlafzimmer nicht allzu brutal aussehen zu lassen. Ich holte das Klebeband, mit dem wir in unserem kurzen Experiment die Plastikplane im Esszimmer fixiert hatten. Wir überklebten die Risse im Teppich und bewunderten unser neues Design.

»Sieht doch toll aus«, meinte Sally.

»Vielleicht sollte der Redakteur für Innenarchitektur vorbeikommen und einen Artikel darüber schreiben«, frotzelte ich. »Low-Tech-Schick. Wir könnten den ganzen Rand des Schlafzimmers damit bekleben.«

»Vergiss nicht, das ist Comos Lieblingsfarbe«, erinnerte mich Sally. »Blau macht ihn an. Blaues Klebeband, blaue Decke.«

»Stimmt. Ich sollte ihm meinen hellblauen Pullover als Friedensangebot schenken. Wenn er ihn aufdröselt, geht's uns beiden gut.«

»Hey, das war ein Weihnachtsgeschenk von Phoebe und mir. Wir haben alle Geschäfte danach durchstöbert.«

»Wo überall?«, fragte ich nach. »Im *Blue*-mingdale's?«

Normalerweise greife ich nicht auf Wortspiele zurück, doch aus irgendeinem Grund bot sich dieses hier an. Wir brauchten ganz dringend einen Lacher und lachten am

Abend noch lange über Comos Verschönerungsmaßnahmen in unserem Haus. Schließlich nahmen wir wieder Verstand an und wanderten in unsere Betten. Die klamme Oberfläche des Klebebandes unter unseren nackten Füßen gefiel uns beiden nicht. Noch erschreckender war etwas, das keiner von uns zuvor bemerkt hatte. Ich sah es auf dem Weg nach unten in die Küche, wo ich mir ein Glas Eiswasser holen wollte. Die Ecke eines Regalbretts im Flur war abgenagt. Es war eine Sache, den Teppich und die Tür in die Mangel zu nehmen, wenn er in einem Zimmer eingesperrt war. Aber warum hatte er sich an das Holz im Flur gemacht, wo er nicht eingesperrt war? Ich fragte mich, wann das passiert war, und überlegte, welche tieferliegenden und möglicherweise unlösbaren Probleme dahinterstecken könnten. War er so was wie ein Termitenhund, der unser Haus systematisch auffressen wollte? Oder war er nur so unkontrollierbar zwanghaft, dass er seinen Drang an allem auslebte, was ihm zwischen die Kiefer kam? Hatten wir einen Hund, der viel zu kaputt war, um wieder geflickt werden zu können?

Ich dachte darüber nach, wie abstrus und vorhersehbar sein Verhalten war. Beim Spazierengehen benahm er sich wie ein wandelndes Beispiel für Widersprüche. Die meisten Männer, denen wir begegneten, ob mit Hund oder ohne, versetzten ihn in Alarmbereitschaft. Dann wechselte er entweder hinter mir auf die andere Seite des Bürgersteigs, sodass sich seine Leine um meinen Rücken wickelte, oder er ging vor mir, sodass ich immer wieder über ihn stolperte. Manchmal erschreckte er sich so sehr vor etwas – vor der Größe oder dem Gang eines Mannes, dem Geruch eines anderen Hundes, dem Klang eines Skateboards, das über den Bordstein klapperte –, dass sich die Leine bis zum Äußersten anspannte, wenn er in die entgegengesetzte Richtung rannte. Doch hin und wieder fand er Gefallen an einem Fremden, ging schwanzwedelnd und mit keck aufgestellten Ohren auf ihn zu.

»Cooler Hund«, sagte eines Abends ein Jugendlicher zu mir, den Como wie einen Bekannten begrüßte. Der Junge war unter einer Straßenlaterne von seinem Skateboard gehüpft, als wir an ihm vorbeigegangen waren. »Woher haben Sie den?«

»Aus Redwood City«, antwortete ich. »Er stammt aus dem Tierheim und mag eigentlich keine Männer.« Ich hätte noch hinzufügen können, dass er solchen auf Skateboards noch weniger zugeneigt war, weil ihn diese Dinger ebenso wie Busse und Motorräder tierisch erschrecken konnten. Ein paar Minuten gab sich Como glücklich den fellraufenden Händen und dem freundlichen Grunzen des Jugendlichen hin. Als der Junge wieder auf sein Skateboard stieg und davonsurrte, hätte ich schwören können, dass Como ihm sehnsüchtig nachblickte.

Como konnte bei uns zu Hause genauso komisch sein. Er bellte nur selten, wenn Fremde oder Gäste an der Haustür klopften. Stattdessen beherrschte er eine Hierarchie ausgeklügelter Reaktionen. Den Briefträger ignorierte er, floh vor der fröhlichen Stimme des Paketmanns und rannte erfreut auf Phoebes Freundin Jeanne zu, um sie zu begrüßen. Als uns eines Abends unsere Freunde Kenneth und Donna zu einem Konzert abholten, versteckte sich Como unter dem Esstisch und hörte nicht auf zu zittern. Doch die beiden hatte er bereits mehrere Male unter offenkundig ungefährlichen Bedingungen getroffen. Er war unberechenbar. Immer loderte etwas in ihm, eine beständige Hitze, die plötzlich aufflammen konnte oder ihn fortscheuchte, damit er sich Deckung suchte.

Der Tag seiner großen Flucht war anstrengend und zermürbend gewesen, dessen wurden Sally und ich uns erst gewahr, als wir am Abend endlich zwischen den kühlen Laken lagen. Como war bei Phoebe im bereits dunklen Zimmer. Sally und ich lasen noch eine Weile, froh, uns mit unseren Büchern statt mit dem Hund beschäftigen zu können.

»Noch eine Seite«, sagte ich, als Sally ihr Nachttischlämpchen ausschaltete. Sie wartete, bis ich das Kapitel zu Ende gelesen hatte und auch unser Zimmer im Dunkeln lag. »Gute Nacht«, wünschte sie mir und beugte sich zu mir herüber, um mir etwas ins Ohr zu flüstern, damit ich es auf jeden Fall verstand. »Neunzehn.«

Mehr brauchte sie nicht zu sagen. Uns blieben weniger als drei Wochen, um zu entscheiden, ob Como bleiben oder uns verlassen sollte.

Jake, der Hundetrainer, wurde uns von Freunden wärmstens empfohlen. Er könne mit ein paar Terminen Wunder vollbringen. Ihr eigener Hund, ein Schnauzer, hatte jeden angesprungen, der sich an ihre Haustür gewagt hatte, bis Jake eingeschaltet worden war. »Ich weiß gar nicht genau, was er gemacht hat«, erzählte unser Freund Tony. »Aber auf jeden Fall hat es funktioniert. Irgendwie ließ er Gerhard in der Nähe der Tür ganz still sitzen, dann tippte er ihm drei Mal leicht auf die Schnauze, wenn einer von uns klopfte und hereinkam. Anschließend mussten wir jemanden klopfen und hereinkommen lassen, den er nicht kannte. Wir haben ungefähr zweihundertfünfzig Dollar für drei Termine bezahlt, aber Gerhard war geheilt. Wir sind anspringfrei.«

Wir engagierten Jake für einen Termin am Samstagabend. Ich hatte ihm am Telefon von Comos Geschichte mit Männern erzählt, was ihn nicht besonders beunruhigt hatte. »Schauen Sie«, begann er, »Hunde kriegen immer eins aufs Dach, weil sie sind, wie sie sind, oder etwas Bestimmtes tun. Aber sie denken nicht in Kategorien oder Mustern. Sie passen sich mit ihren Reaktionen nur so gut wie möglich an ihre Umwelt an. Diesen Kreislauf muss man unterbrechen. Manchmal heißt das, die Umwelt etwas zu verbiegen. Manchmal heißt das, ein Verhalten in konstruktivere Bahnen zu lenken. Es geht darum, dass Sie und Ihr Hund eine Möglichkeit finden, wie Sie beide in Würde miteinander leben können. Das werden wir herausfinden.«

Das klang alles vernünftig und praktisch, wenn auch ein bisschen nach New Age. Ein paar Tage später kam Jake zu uns. Er trug Jeans und eine schwarze Lederweste über einem fadenscheinigen Grateful-Dead-T-Shirt. Sein langes, braunes Haar hatte er zu einem sauberen Pferdeschwanz zusammengebunden. Untersetzt und mit Mondgesicht, waren seine Bewegungen fließend, und er sprach mit derselben gleichmäßigen, wohltuenden Stimme wie am Telefon. Erstaunt nahm ich wahr, dass er sich nicht gleich um Como kümmerte, der ihn umkreiste, bevor er den Fremden ein weiteres Mal neugierig beschnüffelte. Jake ließ zu, dass sich der Hund an ihn gewöhnte, er ließ ihm seinen Raum, ohne Druck auszuüben oder Forderungen zu stellen, wie er sich ausdrückte. Phoebe und Sally kamen nach unten und begrüßten ihn. Gemeinsam gingen wir in die Küche. Jake setzte sich an den Tisch, lehnte einen Tee ab und stellte seinen abgenutzten Lederrucksack auf seinen Schoß.

»Also, wo ist das Problem?« So, wie er die Frage stellte,

war nicht klar, ob er mit Como oder uns sprach. Niemand antwortete, was ihn nicht zu beunruhigen schien. Er griff in seinen Lederrucksack und raschelte darin mit etwas herum. Como kam zu ihm und setzte sich vor ihn.

»Geil«, sagte Phoebe. »Wie haben Sie das angestellt, dass er das tut?«

»Ich lasse einen Hund nie etwas tun, das er nicht tun will«, erwiderte Jake, seinen Blick auf Como gerichtet. »Wir versuchen nur, eine Verbindung aufzubauen.« Ihr Blinzelwettbewerb dauerte eine Weile an. Dann griff Jake nach unten, und Como schnappte sich etwas aus seiner Hand.

»Was war das?«, fragte Sally.

»Nichts. Nur ein kleines Stück geräucherter Truthahn. Also gut, Como«, fuhr er fort, »schauen wir mal, ob du sitzen magst. Kannst du sitzen? Sitz, bitte.« Como setzte sich und erhielt noch einen Bissen vom Truthahn.

»Aha, dann ist das mein Problem«, stellte ich fest. »Ich habe ihm nicht genug Fleisch gegeben.«

Jake ließ mich mit meinem Versuch, lustig zu sein, in der Luft hängen. »Und auf. Auf. Auf, bitte, ja.« Como sträubte sich zunächst, verstand jedoch die Botschaft, sobald Jake seine nach Truthahn riechenden Finger in der Luft aneinanderrieb.

»Wow«, flüsterte Phoebe, um den Zauber nicht zu brechen. »Sie sind echt gut.« Como balancierte auf seinen Hinterpfoten, eine Stellung, die wir nie an ihm gesehen hatten. Jake hielt Como noch eine Weile auf den Hinterbeinen und kostete den Augenblick aus. Nachdem er ihn wieder nach unten gelassen hatte, steckte er ihm noch ein Stück Fleisch zu.

»Die Tricks sind nett«, lobte Sally, »und ich bin sicher,

dass wir viel Spaß damit haben. Aber das ist nicht unser Thema. Como scheint Probleme zu haben, sich an Steven anzupassen.« Sie erzählte von Comos Flucht durch die Haustür und von dem Schaden in unserem Schlafzimmer. Jake hatte sich mit seiner therapeutischen Aufmerksamkeit mittlerweile ganz uns zugewendet.

»Kommen Sie drei miteinander zurecht?«, fragte er und meinte Sally, Phoebe und mich. »Gibt es Reibereien, die Como mitbekommt? Hunde sind auf so was geeicht.« Phoebe kicherte leise, schüttelte jedoch den Kopf, als Jake eine Augenbraue hob. Wer weiß, welche Anekdoten über familiäre Dysfunktionen sie auf Lager hatte.

»Im Moment ist Como die Quelle für unsere Reibereien«, sagte ich, spürte aber im gleichen Moment ihren Blick auf mir. »Ich meine, wir sind froh, ihn zu haben und so. Wir brauchen nur ein paar Strategien, um mit ihm zurechtzukommen. Es ist anstrengend, immer darauf zu achten, dass er nicht abhaut. Oder dass er nicht das Haus auffrisst, wenn wir ihn einsperren.«

Jake nickte und ließ einige allgemeine Ratschläge vom Stapel, die sich nicht sehr von dem unterschieden, was wir in den Hundebüchern gelesen hatten. Wir müssten geduldig sein. Wir müssten klar und konsequent sein. Wir müssten Dinge wiederholen und versuchen, wie ein Hund zu denken. »Für Hunde ist alles sehr einfach«, sagte er. »Wir sind diejenigen, die die Sache kompliziert machen.«

Während ich seinem seichten Geplapper zuhörte, überlegte ich, wie er mit seinem eigenen Hund zurechtkam, und fragte ihn nach der Rasse.

»Ich habe keinen«, antwortete er. »Ich wohne in einer Wohnung in der Haight, wo der Vermieter keine Haustiere zulässt.« Die Überraschung musste mir ins Gesicht geschrieben stehen. War er wie ein Schwimmlehrer, der nie ins Wasser ging? Jake hatte eine vorbereitete Antwort für mich: »So ist es viel besser. Trainer mit eigenem Hund fangen an zu projizieren. Ich bin völlig objektiv.« Ich hatte es nur am Rande mitbekommen, aber Jake fütterte Como ständig mit der linken Hand mit geräuchertem Truthahn.

Ich wollte unseren modernen Hippie-Trainer fürs Erste danken, als er mit einer letzten Einsicht trumpfte. »Como bellt nicht viel«, sagte er und blickte ihm in seine runden, braunen Augen. »Und anscheinend beißt oder zwickt er nicht. Er hat ein freundliches Wesen, dieser Knirps.«

Der Gedanke schwebte durch unsere Küche, verfolgt von unserem Schweigen. Jake wollte Como nicht mehr für weitere weise Ratschläge bemühen. Und niemand widersprach ihm. Er hatte recht, das wussten wir. Trotz allem Kummer, den Como uns in den letzten zwei Wochen bereitet hatte, war er alles andere als aggressiv oder feindlich gewesen. Anders als Gengy oder Beau, die neurotischen und manchmal hinterhältigen Hunde, mit denen Sally und ich aufgewachsen waren, steckte irgendwo in Como ein freundliches, ruhiges, empfindsames Wesen. Die Frage war nur, ob wir es lange genug mit ihm aushielten, bis dieses Wesen hervorbrach.

Phoebe nahm Como auf den Arm, als wir Jake zur Haustür begleiteten. Ich stellte einen Scheck über fünfundachtzig Dollar für ihn aus und öffnete die Haustür. Es war ziemlich klar, dass wir ihn nicht zu einem weiteren Termin einladen würden. Wir hatten von ihm bekommen, was möglich war. Doch Sally sagte ihm, wir hätten ja seine Nummer und würden ihn auf dem Laufenden halten.

Auch unser Hund war bei diesem räuchertruthahnreichen Treffen auf seine Kosten gekommen. Zwanzig Minuten nach Jakes Abschied ging Como ins Arbeitszimmer und übergab sich unter der Klavierbank.

Sally lag bereits im Bett, als ich nach oben kam. Ich hatte mir im Fernsehen die Höhepunkte eines Spiels der Giants angeschaut und dachte, sie würde schlafen, als ich so leise wie möglich neben ihr ins Bett schlüpfte. Ein dichter Sommernebel verschaffte der Stadt endlich Kühlung und dämpfte die Geräusche von der Straße.

»Ich kann nicht glauben, was hier passiert«, sagte Sally nach einer Weile.

»Oh, habe ich dich geweckt?«

»Nein, ich kann nicht schlafen.«

»Und was kannst du nicht glauben?«, fragte ich.

Wieder eine Pause. »Das war genau das, wovor ich Angst hatte«, erklärte sie. »Ich verliebe mich in diesen unmöglichen Hund. Jetzt muss ich mich um ihn kümmern. Ich kümmere mich schon viel mehr, als ich je wollte.«

Ein Nebelhorn dröhnte tief durch die Nacht. Einmal. Zweimal. Es war das letzte Geräusch, das wir hörten, bevor wir einschliefen.

ZEHN

GRUNDAUSBILDUNG

Das Beste an einer Anmeldung für einen Trainingskurs für erwachsene Hunde ist, dass man mit Sicherheit nicht den einzigen Problemhund hat. Zumindest redete ich mir das in meiner »geteiltes Leid ist halbes Leid«-Stimmung ein, als wir eines Sonntagabends durch den Mission District zu Comos erster Stunde im Tierschutzverein von San Francisco fuhren. Der zehnstündige Grundkurs wurde nicht direkt als Heilmittel für verkorkste Hunde und ihre unfähigen Besitzer beworben, doch diese Botschaft ließ sich leicht zwischen den Zeilen herauslesen. Jeder Anfängerkurs für Nichtwelpen impliziert, dass bei dem Versuch des Hundebesitzers, seinen Hund allein großzuziehen, etwas falschlief oder unerledigt blieb.

Sally, Phoebe und ich hatten jeder unsere eigenen Vorstellungen davon, warum dieser Kurs eine gute Idee für uns war. Sally führte unter anderem den geräucherten Truthahn auf. Nachdem sie Comos Andenken an Jakes ersten und einzigen Hausbesuch weggeputzt hatte, erklärte sie ihren entschlossenen Widerstand gegen jeden weiteren Versuch eines auf Nahrung basierten Trainings. »Ich bezweifle ernsthaft, dass der Tierschutzverein Feinkostmenüs serviert«, sagte sie. »Ziehen wir einen Profi zu Rate.« Phoebe, die alles liebte, was mit Hunden zu tun hatte, gefiel der Gedanke, sich die nächsten zehn Wochen mit einer Gruppe Hunde zu vertreiben. Sie war auch erpicht darauf, Como herumzuzeigen und zu sehen, wie er sich gegen seine Konkurrenten behauptete.

Meine eigenen Gründe waren entschieden einfacherer Natur. Während ich einerseits hoffte, dass sich Comos Verhalten durch den Kurs mäßigte und sich mein noch immer gestörtes Verhältnis zu ihm verbesserte, erwartete ich andererseits eine Katastrophe. Der Kurs war eine Feuerprobe: Wenn Como nicht einige grundlegende Befehle lernte und nicht mit anderen Hunden und Menschen zurechtkam, wäre dies vielleicht der Beweis, dass er nicht in der Lage war, mit uns ein normales, vernünftiges Leben zu führen. Uns blieben immer noch zehn Tage auf unserem Dreißig-Tage-Kalender, um ihn ins Tierheim zurückzubringen.

Auf eine gewisse Art lief es zwischen mir und Como etwas besser. Nur ein paar Mal wäre er mir wegen meiner Unaufmerksamkeit beinahe entwischt, aber geschafft hatte er es nicht mehr. Die meiste Zeit schlossen wir ihn immer noch im Schlafzimmer ein, wenn wir das Haus verließen, doch er richtete keinen weiteren Schaden mehr an. Vielleicht mochte er genauso wenig über das blaue Klebeband vor der Tür treten wie wir und hatte beschlossen, den Teppich in Ruhe zu lassen. Oder vielleicht hatte er alles erledigt, was er konnte, und gönnte dem Teppich und der Tür ihre wohlverdiente Ruhe. Selbst meine Haut hatte sich beruhigt. Die Hydrokortison-Salbe hatte gewirkt. Und auch wenn sie es nicht getan hätte, wäre Sally mittlerweile kaum mehr bereit gewesen, den Hund, meinen Hautausschlag als Entschuldigung akzeptierend, wieder abzugeben. Sie hatte sich in Como verliebt, und dagegen gab es wahrscheinlich kein Mittel. So war ich immer mehr auf mich allein gestellt, wenn es darum ging, Frieden mit dem Hund zu schließen.

Welche Fortschritte Como und ich auch gemacht hatten, sie mussten an unseren fortlaufenden, ungelösten Problemen gemessen werden. Seine Strategie, mich zu meiden, wenn nicht gar offen zu verschmähen, hatte Como nicht aufgegeben. Meistens war es kein Thema. War ich im oberen Stock, blieb Como unten und umgekehrt, oder er hielt sich zumindest in einem anderen Raum auf. Während er Sally und Phoebe an der Tür herzlich begrüßte, ignorierte er mich. Selbst wenn ich an der Reihe war, seinen Napf zu füllen, wartete er mit dem Fressen, bis ich die Küche verlassen hatte. Die Fütterungen durch die weiblichen Mitbewohnerinnen waren im Gegensatz dazu überschwängliche soziale Ereignisse, bei denen Como fröhlich hereinstürmte, um sein Abendmahl in Anwesenheit meiner Frau und meiner Tochter zu genießen.

Ich hatte eher das Gefühl, mit einem imaginären Hund zusammenzuleben, den man zwar spürte, aber nie zu Gesicht bekam. Schwierig wurde es, wenn er Gassi gehen musste und weder Sally noch Phoebe zu Hause waren. In diesen Fällen musste ich mich so unbeweglich und passiv wie möglich geben. Noch immer zog er es vor, wenn ich auf dem Bett lag oder auf der Toilette hockte.

Auf dem Bett fand ich schließlich ein wenig Ruhe oder las ein bisschen, während ich auf Comos zaghaften Annäherungsversuch wartete. Manchmal vergingen zwanzig Minuten oder mehr, bevor ich ihn anleinen konnte. Wenn das Bett zu keinem Erfolg führte und ich mich ins Bad zurückziehen musste, musste ich eine kompliziertere Taktik anwenden. Sobald ich es wagte, ein Buch oder eine Zeitschrift mitzunehmen, ließ Como mich sitzen. Andererseits brauchte ich nicht unbedingt meine Hose fallen zu lassen, auch wenn das ein Signal für Hilflosigkeit war und die Wartezeit zu reduzieren schien. Schließlich schob er sein schnurrbärtiges, weißes Gesicht um die Ecke und beäugte mich vom Flur aus, bis er langsam so nah auf mich zukam, dass ich ihn mir schnappen konnte.

Einmal wollte gar nichts funktionieren. Ich hätte eine Stunde auf dem Bett herumliegen oder genauso lange auf dem Klo hocken können, ohne ihn nah genug heranlocken zu können, um die Leine zu befestigen. Wenn mir, frustriert von seiner ständigen Ablehnung, die Lust verging, nach seinen komischen Regeln zu spielen, jagte ich ihm hinterher und versuchte, ihn mit Gewalt zu schnappen. Bei diesen selten von Erfolg gekrönten Gelegenheiten – gewöhnlich war ich seiner Terrier-Wendigkeit nicht gewachsen – fühlte ich mich anschließend schlecht. Ich hatte Como zwar zu seinem Spaziergang mitnehmen können, doch wahrscheinlich hatte sich sein unergründliches Herz mir gegenüber noch mehr verschlossen. In seinen Augen war ich, wie ich es sah, auch nur einer jener Männer, die ihn dominieren wollten.

Mitunter fiel auch sein Mittagsspaziergang aus, wenn ich am Nachmittag einen Termin wahrnehmen musste, Sally nach der Schule noch eine Besprechung hatte und Phoebe beim Fußballtraining oder einem Spiel war. Seine »Unfälle« bei diesen Gelegenheiten waren nicht Unfälle im eigentlichen Sinn, sondern die logische Folge dessen, dass ich meiner Aufgabe nicht nachkam, mit ihm Gassi zu gehen. Como und ich wären bessere Kandidaten für eine Paartherapie als für einen Kurs des Tierschutzvereins gewesen, doch ich war bereit, die Chance zu ergreifen. Wir brauchten beide die Grundausbildung.

Unsere erste Stunde, an der wir mit Como teilnahmen, war bereits die zweite Stunde des Kurses. In der ersten Stunde eine Woche zuvor hatten wir ohne Hunde kommen sollen. Sarah, die Trainerin, eine abgestumpfte, blonde Frau über vierzig mit breiten Schultern, nutzte die Einführungsstunde, um uns darüber aufzuklären, dass nicht unsere Hunde, sondern wir die wahren Schüler seien. »Die meisten Probleme, die Menschen mit ihren Tieren haben, haben nichts mit den Tieren zu tun. Sondern mit Ihnen.« Sie ließ ihren Blick von einem zum anderen Kursteilnehmer zucken. »Wir können zehn Monate statt zehn Wochen in diesem Raum verbringen und immer noch nicht alles abgehandelt haben, womit Menschen ihre Hunde verkorkst haben.«

Dann zitierte Sarah ihren eigenen Hund zu sich, einen muskulösen Labrador Retriever mit dichtem, dunkelbraunem Fell. Sein Verhalten und sein Auftreten waren so präzise, so soldatisch perfekt, dass der Umstand, dass sie uns seinen Namen nicht nannte, nicht weiter ins Gewicht fiel. »Der besttrainierte Hund der Welt«, flüsterte ich Phoebe zu, während wir zusahen, wie er auf eine Reihe knapp formulierter Befehle reagierte und sich setzte, aufstand, sich legte, wieder setzte, wieder hinstellte, etwas holte, zwei orangefarbene Pylonen umrundete, die im Abstand von drei Metern aufgestellt waren, und sich schließlich wie eine Acht elegant um Sarahs Beine schlängelte, während sie durch den Raum schritt. »Also, wir bekommen Ihre Hunde vielleicht nicht gleich auf Hochtouren«, sagte sie in einem Ton, der auf mich leicht herablassend wirkte, »aber es gibt keinen Grund, warum sie diese Dinge nicht auch vollbringen könnten. Es liegt ganz bei Ihnen.«

Ich blickte mich um, um zu sehen, ob die anderen ihre Augen verdrehten, was ich mir wegen Como verkniff, oder auch nur ein Anzeichen von Skepsis zeigten. Alle hier, einschließlich Phoebe, waren starr vor Ehrfurcht. Sarah hatte uns in Verlegenheit gebracht und angespornt, in der nächsten Woche unsere Hunde – mit der passenden Einstellung – mitzubringen. Sie trug uns auch auf, genügend kleine Leckereien mitzubringen – kleine Fleischwürfel, Käsewürfel oder Salami. »Etwas, das Ihr Hund wirklich mag«, erzählte uns die geschäftstüchtige Lehrerin, bevor sie uns entließ.

So viel zum feinkostfreien Programm, das Sally im Sinn hatte. Ich fragte sie auf der Heimfahrt, ob sie es für möglich hielte, dass alle Hundetrainer auch gleichzeitig Vertreter für Gütefleisch und Milchprodukte seien. »Irgendwie scheint das so«, räumte sie ein.

Die meisten, aber nicht alle Teilnehmer erschienen in der nächsten Woche mit ihren Hunden. Nur ein paar hatten sich offenbar von Sarahs Superdog-Labrador einschüchtern lassen. Die Atmosphäre war mit den ruhelosen, bellenden, keuchenden Hunden völlig anders. Es war die ganze Palette an Hunderassen vertreten, von einem übermütigen Border Collie über eine ängstlich aussehende Schäferhundmischung bis zu einem hübschen, braunweißen Cavalier-King-Charles-Spaniel, der genauso nachdenklich aussah wie seine Besitzerin, die allein hier war. Como suchte Sicherheit unter Phoebes Stuhl.

Sarah rief die Teilnehmer zur Ordnung und bat uns, uns und unsere Hunde vorzustellen. Einige der Hunde hoben den Kopf, als ihre Namen genannt wurden, und drückten sich aufgeregt an die Beine ihrer Besitzer. Como rührte keinen Muskel, als wir an der Reihe waren. Phoebe sprach für uns. »Schau mal, der ist echt hübsch«, sagte jemand in der Nähe. Ich spürte denselben irrationalen Stolz wie damals, wenn sich jemand über Phoebes Kinderwagen beugte und sich über ihr Aussehen ausließ. Hunde werden wie Kinder ein Symbol dafür, wer wir in der Welt sind. Ich konnte dies auch bei mir nicht verhindern.

Am Ende der Vorstellungsrunde marschierte Sarah durch den Kreis, begrüßte die Hunde einzeln und reichte den Besitzern einen Metallklicker. In der Woche zuvor hatte sie erklärt, man solle das gewünschte Verhalten eines Hundes mit einem Leckerbissen belohnen und gleichzeitig klicken. Schon bald würden die Hunde das Geräusch mit etwas Positivem verbinden, sodass das Klicken allein ausreiche, das gewünschte Ergebnis zu erzielen – sitz, steh, bei Fuß, hier. »Sie haben letzte Woche meinen Hund gesehen«, prahlte sie. »Er wurde mit dem Klickertraining erzogen.« Ich verstand nicht, warum ein Hund auf ein Klicken statt auf ein leckeres Stück italienischer Salami reagieren sollte, entschied mich aber, im Zweifelsfall für die Angeklagte zu stimmen. Schließlich war ihr Labrador eine auf perfekten Gehorsam eingestellte Maschine. Ansonsten legten wir einen ziemlich chaotischen Start hin, nachdem wir uns, mit unseren Leckerbissen und Klickern ausgestattet, im Raum verteilt hatten. Alle versuchten wir, unserem Hund ein komplexes Belohnungssystem beizubringen, während um uns herum ein ohrenbetäubendes Klicken tobte. Es war, als wollte man sich in einem Klassenzimmer voller riesiger Grillen konzentrieren. Como riss seinen Kopf verwirrt und beunruhigt hin und her. Ihn zum Sitzen oder Stehen zu bewegen war unmöglich. Die meisten anderen Hunde schienen es nicht besser zu können.

»Okay, das reicht. Stopp. Stopp!«, rief Sarah. Sie zitierte uns wieder auf unsere Plätze im Kreis. »Wir versuchen es etwas einfacher«, erklärte sie, als wären wir daran schuld, dass wir die Hunde zum Training mitgebracht hatten und uns bemühten, ihren Anweisungen zu folgen. Sarah bat ein Paar in gleicher Sportkleidung, ihren Boxer in die Mitte des Kreises zu führen. Dort ließ er unter Sarahs sorgfältigem, promptem Klicken und dank zahlreicher Leckerbissen sein Hinterteil auf Befehl auf den Boden plumpsen. Sarah blickte uns mit einer Mischung aus Triumph und Enttäuschung an. Warum könnten wir, schien sie zu fragen, nicht alle diese einfache Übung nachmachen? »Sie sehen, wie einfach das ist.« Sie ließ es wie eine Selbstverständlichkeit klingen statt wie eine Frage, bevor sie einen anderen Hund in den Kreis rief.

Como wurde an diesem Abend nicht aufgerufen, was wohl ganz gut war. Sein Ausdruck – an der Grenze zur Panik weit aufgerissene Augen – hatte sich nicht geändert. Ich konnte mir nicht vorstellen, dass er im Rampenlicht stehen wollte. »Er sieht aus, als hätte er gerade ein Verbrechen beobachtet, verweigert aber die Zeugenaussage«, flüsterte ich Sally zu. Phoebe warf mir einen bösen Blick zu. Comos Verhalten habe sie nicht entmutigt, wie sie uns auf dem Weg zum Wagen erklärte.

»Er wird's als Erster draufhaben«, versicherte sie uns. »Ihr werdet schon sehen. Nächstes Mal hat er's drauf.« Ich bewunderte ihre Geduld und ihren Glauben an den Hund, den sie ausgesucht hatte. Mir fiel auch etwas anderes zum ersten Mal auf: Sie waren sich sehr ähnlich, Como und sie.

Dies mochte der Grund sein, der ihn so anziehend für sie machte und sie sofort überzeugt hatte.

Als kleines Kind und selbst jetzt, im Alter von zwölf Jahren, wägte Phoebe vorsichtig und sorgfältig alle Möglichkeiten und Folgen einer Situation ab, bevor sie einen Schritt nach vorn wagte. Wir hatten uns schon früh Sorgen gemacht, dass sie hoffnungslos schüchtern sein könnte, ein erschrecktes Mauerblümchen, das so lange nicht hinausgeht, um mit anderen Kindern zu spielen, und sich im Unterricht nicht meldet, bis es sich des Ergebnisses vollkommen sicher ist. Aber wer kann schon wissen, wie sich eine Sache entwickeln wird? Das findet man nur heraus, wenn man etwas riskiert und seine Stärken und Grenzen erkennt. Doch wie Sally und ich im Lauf der Jahre gelernt hatten, hatte sich Phoebe trotz ihrer Angst und zurückgezogenen Art nicht hinter einem Schutzwall verschanzt. Sie war in ihrer eigenen, nach außen gerichteten Art sogar mit der sie umgebenden Welt stark verbunden. Sie sah Dinge, spürte Dinge, stellte sich Dinge vor, die sich außerhalb unseres eigenen Erwachsenenradars abspielten. Die Lehrer, die sie wirklich kannten, begriffen sie. Wie auch Jeanne, ihre beste Freundin, ein geselliges und impulsives Mädchen, das sich oft Phoebes stiller Halsstarrigkeit unterwarf, wenn es darum ging, wer das Sagen bei ihren Spielen und Unternehmungen hatte. Como war höchstwahrscheinlich genauso gepolt wie Phoebe.

»Glaubst du, dass das überhaupt funktionieren kann?«, fragte ich Sally, nachdem ich an diesem Abend meine Leselampe ausgeschaltet hatte. Sally war schon fast eingeschlafen.

»Dir ist schon klar, dass mein Wecker morgen früh um

sechs Uhr klingelt?«, fragte sie erschöpft, aber streng zurück.

»Tut mir leid, ich weiß. Ich hoffe nur, wir machen Phoebe nichts vor. Du weißt schon, ihre Hoffnungen mit dieser Hundeschule wecken, wenn Como es nicht packt.«

»Wenn, dann machen sie und der Hund uns etwas vor«, widersprach sie. »Ich glaube, sie sind uns in diesem Punkt weit voraus.«

Wahrscheinlich hatte sie recht, auch wenn ich nicht bereit war, diese Wahrheit zu akzeptieren. »Sarah würde ich am liebsten eine kleben«, sagte ich. »Sie tut so überlegen.«

»Ich glaube, sie macht ihre Sache ganz gut«, antwortete Sally ruhig. »Phoebe mag sie. Gute Nacht.«

Anscheinend hielt nicht jeder so viel von Sarah wie unsere Tochter. In der Woche darauf nahmen nur noch sieben Hunde teil, was den Kurs praktikabler machte. Wir saßen in einem engeren Kreis zusammen, und Sarah strahlte mehr Freundlichkeit und Vertrauen aus. Sie bat uns um den aktuellen Stand. Der Boxer und seine Besitzer kamen gut miteinander zurecht. Dem Border Collie gefiel das Klickern, doch sein Bedürfnis nach langen, sportlichen Spaziergängen erwies sich als schwierig. Schließlich war die alleinstehende Frau an der Reihe, uns von ihrem Spaniel zu erzählen.

Sie begann mit einem kräftigen Seufzen. Ihr Hund bellte ununterbrochen, sobald der Fernseher eingeschaltet war. Die Nachbarn beschwerten sich über den Lärm. Sie hatte Angst, aus der Wohnung geworfen zu werden. Doch die Hündin hörte nicht auf zu jaulen und zu bellen. Wir beugten uns vor wie die verständnisvollen Mitglieder einer Selbsthilfegruppe. Wir wollten den Schmerz mit ihr teilen.

»Die Sache ist die«, erklärte sie, »ich wohne allein. Der Fernseher leistet mir Gesellschaft, wenn ich von der Arbeit nach Hause komme. Die Sache geht mir wirklich an die Nieren.«

Sarah war wie verwandelt. Ihre schroffe, nüchterne Art verschwand, als sie die Frau und ihren Hund aufforderte, in den Kreis zu treten. »Wir kriegen das schon hin«, beruhigte sie die Frau und nahm ihr vorsichtig die Leine ab. »Wir finden eine Lösung.« Ihre Idee war, den Hund nach und nach an den Fernseher zu gewöhnen, und zwar mit einer Mischung aus Verstärkung beim Stillsein und festen, aber angemessenen »Auszeiten« fürs Bellen. Die drei – Sarah, die Hundebesitzerin und ihre Hündin – gingen in einem Rollenspiel ein Szenario durch, bei dem der Fernseher zunächst auf stumm und dann immer lauter gestellt wird.

»Schauen Sie, ob sie das fünf Minuten lang aushält«, ermunterte Sarah die Frau. »Belohnen Sie Ihre Hündin dafür, dann schalten Sie das Gerät ab. Etwa eine halbe Stunde später versuchen Sie es noch einmal. Während der Woche können Sie die Zeit verlängern.« Klicker spielten in dem Plan keine Rolle, wie ich merkte. Die Frau wirkte gleichermaßen dankbar, hoffnungsvoll und völlig erleichtert, als sie und ihr Spaniel sich setzten. Sie wischte sich eine Freudenträne ab, während sie nach unten griff, um den schlanken, glatten Hals ihrer Hündin zu streicheln.

Der therapeutische Austausch musste mich inspiriert haben. Als wir an die Reihe kamen, erzählte ich freimütig von all meinen Schwierigkeiten mit Como. Ich redete darüber, wie er abgehauen war, mich im Haus mied und ich gezwungen war, auf dem Bett – die Toilette erwähnte ich nicht – auf ihn zu warten, um mit ihm Gassi zu gehen. Der Besitzer des Border Collies, ein Mann über zwanzig mit lila Strähnen im Haar und einem Silberstecker im Ohr, unterdrückte ein Lächeln.

Bei mir ging Sarah mehr auf Konfrontation als bei der Besitzerin der fernsehphobischen Hündin. »Sie werden ihn mit der Hand füttern«, sagte sie. »Sie werden ihm Leckerbissen geben – natürlich auch die guten Sachen. Die leckersten, die Sie sich vorstellen können.« Das sollte ich zu Hause tun, gleich morgens und spätabends beim Spazierengehen, wenn ich ihn bei Fuß gehen oder an einer Straßenecke Sitz machen ließ. Ich würde unser eigener Vor-Ort-Jake werden und Como, mit anderen Worten ausgedrückt, mit Fleisch und Käse vollstopfen, so schnell ich konnte. Ich blickte zu Sally, die vor Beginn der Hundeschule ihren Widerstand gegen einen nahrungsmittelbasierten Lehrplan ausgedrückt hatte. Wir zuckten beide mit den Schultern. Immer wenn wir dachten, bei dem Hund eine Grenze zu ziehen, kam jemand oder etwas des Weges, um sie wieder einzureißen.

Nicht nur das Drama mit dem Fernsehhund und Sarahs geballten Marschbefehlen für mich hatten die Sitzung anstrengend gemacht. Selbst Phoebe, die Hunde lebte, atmete und träumte, sah leicht benommen aus, als sie aufstand, um sich ihren Pullover anzuziehen. Ich beschloss, meinen Glauben und guten Willen zu zeigen, indem ich Como höchstpersönlich zum Wagen führte. An der Tür holte mich Sarah ein.

»Terrier sind schwierig«, vertraute sie mir an. »Sie sind eigensinnig. So scheinen Sie ihn zu kennen. Aber wenn sie sich beruhigt haben, sind sie die angenehmsten, loyalsten und liebsten Hunde der Welt. Labradore natürlich ausgenommen«, fügte sie mit einem Lächeln hinzu und verpasste mir einen kräftigen Schlag auf den Arm. Sie war eine seltsame, schwierige Frau mit einer eindeutig herrischen Ader. Doch ich mochte Sarah und verstand, warum sie ihre Sache gut machte. Ihre Art, etwas direkt auf den Punkt zu bringen, was sie mit einem Mitgefühl tat, das sie direkt auf dem Ärmel ihres von Sabber befleckten T-Shirts zur Schau trug, war für einige Leute schwer zu akzeptieren. Ich wusste, ich würde nie so wie Sarah werden, doch ich hoffte, ich könnte in den kommenden Wochen etwas von ihr lernen. Im Moment beschloss ich, ihren Behandlungsmarathon für Como und mich einzuhalten, auch wenn dies bedeutete, weitere Überraschungen unter der Klavierbank wegzuputzen.

Irgendwann in dieser Woche arbeitete ich morgens an einer schwierigen Kolumne, deren Abgabetermin vor meinem geistigen Auge blinkte, als Como eine noch nie da gewesene Nummer abzog. Er schlich sich ohne Futterköder oder einen anderen sichtbaren Grund ins Arbeitszimmer. Während ich mit dem Rücken zur Tür auf den halb leeren Bildschirm starrte, hatte ich nicht bemerkt, wie er hereingekommen war und sich unter meinen Stuhl gelegt hatte. Erst als ich mich umdrehte, um ein paar Notizen aus dem Drucker zu nehmen, erblickte ich seinen Schwanz, der wie ein seltener, gefiederter Schatz neben dem Stuhl lag.

Ich war zunächst skeptisch, schrieb Comos Annäherungsversuch einem Phantomessensgeruch zu, den er wahrgenommen hatte. Aber ich war auch erstaunt, erfreut und, ja, durchaus geschmeichelt von seinem Besuch. Dies war ein wichtiger Moment, den ich nicht verpatzen wollte. Meine Schwester, die ihr Leben als Lehrerin und Professorin für

Erziehungswissenschaften verbrachte, erzählte mir einmal, dass Kinder oft am besten reagieren, wenn sie nicht gedrängt oder auch nicht zu viel beachtet werden, wenn sie sich frei und sicher fühlen, um von allein und zu ihren eigenen Bedingungen auf jemanden zuzugehen. Daran dachte ich, als ich auf meinem Stuhl saß und versuchte, die einladende Ruhe, die Como gespürt hatte, nicht zu zerstören. Ich stellte meine Füße genau an dieselbe Stelle wie vorher und rührte mich auf meinem Stuhl nicht vom Fleck. So vorsichtig wie möglich legte ich meine Hände wieder auf die Tastatur und versuchte, ein paar neue Wörter auf den Bildschirm zu zaubern. Ich wollte alles so sanft fließen lassen wie möglich, damit Comos seltsames Vorspiel völlig normal wurde. Ich tippte weiter. Der Hund rührte sich nicht. Ich machte sogar einen kleinen, echten Fortschritt an dem zähen Artikel, den ich schrieb.

Schließlich wagte ich nach zehn weiteren Minuten unseres empfindlichen Gleichgewichts einen Griff nach unten und berührte Como, um seine Anwesenheit im Arbeitszimmer anzuerkennen und zu begrüßen. »Sobald sie sich beruhigt haben ...« Das war der O-Ton aus Sarahs Terrierrede. Langsam, ohne mich über die Stuhllehne zu beugen und nach unten zu schauen, streckte ich meine Hand unter den Stuhl. Comos kühle, feuchte Schnauze strich sanft über meine Finger. Diese Stellung hielten wir eine Weile, bevor ich ihn unter seinem Kinn kraulte. Er ließ mich gewähren. Ich drängte nicht, sondern kratzte ihn hinter seinen Ohren. Keiner von uns gab ein Geräusch von sich. Ich kratzte weiter, obwohl mir irgendwann der Arm wehtat.

Como konnte unmöglich wissen, welcher Tag war. Doch in achtundvierzig Stunden würde unsere Dreißig-Tage-Vereinbarung mit dem Tierheim ablaufen. Sein Gefühl für Zeit hatte, wie so vieles andere, etwas Unheimliches. Vier Wochen nachdem er die Scharniere seiner Plastikbox durchgebissen hatte, um wie ein Einbrecher durchs Haus zu wandern und alle unsere Pläne zu durchkreuzen, hatte unser unbeständiger, verwaister Terrier ein Zuhause gefunden.

Als Sally am Nachmittag nach Hause kam, ging ich zu ihr in die Küche und erzählte ihr, ich hätte aufgegeben und eingelenkt. »Ich schätze, wir sollten ihn behalten, wenn das für dich in Ordnung ist.«

Wieder einmal war sie nicht sicher, ob sie richtig gehört hatte. Ich nickte bestätigend, als sie fragend ihre Augenbrauen hochzog. »Ach, Steven«, sagte sie grinsend, während sie den Hund auf den Arm nahm. »Du bist immer der Letzte, der es kapiert. Wir hätten ihn um nichts auf der Welt zurückgegeben.« Como blickte mir friedlich hinterher, als ich mich umdrehte und zurück an meinen Schreibtisch ging.

An einem der folgenden sieben Sonntagabende stellte Como zaghaft sein Können in der Mitte von Sarahs Teilnehmerkreis unter Beweis. Phoebe strahlte, als Sarah sie und ihren Hund dafür lobte, wie gut sie ihm einige der grundlegenden Befehle beigebracht hatte. Sally und ich wechselten uns ab, Phoebe und Como in die Hundeschule zu begleiten. Mir machte es Spaß, unserer Tochter und ihrem Hund bei der Arbeit zuzusehen, und ich nahm Anteil an seinen Fortschritten, so unregelmäßig sie sich auch zeigten. Er lernte einige Dinge, sein allgemeines Unbehagen seinen unberechenbaren Klassenkameraden und ihren Besitzern gegenüber legte er allerdings nicht ab.

Doch noch eine andere Sache trieb mich in die Hundeschule. Ich wollte wissen, wie die Frau und ihr Spaniel zurechtkamen. Was sie zu berichten hatte, war interessant. An manchen Abenden konnte der Fernseher eingeschaltet bleiben, während der Hund zufrieden auf ihrem Schoß saß. Andere Male, als sie sich einen Film ansah, um ihren langen Arbeitstag oder einen Mann zu vergessen, der sich nicht wie versprochen meldete – gut, diesen Teil konnte ich mir vorstellen –, begann der Hund wieder zu bellen. Mit steifen Beinen stand er dann mitten im Zimmer und bellte und jaulte, bis die Frau den Fernseher ausschaltete und vor dem Schlafengehen den Hund noch einmal ausführte.

Ich erkannte mich in dieser Hundebesitzerin und ihren Bemühungen mit einem schwierigen, einen zur Verzweiflung treibenden, fordernden Hund wieder. Nichts, was sie tat, schien richtig zu sein, was sie nur dazu verleitete, ständig etwas anderes zu tun. Es war der Widerstand des Hundes, der ihr so zu schaffen machte. Die beiden waren miteinander verflochten, die Frau, die mit ihrem lieben Haustier auf dem Schoß abends vor dem Fernseher entspannen wollte, und der Hund, der genau das nicht ertrug. Jeder könnte einen Hund lieben, der sich problemlos lieben ließ. Doch es waren die harten Fälle, die heiklen und verletzten Hunde, die ihre Besitzer immer wieder testeten, wie weit sie mit ihnen gehen konnten, was sie von ihnen verlangen konnten und wie groß ihre Bereitschaft zur Selbstaufgabe war, um eine Verbindung mit einem anderen fehlerhaften Wesen einzugehen.

Jede Woche kam Sarah mit neuen Vorschlägen für den fernsehhassenden Spaniel. Sie und die Besitzerin versuchten, das Futter zurückzuhalten, den Hund draußen vor der

Tür anzuleinen, während drinnen der Fernseher lief, das Gerät zu verschieben und den Bildschirm zur Wand zu drehen. Sie versuchten alles. Die Geschichte war am Ende des zehnwöchigen Kurses noch nicht zu Ende, eine unfertige Arbeit, deren Abschluss sich noch nicht abzeichnete.

»Ich habe schon mein ganzes Leben lang Hunde und arbeite beruflich seit zweiundzwanzig Jahren mit ihnen zusammen«, erzählte Sarah am Ende der vorletzten Stunde. »Man glaubt, man weiß eine Menge über sie, und dann passiert etwas, was einen auf den Boden der Tatsachen zurückholt. Aber das ist das Tolle an Hunden. Man weiß nie hundertprozentig, was in ihren Köpfen vor sich geht. Man weiß eigentlich nie, was einen erwartet.«

ELF

EIN LEBEN IN GESELLSCHAFT

Como wies in der Hundeschule des Tierschutzvereins keine Fehlzeiten auf und erhielt eine Bescheinigung, auf der ihm für die erfolgreiche Teilnahme an der Grundausbildung gratuliert wurde. Er hatte zwar nicht mit Auszeichnung abgeschlossen – sein Zeugnis wurde mit dem Vorschlag überreicht, ihn im Folgekurs mit dem Titel »Verhalten im Alltag« anzumelden –, hatte aber ein paar sinnvolle Befehle begriffen. Am bemerkenswertesten war, dass er auf Befehl stehen blieb.

Phoebe erwies sich als besonders geschickt darin, ihn auf der Stelle erstarren zu lassen. Am stolzesten war sie in der Hundeschule, als sie sich an die eine Seite des leeren Unterrichtsraums zurückzog, während er auf der gegenüberliegenden Seite stehen bleiben und auf ihren Befehl »komm« warten musste.

Dieses Schauspiel beobachtete ich mit einer Mischung aus Bewunderung und nervöser Sorge. Ich war stolz auf Phoebe, die mit Como die Übungen vor den anderen Teilnehmern aufführte, und froh, dass alles so gut klappte. Aber ich fühlte mich nicht wohl, Como in einem so großen, offenen Bereich ohne Leine zu sehen. Ständig behielt ich die beiden Türen im Blick, die immer wieder geöffnet wurden, weil die anderen Teilnehmer mit ihren Hunden hereinkamen oder hinausgingen. Eine Kleinigkeit hätte genügt, um Como zu erschrecken, dann wäre er durch die Tür geschossen wie ein geölter Blitz. Die Vorstellung, ihm in der Dunkelheit durch die fremden Straßen des Mission Districts hinterherzujagen, war unerträglich.

So froh, wie wir auch waren, ihn heil durch die Hundeschule bugsiert zu haben, nagte sein Triumph, allein sitzen geblieben zu sein, auch ein bisschen an mir. »Er hat ein perfektes Bild abgegeben«, erzählte ich Sally nach seiner hervorragenden Leistung. »Como ganz allein. Ist dir bewusst, dass er kaum was mit den anderen Hunden zu tun hat? Selbst dieser verrückte King-Charles-Spaniel mischt sich ansatzweise unter die anderen. Und dieser Boxer ist mit allen befreundet, außer mit Como.«

»Ja und?«, fragte sie. »Machst du dir um sein Sozialleben Sorgen?«

»Ja«, gab ich zu, »er muss mit anderen Hunden auskommen.«

Sally winkte ab und erinnerte mich an Lizzys Besuche. Sie war die quirlige, energiegeladene Zwergpudeldame, die Phoebes Freundin Marlena und ihren Eltern gehörte. Lizzy war so klein, dass sie in eine Handtasche passte, weswegen sie überallhin mitgenommen werden konnte. Wenn sie zum Abendessen kamen oder nach einem Fußballspiel noch kurz vorbeischauten, wurde Lizzy auf den Boden gesetzt, wo sie sich mit Como im gleichen Moment ein Wettrennen durchs Haus lieferte. Es war ein herrliches Schauspiel, wie es sich ein verrückter Choreograph oder ein Filmemacher einfallen lassen könnte.

Seite an Seite rannten die beiden Hunde im Erdgeschoss im Kreis, umrundeten den Kochblock in der Küche, sprangen über die Teppiche zwischen Ess- und Wohnzimmer und rannten nach oben. Es war weniger eine Jagd als vielmehr simultane Sportübungen, die durch den Kontrast zwischen Lizzys schwarzen Locken und Comos zotteligem, gebrochen weißem Fell noch eindrucksvoller wurden. Sie sprangen und umrundeten die Ecken gleichzeitig, nahmen die Haarnadelkurve am Fuß der Treppe und tauchten von oben gleichzeitig wieder auf, als wären sie miteinander verschraubt. Schließlich brachen sie keuchend neben dem Kamin zusammen und registrierten gelassen und zufrieden die Freude der Zuschauer.

All das war Lizzy gewohnt. Sie hielt sich regelmäßig in Parks auf, wo sie eifrig mit Hunden umhertanzte, die fünf Mal größer waren als sie. Gleichgültigkeit und Feindseligkeit ließ sie an sich abprallen und forderte einfach den Nächsten zum Spiel auf. Como dagegen war eine unvergleichliche Niete im Umgang mit anderen Hunden. Diejenigen, die ihn nicht erschreckten und keine Fluchtmechanismen in ihm auslösten, fertigte er kurz ab oder nahm sie kaum wahr. Es war peinlich, einem uns bekannten oder auch fremden Hundebesitzer zu begegnen, wenn Como seine Unterklassen-Nummer abzog. »Auf jeden Fall ist er wirklich hübsch«, sagten die Leute immer wieder, als wäre dies ein Ausgleich für seinen Hochmut. Ich glaubte, dass Como bestens in den »Verhalten im Alltag«-Kurs passte. Er benahm sich wie ein hündischer Bauer.

Teil des Problems war unsere strikte Abmachung, Como nie von der Leine zu lassen. Das hieß, dass Parks und sogar eingezäunte Hundespielplätze tabu waren. Wir konnten bei diesem Meister des Ausreißens einfach nicht genug aufpassen. Es gilt als allgemein akzeptiert, dass Hunde am besten mit anderen Hunden zurechtkommen, wenn sie die Freiheit haben, einander zu erkunden, ohne dass ihre Besitzer allzu viel eingreifen oder kontrollieren. Werden Hunde bei einer Begegnung an der Leine geführt, sind sie im wörtlichen und übertragenen Sinn eingeengt und können nicht ihr wahres Ich zeigen. Ein weiteres Problem war der Leinenwirrwarr. Como gehörte zu der Sorte Hund, die an der Leine zerrten und rissen, sobald sie verheddert war, was die Sache nur noch schlimmer machte.

Wann immer ich mich über dieses Verhalten aufregte, das er außer Haus an den Tag legte, sahen mich Sally und Phoebe perplex an und erzählten von ihren eigenen ereignis- und erfolgreichen Spaziergängen. Alle drei hatten in der Nachbarschaft Freundschaften mit anderen Hunden und ihren Besitzern geschlossen. Hatte ich den schlappohrigen Bassetwelpen nicht kennengelernt? Oder Nicky, den weißen Hund, wahrscheinlich ein Samojede? Como habe sie beide richtig gern, wurde mir mitgeteilt. Und auch Molly, eine schwerfällige, aber gefügige Bernhardinerhündin an der Ecke der Schule. Und was war mit Max und Willie, die uralten Labradore der sehr freundlichen Frau auf der Twelfth Avenue?

Sally, die frühmorgens mit Como spazieren ging, schaffte es sogar, den Widerstand unseres Hundes gegenüber Männern zu brechen. Einer gemeinsamen Sprache nicht mächtig, baute sie eine Lächelfreundschaft zu einem alten Russen auf, der um halb sieben morgens mit einem, wie sie ihn beschrieb, kurzhaarigen, mittelgroßen, schwarzen Hund unbekannter Rasse unsere Straße entlangschlenderte. Der Mann hatte Comos Zuneigung gewonnen, indem er ihm ohne Gegenleistung Leckerbissen aus seiner Tasche zuschob. »Du solltest es sehen«, schwärmte Sally. »Como erkennt ihn schon zwei Straßen im Voraus und wedelt wie verrückt mit dem Schwanz. Den Hund des Alten mag er auch.«

»Klingt großartig«, stimmte ich zu. »Aber ich glaube nicht, dass ich deswegen um halb sieben aufstehe. Abgesehen davon, ist das nicht eher Bestechung? Woher sollen wir wissen, womit ihn der Kerl füttert?« Vielleicht war ich bei diesem Thema überempfindlich. Mein eigenes, von Sarah vorgeschlagenes Handfütterungsprogramm hatte nicht den erwarteten durchschlagenden Erfolg. Wenn ich unser Training einmal nicht vergaß, kam Como angeschossen, schnappte sich, was auch immer ich ihm anbot, schlang es hinunter und verschwand wieder. Falls ich ihn dazu gebracht hatte, mich mehr zu mögen oder auch nur zu tolerieren, waren die Beweise dafür nicht gerade offenkundig.

Ich versuchte, unserem nun fest verwurzelten Familienhund gegenüber offen zu sein und optimistisch zu bleiben, was unsere Freundschaft betraf. Ich suchte bei jeder Gelegenheit nach Anzeichen des Fortschritts und der Ermutigung. Als positive Entwicklung konnte ich verzeichnen, dass er sich leichter an die Leine nehmen ließ. Ich musste nicht mehr ständig auf den Trick mit dem Bett oder der Toilette zurückgreifen, um ihn mir zu schnappen. Doch wenn wir hinausgingen, nahm die Verwirrung kein Ende.

Abhängig von seiner hochgradig unvorhersehbaren Laune, drängte Como manchmal die wenigen Straßenblocks hinauf, um sein Geschäft auf einem offenen Platz an der Twelfth Avenue unter einer Kiefer zu erledigen und dann schnell zurückzueilen. Doch genauso wahrscheinlich war, dass er die Gelegenheit nutzte, um entspannt zu promenieren. An diesen Tagen schnüffelte er an allen Baumstämmen, Büschen, Hydranten, Papierabfällen und getrockneten Kaugummis. Ich weiß nicht, ob diese faszinierenden Gerüche seine verborgene Rudeltiermentalität weckten, doch seine Neugier umfasste auch Passanten, die er nicht kannte. Der Hund, der nicht versäumte, in meiner Gegenwart sein Bedürfnis nach Einsamkeit kundzutun, war plötzlich das freundlichste, offenste Wesen im Viertel. Frauen, Männer, ein Mädchen, das in ihr Handy plapperte, zwei Jungs, die in ein intensives Gespräch über einen Rapper vertieft waren, selbst normalerweise Unheil verkündende Männer, die mit in die Tasche gerammten Fäusten über die Lawton Street marschierten oder einem Bus hinterherrannten, weckten sein Interesse. Hoffnungsvoll mit dem Schwanz wedelnd, die Ohren gespitzt, um ein freundliches Wort aufzuschnappen, lief er auf dem Bürgersteig in ihre Richtung.

Viele Menschen gingen vorbei, ohne Como zu beachten oder seine Begrüßung zu erwidern. Andere blieben stehen, bückten sich und hielten ihre Hand zum Schnüffeln hin. Mütter fragten, ob es in Ordnung sei, wenn ihre Kinder ihn streichelten. »Ach, der beißt nicht«, beruhigte ich sie. »Er ist sehr freundlich.« Ich stand dann daneben, ein schwaches Lächeln in mein Gesicht gemeißelt, während Como mit völlig Fremden einen auf dicke Freundschaft machte. Ich wusste, ich war griesgrämig und kleinlich, doch ich konnte meinen Ärger nicht ganz unterdrücken. Wie kam es, dass die vorbeiziehende Menschenmenge auf der Straße, Männer gleichermaßen wie Frauen, besser von Como behandelt wurde als ich? Könnte es wirklich sein, dass er, wie es schien, viel lieber mit einem x-beliebigen Menschen nach Hause gehen würde als mit mir? An keinem anderen

Ort kann ein Mensch mehr entehrt werden als in seinem eigenen Zuhause, dachte ich mit gallenbitterem Geschmack im Mund. Como verwandelte mich in einen grüblerischen Feld-Wald-und-Wiesen-Philosophen.

Ein Paar, das zu einem längeren Gespräch stehen blieb, wollte wissen, zu welcher Rasse Como gehörte, was wir ihm fütterten und wie oft wir am Tag mit ihm rausgehen mussten. Die beiden überlegten, sich einen Hund anzuschaffen, und wollten so viel in Erfahrung bringen wie möglich.

»Tun Sie es nicht«, platzte es aus mir heraus. Die Frau blickte mich verblüfft an, senkte den Blick zu Como und trat einen Schritt zurück. Ich sah ihr an, dass sie überlegte, ob ich durchgeknallt war.

»Was meinen Sie damit?«, fragte mich ihr hartnäckigerer Partner.

»Ach, das habe ich nicht so gemeint«, wehrte ich ab, ohne auf die näheren Hintergründe einzugehen. Como war ein hübscher Hund mit einem gewinnenden Wesen. Er hatte das Paar veranlasst, stehen zu bleiben und sich zu unterhalten. Mehr nicht. Es gab keinen Grund, ihr sonniges Leben zu verfinstern. »Sie werden es ganz toll machen«, sagte ich. »Sie werden einen tollen Hund finden und eine tolle Zeit mit ihm haben. Sie werden ein tolles Leben haben. Hunde sind echt was Tolles.« Jetzt nahm der Mann seine Freundin an der Hand und zog sie fort. Sie hatten mehr, aber auch weniger von mir erfahren, als sie gehofft hatten. Ich benahm mich echt wie ein toller Spinner.

Wenn wir anderen Hunden begegneten, verfügte Como über eine gleichermaßen unvorhersehbare Bandbreite an Reaktionen. Manchmal schlich er vorbei, ohne sie eines Blickes zu würdigen, andere Male duckte er sich, den Schwanz zwischen die Hinterbeine geklemmt, und nutzte mich als Schutzschild. Wenn er sich entschied, sich einem anderen Hund Schnauze an Schnauze oder Schnauze an Schwanz anzunähern, war ich immer nervös, wie die Sache ausgehen würde.

Laut Expertenmeinung sendete ich damit genau die falsche Botschaft. Weil Hunde sehr feinfühlig sind, spüren sie die Nervosität des anderen, den Druck am anderen Ende der Leine, die leiseste Anspannung in der Stimme. All das war mir bewusst, doch ich konnte nicht verhindern, dass ich diese Signale meiner Unsicherheit aussandte. Ich wusste nie, ob Como in Panik geriet und sich die beiden Leinen hoffnungslos verhedderten, ob er in seiner hinterhältigen Weise aggressiv wurde oder einen seiner seltenen, aber bedrohlichen Knurrlaute ausstieß und sich vom Acker machte. Deswegen hielt ich ihn lieber auf Abstand zu anderen Hunden, auch wenn dies hieß, die Straßenseite zu wechseln und so zu tun, als kümmerten mich der sich nähernde Hund und sein Besitzer nicht. In diesen Momenten fuhr Como alle Antennen aus. Während er mit mir in die eine Richtung ging, drehte er den Kopf nach hinten, um den anderen Hund im Blick zu behalten – und schnurstracks gegen den Bordstein oder einen Briefkasten zu rennen. Einmal knallte er so heftig gegen die Radkappe eines Toyotas, dass seine Hundemarken wie eine Zimbel klimperten. In einem anderen Leben hätte er Stummfilmstar sein können, wo er Charlie Chaplin, Buster Keaton oder Harold Lloyd in einer Nebenszene die Schau gestohlen hätte.

Gewöhnlich zog ich es vor, dass er sich zu Hause vergnügte. Außer auf die Besuche von Lizzy, die wahrscheinlich seine beste und vielleicht einzig wahre Hundefreundin war, schien er sich zu freuen, wenn das Mutter-und-Sohn-Gespann von nebenan vorbeikam, Jessie und Riley, die beiden Welsh-Springer-Spaniel. Schon damals, vor der Ära Como, hatten sie das Haus mit einer unbändigen Energie erfüllt. Jetzt wirkten sie im Vergleich zu unserem kleinen, kompakten Terrier riesig, doch sie nutzten ihre Größe nicht, um ihn einzuschüchtern. Sie begrüßten Como mit wedelnden Schwänzen und zuckenden Schnauzen, bevor sie auf der Suche nach etwas Fressbarem oder einem Abenteuer durchs Haus stürmten. Como ließ sich wie ein ehrfürchtiger jüngerer Cousin mitziehen, neugierig, welche Dummheiten Jessie und Riley als Nächstes anstellen würden. Manchmal hörte ich oben leises Scharren, oder es wurde etwas umgestoßen, woraufhin fern des Tatorts ein rascher Kampf ausgetragen wurde.

»Was ist passiert, Phoebe?«, riefen Sally oder ich. »Alles in Ordnung da oben?«

»Ja, alles in Ordnung.«

Es war immer alles in Ordnung. In den Augen unserer Tochter traf Hunde nie eine Schuld. Sie brachten nur Freude und Zufriedenheit in die Welt. Im Falle von Riley, den ich mittlerweile von seiner stärker gemusterten Mutter unterscheiden konnte, stimmte ich zu. Seine träge, einfältige Art hatte etwas Unwiderstehliches für mich. Einen Hund wie ihn zu haben wäre so einfach gewesen. Ihm bräuchte man nur Futter und Wasser hinzustellen, den Pestosalat außer Reichweite aufzubewaren und ein paar Mal am Tag mit ihm Gassi zu gehen. Im Gegenzug dazu erhielt man die Zuneigung und Unterwürfigkeit eines Tieres, das sein Leben allein nach seinem Appetit ausrichtete. Como war im Vergleich dazu ein schwieriges psychologisches Rätsel, ein wirres Puzzle aus Phobien, Impulsen, plötzlichen Anfällen, Phasen, in denen er umgänglich war, und dem Trieb, alle ihm gesetzten Grenzen zu überwinden und abzuhauen.

Eines Morgens, als uns die Nachbarshunde einen Besuch abstatteten, kam Phoebe aus ihrem Zimmer herunter, während ich mit Riley kämpfte. Der Hund war so groß und kräftig, dass ich beide Arme um seinen Hals legen, ihn hin und her zerren und die Pfoten unter ihm fortstoßen konnte, sodass er auf den Boden knallte. Riley sprang dann sofort wieder auf, weil er noch nicht genug hatte. Phoebe beobachtete mich eine Weile von der Tür aus.

»Daddy, magst du Riley mehr als Como?«, fragte sie.

Ich ließ Riley los und erhob mich. »Nein, natürlich nicht, Schatz«, antwortete ich. »Wie kommst du darauf?«

»Na ja, du spielst mehr mit ihm als mit Como.«

»Como mag doch gar nicht mit mir raufen«, erwiderte ich. »Ich albere mit dem Kerl hier doch nur ein bisschen herum.« Riley blickte, einen silbernen Speichelfaden an seinen Lefzen, erwartungsvoll zu mir auf.

Ich überlegte, das Thema zu wechseln, beschloss aber, dass dies einer jener Momente war, den Eltern nicht verstreichen lassen sollten. »Setz dich kurz hin, Skidge«, forderte ich sie auf. Sie hockte sich unverbindlich auf die Armlehne des Sofas. Riley legte sich auf den Teppich, um ebenfalls meinen Worten zu lauschen.

In dem Versuch, die Sache nicht zu übertreiben, erzählte ich Phoebe, wie schwer es manchmal für mich sei, wenn Como Abstand zu mir hielt. Ich erinnerte sie daran, dass das Tierheim vermutete, Como wäre eventuell von einem oder mehreren Männern schlecht behandelt und vielleicht sogar geschlagen worden. »Das heißt aber nicht, dass ich ihn nicht mag und nicht möchte, dass er mich mag. Ich weiß, er mag dich und Mami. Bei mir braucht er vielleicht etwas länger. Aber wir haben doch schon große Fortschritte gemacht. Er geht doch jetzt ohne weiteres mit mir spazieren.«

Phoebe schwieg eine Weile, bevor sie antwortete: »Ich hoffe, du versuchst es wirklich. Ich schaue lieber nach, was Como und Jessie anstellen. Ich fürchte, sie haben meine Beanie Babies entdeckt.«

Unsere Tochter war kein sorgloses, hundenärrisches Kind mehr, das als Vegetarierin aufwachsen und ihr gesamtes Leben der Pflege bewundernswerter, kleiner Welpen widmen wollte. Sie hatte andere Interessen: Lesen, Klavierspielen, Fußball. Sie kam in der Schule gut zurecht, mochte aber auch einkaufen und mit ihren Freundinnen telefonieren, E-Mails schreiben oder chatten. Wenn sie sich zu einem ihrer Siebtklässler-Tanzveranstaltungen anzog, ihr Haar zusammenband und einen leicht glänzenden rosa Lippenstift auftrug, schien sie sich ins Teenageralter und noch darüber hinaus zu katapultieren. An diesem Tag spürte ich diesen Vorwärtsdrang in ihr, als sie nach oben ging, um nach den Hunden zu sehen. Sie hatte mich eindeutig und klar zurechtgewiesen, ohne zu schmollen oder unverschämt zu werden. Und sie hatte absolut recht.

Wenn Como und ich einen gemeinsamen Weg finden würden, dann nicht, indem ich ihn beherrschte und meinen Willen blind durchsetzte. Como gehörte nicht zu dieser Sorte Hund, und ich gehörte nicht zu dieser Sorte Hundebesitzer. Wir, Como und ich, seine Vergangenheit und meine, waren miteinander verbunden, und wie, das mussten wir gemeinsam herausfinden. Beide mussten wir aufeinander zugehen und uns auf halbem Weg begegnen. Beide waren gefordert, ich genauso wie er.

In den folgenden Wochen und Monaten klappte es nach und nach besser – nicht nur zwischen Como und mir, sondern für uns alle, während wir uns an ein Leben mit einem herausfordernden Hund anpassten. Como und ich gewöhnten uns daran, unser paralleles Leben in getrennten Räumen und zum Glück frei von weiteren größeren Zwischenfällen zu verbringen, während Sally und Phoebe ein immer engeres Verhältnis zu ihm aufbauten. Lammfromm und zahm, wenn er sich wohlfühlte, ließ er sich knuddeln, hochnehmen und von den beiden halten und blieb sogar auf Phoebes Armen wie ein Säugling auf dem Rücken liegen. Wenn er ganz gut drauf war, rannte er einfach so durchs Haus und reagierte auf seinen Namen, indem er den Kopf hochriss und mich oder Sally von oben bis unten anblickte. Er war wie ein Kind, das sich einen Spaß daraus machte, wenn sich die Welt in schwindelerregender Weise drehte.

Was die Themen Füttern und Spazierengehen betraf, stellten wir einen zuverlässigen Plan auf, bei dem sich unser sensibler Hund sicherer zu fühlen schien. Nachts schlief er auf Phoebes Bett – auf dem von mir und Sally war Zutritt verboten –, und er schien zu wissen, wer für welche Bereiche seiner Versorgung zuständig war. Wenn am Morgen Sallys Wecker klingelte, klimperten seine Hundemarken, wenn er sich schüttelte. Dann kam er ins Schlafzimmer, weil er wusste, dass sie mit ihm rausging und ihn fütterte. Der Mittagsspaziergang unterlag meiner Verantwortung, wenn ich zu Hause arbeitete. Sally übernahm ihn, wenn ich fort war. Phoebe ging mit dem Hund nach draußen, wenn sie aus der Schule kam. Er bekam sein Abendessen etwa eine Stunde vor uns. Ich war wieder für den letzten Spaziergang des Tages zuständig.

Nachdem wir alle Reisen verschoben hatten, beschlossen wir, es zunächst mit einem Wochenende zu riskieren, um unsere Familie und Freunde in Seattle zu besuchen. Sally hatte Como einer professionellen Hundesitterin, Marianna, vorgestellt, die sie in der Bibliothekszweigstelle in Sunset in ihrer Büchergruppe kennengelernt hatte. Die kleine Frau mit sonnigem Gemüt und einem Händchen für Hunde verstand sich auf Anhieb mit Como und er sich mit ihr. Ihr eigener Hund, ein australischer Schäferhund namens Onkel Indy, trat gelassen und onkelhaft auf. Ein kleiner Terrier würde es nicht schaffen, den Hund einer Frau, die ihr hübsches kleines Haus in der Nähe von Ocean Beach in ein angenehmes Hundemotel verwandelt hatte, aus der Ruhe zu bringen. Unser Wochenende in Seattle war wunderbar, auch wenn es die meiste Zeit regnete.

Erst als wir wieder zu Hause waren, erfuhren wir, dass sich Como von der Leine losgerissen hatte, um quer über den viel befahrenen Lincoln Boulevard zu rennen und in einem stark bewaldeten Stück des Golden Gate Park zu verschwinden. Marianna war bemerkenswert zuversichtlich gewesen und hatte Como mit einem Behälter voll mit geräuchertem Lachs verfolgt, aufgespürt und wieder an die Leine genommen. Ich hätte ihn mit einem geräucherten Wal nicht gefangen. Gott schütze die professionellen Hundesitter, dachte ich, als ich einen Scheck für Mariannas Dienstleistungen plus zwölf Dollar für die Reinigung des Teppichs ausstellte, auf den Como gepinkelt hatte. Für Marianna musste alles normal gewesen sein, da sie von

Como schwärmte und hoffte, ihn bald wieder in ihre Obhut nehmen zu können.

Im Sommer 2004 waren Sally und ich schon längst reif für ein bisschen Zeit für uns beide. Meine Lobbyarbeit zielte auf ein Ehepaar-Wochenende in Napa oder Sonoma, wo ich mir leckere Abendessen, eine stattliche Menge an Wein und zwei Frotteebademäntel vorstellte, in denen wir nach dem Schwimmen ins Zimmer watschelten.

Sally blockierte meinen Vorschlag mit der Idee einer hundefreundlichen Pension in Carmel Valley, die ihre Freundin Denise empfohlen hatte.

»Wir nehmen Como mit?«, vergewisserte ich mich, ohne meine Enttäuschung zu verhehlen.

»Marianna ist ausgebucht«, verteidigte sie sich. »Und außerdem glaube ich, dass es lustig wird. Wir werden mit ihm wandern gehen. Er muss sich an neue Orte gewöhnen. Denise sagt, sie machen dort sehr gutes Frühstück.«

»Ja was, wir gehen nur wegen des Frühstücks dorthin?« Das Wein-und-Bademantel-Wochenende löste sich vor meinen Augen in Luft auf, wurde ersetzt von Orangensaft und lebensqualitätssteigernden Maßnahmen für Como. Sally muss meinen Stimmungsabfall bemerkt haben. Ihr Friedensangebot bestand in einem Kuss, der versprach, dass wir uns mehr miteinander und nicht nur mit dem Hund beschäftigen würden.

Wir fuhren am Freitagnachmittag los, blieben in San José im Verkehr stecken und erreichten die Pension, als alle Restaurants in der Gegend bereits geschlossen hatten. Comos Hungergelüste wurden in der Eingangshalle mit einer Willkommensschüssel voller Hundeknochen und einem Wasser- und Futternapf auf dem Zimmer gestillt. Nach einem kurzen Palaver meinerseits, weil wir hungrig zu Bett gehen mussten, schaltete ich den Gaskamin ein, zog mir meinen Bademantel an und dachte über Eier und Toast nach. Sally drehte das Feuer wieder runter, machte sich bettfertig und schlug vor, dass ich meinen Bademantel ausziehen sollte, als sie neben mir ins Bett schlüpfte. Wir schliefen tief und fest und so lange, ohne vom Hund gestört zu werden, dass wir beinahe das Frühstück verpassten.

Am Samstagnachmittag fuhren wir zu einem Wanderweg und wanden uns von dort aus zu einem Kamm oberhalb eines Tals. Der Weg führte über eine satte Wiese, überquerte ein Bachbett und erhob sich in kühlere, von der Sonne gesprenkelte Wälder. Dort ließ Sally die Leine unseres Hundes los, der uns voraus den Weg entlanghuschte.

»Was machst du da?« Schon rannte ich los und trat mit dem Fuß auf die Leine. Comos Kopf zuckte von dem Blätterhaufen hoch, den er gerade erforschte.

»Lass ihn ruhig los«, sagte Sally. »Er wird bei uns bleiben. Vertraue mir.«

»Nicht dir muss ich vertrauen, sondern ihm«, widersprach ich.

Irgendwie konnte ich die rechte Überzeugung nicht aufbringen. Wir verbrachten ein wunderschönes, ruhiges Wochenende. Unter uns erstreckte sich das Tal. Eine leichte Brise raschelte durchs trockene Gras, als wir den Hügelkamm erreichten. Ein Falke drehte träge seine Kreise über unseren Köpfen.

Und Sally hatte recht. Auch wenn Como manchmal fünfzig Meter vor uns lief, hin und wieder um eine oder zwei Ecken auf unserem Weg verschwand, haute er nicht ab, sondern blieb oft direkt bei uns. Sally und ich unterhielten uns über die Bücher, die wir lasen, wägten unsere Möglichkeiten fürs Abendessen ab und fragten uns, was Phoebe wohl trieb. Eine Weile konnten wir Como sogar vergessen.

»So ist das also, wenn man einen normalen Hund hat«, stellte ich fest.

»Was meinst du damit?«

»Dass man nicht jede Minute aufpassen muss. Dass der Umgang mit ihm langsam zur Selbstverständlichkeit wird.«

»So wie mit mir?«, neckte mich Sally und legte einen Arm um meine Taille.

Como wartete wie auf Kommando höflich auf uns, als wir um die nächste Ecke bogen. In der Nähe des Parkplatzes nahmen wir wieder seine Leine auf, die Sally an der Pension erneut losließ, als wir unsere Sachen aus dem Kofferraum luden. Müde und zufrieden nach der Wanderung waren wir in eine Routine verfallen, als würden wir solche Wochenendtrips regelmäßig veranstalten.

»Wo ist er?«, fragte ich, als ich alles aus dem Kofferraum ausgeladen hatte und ins Zimmer gehen wollte.

»Ich dachte, er wäre bei dir.« Manchmal hatte unsere mangelhafte Kommunikation nichts damit zu tun, ob ich sie gehört oder missverstanden hatte.

Mein Magen begann sich zu drehen, als ich hinter Sally sah, wie Como, die Leine noch immer hinter sich herziehend, vom Parkplatz und über die Straße huschte. Instinktiv rannten wir beide los. »Stopp!«, hielt Sally mich auf, weil sie spürte, dass ich Como nur in Panik versetzen würde. »Lass mich das machen.« Ich ging bis zur Straße weiter und blickte ihr und Como nach. Sie überquerten einen Spielplatz und verschwanden in einem Wohnviertel. Zwanzig Minuten später brachte sie ihn zum Parkplatz zurück.

Sie erzählte nicht, was passiert war, aber das war auch nicht nötig. Unser Traum von einer Welt mit einem wohlerzogenen Hund war geplatzt. Den Rest des Wochenendes behielten wir Como an der Leine.

Etwa einen Monat später traf uns der nächste nur allzu vertraute Schlag, als Sally gegen Abend vom Einkaufen nach Hause kam. Ich war oben und zog mich fürs Theater um. Als ich nach unten kam, rannte Como zur Tür, die Sally hatte offen stehen lassen, um die Einkaufstüten hereinzubringen.

»Hey! Pass auf!«, versuchte ich sie zu warnen. Zu spät. Como war bereits bis zum Bürgersteig gerannt. Dieses Theaterstück wollte ich mir nicht mit ansehen, geschweige denn noch einmal darin mitspielen. Vielleicht war es Sallys Fehler, weil sie die Tür nicht zugemacht hatte, doch es war auch gut, dass Sally da war. Mit ihren Überredungskünsten und ein paar Kartoffelchips, die sie aus einer der Einkaufstüten holte, konnte sie Como wieder einfangen.

»Warte«, schnauzte ich, als sie ihn hereintrug. »Setz ihn ja nicht ab, bevor ich wieder drin bin.« Ich benahm mich wie ein Unteroffizier, der seinen Soldaten Befehle erteilte, und ging hinaus, um die restlichen Einkäufe hereinzuholen. Am Schluss verriegelte ich die Haustür hinter mir.

»Darf ich ihn jetzt runterlassen, Sir?«, fragte Sally ausdruckslos.

»Sehr lustig. Die nächste Katastrophe wäre vorprogrammiert gewesen.«

Sobald sie Como auf den Boden gesetzt hatte, rannte er durchs Wohnzimmer und versteckte sich unter dem Esstisch. Ich folgte ihm, um zu sehen, was ihn so verrückt machte. War er während seiner kurzen Flucht in einen Ast getreten? Durchlebte er ein früheres Fluchttrauma? Was auch immer es war, er legte keinen Wert darauf, dass ich es herausfand. Sobald ich um den Kochblock herum auf den Tisch zukam, rannte er in die entgegengesetzte Richtung und die Treppe hinauf.

»Mann, das ist ja super!«, stöhnte ich und sank auf die gepolsterte Bank am Küchentisch. »Jetzt fängt alles wieder von vorn an.« Sally räumte die Lebensmittel weg und setzte sich zu mir an den Tisch. Sie stritt nicht mit mir, sondern blickte mich mitfühlend an. Eine Weile blieben wir schweigend sitzen, bis sie wieder aufstehen wollte, um einen Stapel Papiere durchzusehen.

»Sind die neu?«, fragte sie, den Blick auf den Boden gerichtet.

»Was?«

»Deine Schuhe. Hast du die schon einmal angehabt?«

»Nein, warum?« Beide blickten wir zu den glänzenden, schwarzen Anzugschuhen, die ich vor ein paar Monaten gekauft und bis zu diesem Abend vergessen hatte.

»Das könnte es sein«, überlegte Sally. »Er hat Angst vor den Schuhen. Sie müssen ihn an etwas erinnern.«

Da wir seit fast einem Jahr mit Como zusammenlebten, hatte ich keine Probleme damit, ihre Theorie auf die Probe zu stellen. Ich zog meine Schuhe aus und ging hinauf, um den Hund zu suchen. Er lag in Habtachtstellung am Fußende von Phoebes Bett, blieb aber, wo er war, vielleicht, weil ich nur Socken trug. Ich legte mich neben ihn und streichelte ihn.

»Como, du bist ja so was von bescheuert«, stellte ich fest und drehte ihn auf den Rücken, um seinen Bauch zu kraulen. »Diese Schuhe haben hundertvierzig Dollar gekostet, und wegen dir kann ich sie nur fünf Minuten anziehen. Vielleicht kann ich sie noch umtauschen, wahrscheinlich aber nicht, weil es zu lange her ist.«

Como liebt es, sich den Bauch kraulen zu lassen, doch aus irgendwelchen Gründen bekommt er, wenn er auf dem Rücken liegt, einen Niesanfall. So auch jetzt. Er drehte sich um und sprang vom Bett. Ich blieb noch einen Moment liegen und betrachtete mir die Unordnung aus herumliegenden Kleidern, Büchern und Papieren in Phoebes Zimmer und bedauerte, hundertvierzig Dollar offenbar zum Fenster hinausgeworfen zu haben. Im Moment konnte es noch niemand wissen, doch schon bald würde diese Summe, die auf Comos Konto ging, eine Kleinigkeit sein im Vergleich zu dem, was uns noch erwartete.

ZWÖLF

DER AUSREISSER

Das Klopfen und rhythmische Schlagen begann morgens kurz nach acht. Als die Schlaginstrumente einen Moment nachließen, kam es aber noch schlimmer – ein schrilles Motorengeheul und ein tiefes, mahlendes Grummeln, ein Quietschen, als Latten und Gipskarton von Wandbolzen gerissen wurden, ein heftiger Schlag, als etwas Schweres auf den Boden fiel. Die derben Sprüche von Männern wurden untermalt vom Klirren zerbrechenden Glases und ergänzt von dem aggressiven Geplapper eines Radiosenders.

Es war der 11. Januar 2005. Auf den Tag genau lebte Como sechzehn Monate bei uns. Der Hund und ich hatten uns in mein Arbeitszimmer verschanzt und die Tür fest hinter uns verschlossen. Am Ende des Flurs demolierten vier Männer unser Badezimmer und warfen den Schutt auf die Straße hinaus. Wir hatten den Umbau bereits ein Jahr zuvor beginnen wollen, ihn während Comos langer Eingewöhnungsphase jedoch verschoben. Sally, Phoebe und ich waren zu dem Schluss gekommen, dass genug Zeit vergangen war, und hatten, wie wir vermuteten, die geeigneten Vorsichtsmaßnahmen getroffen, um Como in Sicherheit zu bringen. All das war mit dem Bauunternehmer und seiner Mannschaft besprochen worden, einer auffallend lauten, aber freundlichen Truppe.

»Wir müssen dafür sorgen, dass der Hund im Haus bleibt«, hatte ich Manny, den stämmigen Vorarbeiter, ermahnt. »Das ist das Einzige, was zählt. Er darf nicht in eure Nähe kommen, dann kriegen wir ihn schon in den Griff, wenn er ausflippt. Aber er darf auf keinen Fall abhauen.«

Der rothaarige und rotgesichtige Manny hatte seine dicken Unterarme verschränkt, von denen jeder so groß wie Como war, und versucht, ein besorgtes Gesicht zu machen. Es war Nachmittag gewesen, am nächsten Tag sollten die Arbeiten beginnen. »Kein Problem«, hatte Manny gesagt, aber kaum seine Ungeduld angesichts dieser Haustierangelegenheit verbergen können. Er hatte mich durchs Haus geführt und mir gezeigt, welche Barrieren angebracht oder verwendet werden sollten – eine im Flur in der Nähe des Arbeitszimmers, eine andere in der Esszimmertür. »Diese hier bleibt zu«, hatte er gesagt und die Schiebetür zum Wohnzimmer zugezogen. Diese Tür hatten wir in den vergangenen Jahren so selten benutzt, dass sie in Vergessenheit geraten war. Ich hatte dem Plan zugestimmt und mich von Manny bis zum nächsten Morgen verabschiedet.

Manny und seine Jungs hielten Wort. Große, mit Farbe verschmierte Sperrholzbretter, die hoch genug waren, um Comos Sprünge zu vereiteln, und dick genug, damit er sie nicht durchbrechen konnte, wurden wie versprochen eingesetzt. Die Schiebetür wurde zugezogen. Doch Como und ich gingen kein Risiko ein. Nachdem ich ihn hinausgeführt hatte, damit er die Mannschaft begrüßen konnte, zogen wir uns ins Arbeitszimmer zurück. Como kam besser mit dem Lärm und dem Durcheinander zurecht, als ich gedacht hatte. Einen Moment lang bezog er Stellung vor der Tür, die Augen weit aufgerissen, dann zog er sich unter Sallys Schreibtisch zurück, drehte sich ein paar Mal im Kreis und rollte sich auf einem der weichen, weißen Hundebetten zusammen, die wir im ganzen Haus verteilt hatten. Mit einem tiefen Seufzer täuschte er vor zu schlafen. Nach ein paar Minuten, in denen ich Mails beantwortet und hin und wieder nach Como geschaut hatte, griff ich zum Telefon, um termingerecht einen Theaterregisseur an der Ostküste zu interviewen.

Das Gespräch dauerte länger und erwies sich als produktiver als erwartet. Während ich mit dem Regisseur am anderen Ende lachte, vergaß ich das Chaos im Badezimmer und den sich schlafend stellenden Hund unter dem Schreibtisch. Ich hätte bedenken müssen, dass der Aufruhr im Haus mit Como nicht so glatt über die Bühne gehen würde, wie es den Anschein hatte. Ich hätte bedenken müssen, dass ihm vier fremde Männer, die durchs Haus polterten und einen ganzen Raum demolierten, auf die Nerven gehen würden. Ich hätte daran denken müssen, die Tür zum Arbeitszimmer hinter mir zuzuziehen, als ich nach dem Telefonat in die Küche ging, um mir einen Tee zu kochen. All das hätte ich wissen und bedenken müssen, sagte ich mir am Ende des Tages immer wieder. Ich kannte Como. Ich hätte es wissen müssen.

Was ich nicht wusste, war, dass Como, als ich in der Küche wartete, bis das Wasser kochte, und auf den Lärm lauschte, heimlich aus dem Arbeitszimmer geschlichen war und leise das Haus auskundschaftete. Ich wusste auch nicht, dass Manny kurz zuvor ins Haus gekommen war, um mir etwas über den Müllcontainer vor dem Haus zu erzählen, aber gehört hatte, dass ich telefonierte, und wieder hinausgegangen war. Ich wusste auch nicht, dass er oder einer seiner

Männer die Schiebetür einen Spaltbreit hatte offen stehen lassen. Und ich wusste nicht, dass die Arbeiter die Haustür aus den Angeln gehoben hatten, um den Schutt leichter hinaustragen zu können.

Bald schon würde ich wissen und sehen, wie genau all diese entscheidenden Einzelheiten ineinandergriffen und jedes Teil ein wichtiges Glied in einer Kette von Ereignissen darstellte, die ihren Lauf nahmen. Doch in dem Moment starrte ich ins Leere und dachte nur an den Anruf, der mir bevorstand. Das Wasser kochte. Die elektrische Teekanne schaltete sich mit einem Klick aus. Als ich den Tee in meine Tasse einschenkte, hatte ich das Gefühl, jemand hätte mir eine kalte Hand in den Nacken gelegt. Ich hatte eine Vorahnung. Mir wurde bewusst, dass ich die Tür zum Arbeitszimmer nicht geschlossen hatte. Und ich wusste, das war nicht gut.

»Como«, rief ich mit meiner fröhlichsten Stimme. Kindische Hoffnung erfüllte mich für einen Moment. Wenn ich ihn so lieb wie möglich rief, würde er zu mir kommen, und alles wäre gut. »Como, wo steckst du?«, gurrte ich. »Komm schon, mein Junge.« Ein kräftiger Schlag eines Werkzeugs auf die Badewanne hallte durchs Haus. Jemand fluchte, jemand lachte. Die Stimme im Radio schimpfte, allerdings über die Einwanderungspolitik. »Como! Como? Hier, Como. CO-mo.« Mit schwindender Hoffnung kehrte ich durch die offene Tür zurück ins Arbeitszimmer. Ich sah unter dem Küchen- und Esszimmertisch nach und ging weiter ins Wohnzimmer. Ein Hauch kalter Winterluft drang von draußen durch die fehlende Haustür und die nicht ganz geschlossene Schiebetür herein. Das war Comos Fluchtweg.

Ich öffnete die Schiebetür noch ein Stück weiter und trat

hinaus, um selbst nachzusehen. Genau wie bei seinem ersten Ausbruch, kurz nachdem wir ihn bekommen hatten,
lungerte Como auf dem Bürgersteig herum. Diesmal ver-
mittelten seine Haltung und sein Ausdruck etwas Zögern-
des, Wehmütiges, das zu sagen schien, dass er die Schwierigkeiten bedauere, die er uns gleich bereiten werde, aber
keine andere Wahl habe. Wir hatten für Lärm und Chaos
gesorgt und fremde Männer ins Haus geholt. Was blieb
ihm anderes übrig, als zu fliehen?

»Ist das Ihr Hund?«, rief Julio, der jüngste Arbeiter, vom
Müllcontainer aus, in den er die Überreste unseres Bade-
zimmers quetschte. »Ich ihn holen für Sie.« Mit einem weißen Maleroverall bekleidet, kauerte er auf dem Müllberg
und sah aus wie die Bauarbeiterversion eines Engels. Einen
Augenblick dachte ich, er könnte uns mit einem kräftigen
Sprung aus der Patsche helfen und Como schnappen. Vielleicht hätte es geklappt. Doch ich versuchte, rational zu denken, und kalkulierte Comos Geschwindigkeit und sein Misstrauen Männern gegenüber ein. Also würde ich es selbst tun
müssen.

»Nein! Nicht!«, rief ich zurück. Julio warf mir einen seltsamen Blick zu. Es mochte an der plötzlichen Dringlich-
keit in meiner Stimme gelegen haben, die seinen Kopf ein
zweites Mal in meine Richtung schnellen ließ. Eher wahrscheinlich war, dass es an dem lag, was ich anhatte, während
ich versuchte, die Situation von der vorderen Veranda aus
in den Griff zu bekommen – einen dunkelblauen Bademantel und, so weit er sehen konnte, weiter nichts.

»Sind Sie sicher, *amigo?* Ich bin ziemlich gut mit Hunden.«

»Nein!«, wiederholte ich und ging barfuß die Stufen hinunter, musste aber auf die Holzsplitter, Linoleumabfälle, Nägel und Schrauben achten. Como hatte sich noch immer nicht sehr weit entfernt. Er beobachtete die Szene vom Baum vor Pams und Cheryls Haus aus.

»Como, was meinst du? Gehen wir wieder rein? Da drin warten ein paar leckere Sachen auf dich.« Ich war mir dessen nicht ganz bewusst, doch ich musste versucht haben, den witzigen Ton der Arbeiter nachzuahmen, damit der Hund sich als Teil der Szene fühlte. Es funktionierte nicht. Seine Ohren schnellten fragend, aber nur kurz nach oben, bevor er sich umdrehte und weiter zur Straßenecke trottete.

Vor gut einem Jahr hatten wir diese Szene schon einmal erlebt. Er ging Richtung Westen, genau wie damals, als uns der Samariter mit seinem Energieriegel gerettet hatte. Der Hund sah mich kommen, überquerte die Tenth Avenue und legte noch einen Zahn zu. Er mochte sich auf eine Neuinszenierung versteifen, doch ich verließ mich nicht auf eine Wiederholung der göttlichen Fügung. Das Gefühl, das ich im Haus gehabt hatte, meldete sich wieder, und zum zweiten Mal überlegte ich, Julios Angebot anzunehmen. Doch als ich zurückblickte, ging er bereits die Stufen zum Haus hinauf, um unser Badezimmer zu traktieren. Ich war auf mich allein gestellt.

Entschlossen, Como die Tour zu vermasseln und unsere alte Jagd zu beenden, bevor sie angefangen hatte, überquerte ich die Lawton Street und rannte los, um ihn auf der anderen Straßenseite zu überholen. Ich hatte die Hoffnung, irgendwann wieder die Seite wechseln und ihn überrumpeln zu können. Und wenn das nicht funktionierte, wäre ich zumindest in der Lage, ihn zum Haus zurückzutreiben. Ich versuchte, nicht daran zu denken, was ich trug – oder vielmehr nicht trug –, als die Menschen an mir vorbei zum Bus und zur Arbeit gingen.

Como schien keine besondere Eile zu haben. Er lief gemütlich schnüffelnd über den Bürgersteig und blieb an einer Backsteinmauer stehen, um kurz sein Bein zu heben. Bevor wir die Eleventh Avenue erreichten, war ich ihm ein ganzes Stück voraus und bereit, über ihn herzufallen. Den Verkehr als Deckung nutzend, schoss ich hinter einem blauen Flughafentransporter hervor. Como sah mich kommen, noch bevor ich den Bürgersteig erreicht hatte, wirbelte herum und rannte in die entgegengesetzte Richtung los.

Plötzlich verlor ich auch das bisschen Illusion, das mir geblieben war. Der Hinterhalt war mein bester Versuch gewesen, der auch beinahe funktioniert hätte. »Como! Como!«, rief ich. »Komm zurück, Como!« Keine Chance. Er rannte bis zur Lawton Ecke Tenth Street, wo er nach links abbog und den Hügel hinab Richtung Kirkham Street lief, statt nach Hause weiterzulaufen und sich vielleicht von Julio neben dem Müllcontainer auf wundersame Weise schnappen zu lassen. Es war neues Terrain für ihn, ein unvertrautes Stück Land voller Menschen und Autos im Berufsverkehr. Meine Füße platschten auf dem körnigen Asphalt, als ich losrannte. Wenn Como mich und mein Keuchen nicht hörte, dann spürte er sicherlich meine Panik – die ihn natürlich nur noch mehr antrieb. Die Kluft zwischen uns wurde immer größer. Ich rannte schneller. Er drehte sich um. Und rannte noch schneller.

»Como«, flehte ich keuchend. »Komm her.« Ich konnte kaum meine eigene Stimme hören. Sie klang wie im Traum, wenn man versuchte, nach Hilfe zu rufen, aber nur ein heiseres Flüstern über die Lippen kam.

Eine Reihe identischer roter Garagentüren, die ich nie zuvor gesehen hatte, spulten an mir vorbei. Mit grausamer Sicherheit wusste ich, dass ich Como nicht fangen und diese Sache nicht gut enden würde. Während ich meine Hoffnung aufgab und, so schnell ich konnte, auf Füßen weiterrannte, die ich kaum mehr spürte, verblüffte mich die unwirkliche, absurde Szene der vielen roten Tore. Ich sah mich vor diesen Toren, wie mich anständig angezogene Fremde auf der anderen Straßenseite sehen würden – als einen dreiundfünfzigjährigen Mann, der barfuß, ungekämmt und in flatterndem Bademantel einem harmlos aussehenden Hund nachrannte.

Der Moment verging, und mein Hirn schaltete sich wieder ein. Como schoss um die Ecke auf die Kirkham Street und setzte seinen Weg Richtung Westen fort.

»Hilfe!«, schrie ich, als ich ebenfalls um die Ecke bog und an der nächsten Kreuzung Leute auf mich zukamen. Der Hund rannte auf sie zu. »Helfen Sie mir, ihn zu fangen. Er gehört mir.« Wir nahmen ihn von zwei Seiten in die Zange, auf der dritten Seite befand sich eine Häuserreihe, auf der anderen standen parkende Fahrzeuge. Jemand – ein Mann oder eine Frau, so genau sah ich nicht hin – ging auf Como zu, der allerdings zwischen den parkenden Fahrzeugen hindurch auf die Straße floh.

Die Fahrerin des Geländewagens hatte keine Chance, ihn zu sehen. Sie traf ihn mit dem linken Vorderrad. Como jaulte auf, zuckte einmal kräftig und fiel auf die Seite. So schnell war alles vorbei. Er war tot. Ich wusste es. Ich rannte zu ihm, konnte aber den Anblick nicht ertragen. Ich hatte ihn unter dieses Auto getrieben. Er war tot – oder schlimmer noch, er lag im Sterben, weil ich faul und leichtsinnig war und nur diesen dämlichen Telefonanruf im Kopf gehabt hatte. Es war passiert, weil Manny oder welcher gedankenlose Idiot auch immer die Schiebetür nicht wieder verschlossen hatte. Oder weil der Hund wirklich Angst vor mir und ich es in all den Monaten nicht geschafft hatte, dass er Zutrauen zu mir fand. Und er hatte recht, wenn man sah, was ich angerichtet hatte. Ich dachte an Phoebe und Sally – ihre Gesichter, ihre Tränen –, schob aber diesen Gedanken beiseite. Ich musste mich konzentrieren. Ich musste tun, was noch möglich war. Ich durfte nicht durchdrehen oder in Schuldgefühlen und Selbstzerfleischung zergehen.

Como lag nur wenige Zentimeter vom Reifen des Geländewagens entfernt. Irgendwie hatte die Fahrerin es geschafft, ihn nicht vollständig zu überfahren. Oder sie hatte instinktiv den Rückwärtsgang eingelegt und Como zweimal überfahren. Oder er war abgeprallt. Ich versuchte zu verstehen, warum er nicht direkt unter dem Reifen lag. Ein losgelöster Teil in mir spielte Verkehrspolizist oder Richter, bevor mich der erschreckte, wütende, verzweifelte Teil überwältigen konnte.

Como, den Kopf auf den Boden gepresst und ein Auge wie ein Fisch, ohne zu blinzeln, starr geradeaus gerichtet, bewegte sich nicht. Doch er lebte noch, atmete so schnell, dass seine Flanken zitterten. Ich legte meine Hand darauf. Bei der Berührung sprang er auf und biss so schnell und so oft zu – in mein Schienbein, meinen Bademantel, meinen rechten Arm, meine rechte Hand –, dass ich keinen Schmerz spürte. Wenn ich etwas spürte, dann einen Anflug von Dankbarkeit und Erleichterung. Zumindest waren seine ihn schützenden Reflexe noch in Ordnung. Das war etwas, woran ich mich klammern konnte.

Ich muss noch mehr gesagt und getan haben, während ich neben ihm auf der Straße kniete. Weitere Zuschauer kamen und boten ihre Hilfe an, fragten mich, ob mit mir alles in Ordnung war, drückten leise ihr Mitgefühl aus, sagten, sie hätten alles mit angesehen. Doch viel bekam ich davon nicht mit. Ich wusste nur, dass Como noch atmete. Und dass er jetzt ebenfalls blutete, an seltsamen Stellen wie am Hals und der Schulter und einer Stelle neben seinem Schwanz. Ich wollte keine Zeit verlieren, hatte keine Zeit, zu überlegen, ob ein Tier im Schockzustand bewegt werden durfte oder nicht. Ich schob beide Hände unter ihn und hob ihn hoch. Er ließ es geschehen und wurde schlaff.

»Haben Sie ein Auto?«, fragte ich das erste Gesicht, das ich sah, eine Frau, die sich neben mir über den Hund gebeugt hatte. Sie nickte und führte mich auf die Beifahrerseite ihres Geländewagens. Erst als sie sich hinters Steuer setzte, kapierte ich: Sie war die Fahrerin. Wir saßen in dem Wagen, der Como angefahren hatte. Der Hund lag reglos auf meinen nackten Beinen. Er fühlte sich sehr warm an.

»Es tut mir so leid. Ich habe ihn nicht gesehen. Er ist direkt auf die Straße gerannt.«

Ich konnte sie nicht ansehen. »Der Tierarzt an der Ninth Avenue«, sagte ich nur. »Gleich wenn man vom Lincoln Way kommt.« Sie startete den Motor und fuhr los, während sie sich immer noch entschuldigte. »Es ist schon gut«, unterbrach ich sie ausdruckslos. Ich wollte, dass während der kurzen Fahrt zum Tierarzt Schweigen herrschte. Bis ich eine andere, junge Stimme im Wagen hörte.

»Wo ist der Wauwau? Was ist mit ihm?«

»Er ist hier vorn. Er liegt auf dem Schoß von dem Mann.«

»Warum?«

»Weil er mit ihm zum Hundedoktor gehen muss.«

»Warum?«

Wir bogen auf die Lincoln ab. Como hatte sich immer noch nicht gerührt, und das Kind auf dem Rücksitz wollte alles wissen, was passiert war und als Nächstes passieren würde. Wir waren nur noch einen Straßenblock vom Tierarzt entfernt. Schließlich blickte ich zu der Frau, die Como angefahren hatte und alles tat, was in ihrer Macht stand, um ihm und mir zu helfen. Sie litt unter der Situation. Ihr Gesicht war zusammengezogen und verschlossen, schweigend beugte sie sich übers Lenkrad, drängte die Autos vor ihr, schneller zu fahren. Wieder war ich es gewesen, der ihr das angetan hatte. Doch ich war zu verängstigt, zu besorgt, zu sehr mit Schuldgefühlen belastet, um ihr gegenüber dieses Eingeständnis zu machen.

»Hier«, sagte ich, als wir auf die Ninth Avenue abbogen. Sobald sie anhielt, huschte ich mit dem Hund auf dem Arm hinaus. Ich hatte mich nicht angeschnallt gehabt, ich dankte ihr nicht und fragte nicht nach ihrem Namen. Der kleine Junge auf dem Rücksitz stellte schon die nächste Frage, doch ich knallte nur die Tür zu.

Mit der Hüfte stieß ich die Tür zur Tierarztpraxis auf, während ich versuchte, Como vor mir so ruhig zu halten wie möglich. »Er wurde gerade von einem Auto angefahren«, rief ich in der Erwartung, dass die Frau am Empfang sofort aufsprang. Sie blieb sitzen.

»Ist Ihr Hund bei uns Patient?«, fragte sie. »Wie heißt er?«

»Ja. Aber was soll das? Er wurde von einem Wagen angefahren.«

Alle Augen waren auf mich gerichtet, einschließlich der

zweier Kunden, die in Zeitschriften blätterten und deren Hunde lammfromm unter den Stühlen lagen. Ich hasste sie beide, weil sie vor mir dran waren, weil ihre Hunde gesund waren, weil sie von ihren Zeitschriften aufsahen und mich in aller Seelenruhe begutachteten. Eine Tierärztin in weißem Kittel erschien im Wartezimmer und führte mich am Empfang vorbei. Die Frau dahinter blieb, den Kopf über ihre Unterlagen gesenkt, sitzen.

»Hier entlang«, sagte die Ärztin. »Legen wir ihn hier auf den Tisch.« Sie nahm meinen Ellbogen und zeigte mir, was sie meinte. Sobald ich Como losließ, konnte ich auch meine Angst, die ich bisher im Zaum gehalten hatte, fließen lassen.

»Er wird sterben. O mein Gott, er wird sterben.« Ich schluchzte, schnappte nach Luft. »Er wurde von einem Wagen angefahren. Er wurde überfahren. Schauen Sie, er blutet überall.« Die Ärztin wusste nicht, ob sie sich zuerst um mich oder um den Hund kümmern sollte. »Mit mir ist alles in Ordnung«, versicherte ich ihr und hob zur Bestätigung meine Hände und straffte die Schultern. »Alles in Ordnung, alles in Ordnung.« Ich holte tief Luft. Eine andere, ebenfalls blonde Tierärztin, die den Aufruhr mitbekommen haben musste, betrat das Behandlungszimmer und musterte kurz meinen Bademantel und meine nackten Füße.

»Wie heißt denn Ihr Hund?«, wollte die erste Ärztin in ihrer »Beruhige den Wahnsinnigen«-Technik wissen und blickte mir in die Augen. Die andere beugte sich über Como. Sie arbeiteten Hand in Hand. Ich nannte ihr den Namen und reckte den Hals, um zu sehen, was auf dem Tisch geschah. Sanft, aber bestimmt stellte sich blonde Ärztin Nummer eins mir in den Weg. »Es ist besser, wenn

Sie draußen warten. Wir haben alles unter Kontrolle. Bitte, warten Sie draußen.«

Ich ging. Doch ich wollte nicht. Ich wollte ihn nicht mit diesen beiden Blondinen, die er nicht kannte, allein lassen. Oder vielleicht kannte er sie. Sally war bereits öfter mit ihm hier gewesen, ich genau ein Mal. Ich konnte nichts anderes tun, als auf und ab zu gehen. Ich wollte ihn nicht da drin sterben lassen, während ich hier draußen war. Ich hielt es nicht aus, konnte aber nichts daran ändern. Also ging ich auf und ab.

Ich betrat das andere Behandlungszimmer, von dem aus blonde Ärztin Nummer zwei mich gehört haben musste, und betrachtete den grellweißen Tisch, die Instrumente, die Glasgefäße und die geschlossenen Schranktüren. Ich ging wieder hinaus und schritt den Flur entlang bis zum Wartezimmer, wo die anderen eifrig vermieden, mich anzuschauen. Ich ging zurück zu dem Zimmer, in dem Como behandelt wurde, und zwang mich, nicht die Tür aufzureißen. Und weiter ging's über den Linoleumboden, der sich nach dem rauen Bürgersteig weich anfühlte, und ich fragte mich, warum eine Wand neben dem Empfang rot gefleckt war und sich weitere Flecken und Streifen auf dem Boden befanden.

Wohin war ich hier geraten? Konnten sie diese Praxis nicht sauber halten? Und warum gluckerte dieser kleine Tischspringbrunnen ständig? Glaubten die denn, das Ding würde diejenigen beruhigen, die ihre kranken oder sterbenden Haustiere herbrachten? Wieder betrat ich das Wartezimmer, ging auf und ab. Auf dem Rückweg hielt mich die Empfangsdame auf und reichte mir eine Rolle Mullverband.

»Wissen Sie, dass Sie bluten?«, fragte sie. »Sind Sie in Ordnung?«

Ich blickte auf meine Hand, wo Como mich gebissen hatte. Aus der Wunde, die bereits mit einer Kruste umgeben war, sickerte noch immer Blut. Ebenso wie aus der an meinem Schienbein. Diese roten Flecken an der Wand und auf dem Boden stammten von mir. Ich hatte eine Spur hinterlassen und beim Umherspazieren breitgetreten. »Ach ja«, murmelte ich und ließ mir ein Waschbecken zeigen, an dem ich mich waschen konnte. Dort fand mich Ärztin Nummer zwei, die mir Bericht erstattete.

»Wir haben Como Beruhigungsmittel verabreicht und ihn stabilisiert«, erklärte sie. »Er bekommt eine Infusion und ruht sich aus. Die gute Nachricht ist, wir haben keine inneren Verletzungen gefunden, was nach dem, was er mitgemacht hat, ziemlich verwunderlich ist.«

»Aber …«, bohrte ich nach und torkelte auf sie zu, um mir den Rest der Geschichte anzuhören.

»Mehr wissen wir nicht. Wir würden gerne eine Röntgenaufnahme machen und sehen, was sonst noch los ist.«

»Das könnte was sein?«, drängte ich. »Wird er es schaffen?«

»Mr Winn«, erwiderte sie. »Eines nach dem anderen. Wir haben ihn stabilisiert. Er bekommt, wie gesagt, Infusionen.«

»Und was ist mit den Blutungen?«, fragte ich.

»Innere? Darüber wissen wir noch nichts.«

»Nein. Das Blut an seinem Hals und seinem Rücken und so.«

Nummer zwei blickte mich verdutzt an. »Ach, das. Wir haben die Stellen gereinigt, aber keine Wunden gefunden. Wir sind nicht sicher, was das war.«

Ich wusste, was es war: mein eigenes Blut, das ich in der Praxis und mit Sicherheit auch auf dem Vordersitz des Geländewagens verteilt hatte. »Ich möchte ihn sehen«, bat ich die Ärztin und drückte ein nasses Papierhandtuch auf meinen Daumen, um nicht noch mehr rote Flecken zu hinterlassen.

»Bitte«, sagte sie streng und deutete auf das Wartezimmer, »lassen Sie uns unsere Arbeit machen. Wir geben Ihnen Bescheid, sobald wir was wissen.«

Diesmal gehorchte ich und ließ mich auf ein Sofa neben dem Fenster sinken. Es gab keine Möglichkeit, Sally zu erreichen, die in der Schule war, und Phoebe würde ich auf keinen Fall in der Schule anrufen und durcheinanderbringen. Wie schon den ganzen Vormittag, drehten sich meine Gedanken immer noch im Kreis, ohne zu einem Ziel zu kommen. Die Tür neben mir wurde geöffnet, und eine Frau mit einer großen, grauen Katze kam herein. Das Telefon klingelte. Der Springbrunnen gurgelte. Eine der beiden Frauen, die bei meiner Ankunft im Wartezimmer gewesen waren, kam aus dem Behandlungszimmer, um ihre Rechnung zu bezahlen. Ein Mann betrat die Praxis, um ein Aloe-vera-Shampoo für seinen Spitz zu kaufen.

Das normale, gesunde Leben von Haustierbesitzern pulsierte um mich herum, während ich reglos und mit versteinertem Blick herumsaß, ohne mir bewusst zu sein, dass ich der Katzendame mir gegenüber meine Unterhose zeigte. Als ich es endlich bemerkte, stand ich auf, band mir den Bademantel zu und setzte mich wieder. Als wäre ich von mir selbst losgelöst, war ich mir kein einziges Mal bewusst geworden, wie ich herumlief. Ich sah nur Como – unter dem Baum vor Pams und Cheryls Haus; vor mir die Straße hinunterflitzend; reglos mitten auf der Kirkham Street liegend, den Blick seiner braunen Augen zum Himmel gerichtet.

»Mr Winn?« Es war Ärztin Nummer zwei, die mich zu sich winkte. Ich folgte ihr in einen kleinen Raum, der mir auf meiner Streiftour nicht aufgefallen war. Sie klemmte eine Röntgenaufnahme vor den Leuchtschirm. Ich hatte das Gefühl, als würde gleich ein Kinofilm beginnen, einer, vor dem ich Angst hatte, den ich aber unbedingt sehen musste. »Hier sehen Sie, dass Comos Becken an drei oder vier Stellen gebrochen ist«, erklärte Nummer zwei. Ihre Hand glitt über das geisterhaft braune Bild, auf dem sie mit dem Finger die entsprechenden Stellen andeutete. Ich trat näher an den Bildschirm. Was schlanke, aber kräftige Knochen sein sollten, sah eher wie durcheinanderliegende Mikado-Stäbchen aus.

»Was bedeutet das?«, fragte ich. »Wird er sterben? Wird er je wieder gehen können?«

Die Ärztin stand nicht auf glückseligmachendes Geschwätz. »Ich weiß nicht«, antwortete sie. »Ehrlich nicht. Er schwebt nicht in unmittelbarer Gefahr, soweit wir wissen, aber er wird operiert werden müssen. Das allerdings können wir hier nicht tun.« Sie nannte und empfahl wärmstens eine Tierklinik am anderen Ende der Stadt, die auf komplizierte Operationen spezialisiert war. Ich sollte mir die Möglichkeiten und Aussichten durch den Kopf gehen lassen. »Und die Sache mit den Kosten«, fügte sie hinzu. »Das ist natürlich eine persönliche Entscheidung.« Die Wahl, vor die sie uns stellte, bestand darin, Como ganz einzuschläfern statt nur für die OP schlafen zu legen.

Ich dankte ihr und fragte, ob ich ihn sehen könne. Sie

schaltete den Bildschirm aus und führte mich zurück durch das Labyrinth. Als mich der Hund von der anderen Seite des Raums aus sah, hob er den Kopf. Sie hatten ihn in einen kleinen, mit einer Decke ausgelegten Käfig gesteckt, der mit einer kleinen Infrarotlampe beheizt wurde. Er lag auf dem Bauch und hing an mehreren Schläuchen. Er sah überraschend gut aus. Ich berührte seine kühle Schnauze und sagte ihm, es tue mir leid und er solle nicht sterben. Dann drehte ich mich um und ließ ihn allein. Erst später fiel mir auf, dass er in einen Käfig gesperrt war und zum ersten Mal nicht versuchte abzuhauen.

Die nächste Stunde verbrachte ich in der Praxis und rief so oft zu Hause an, bis Sally schließlich antwortete. Ich erzählte ihr, was passiert war und wo ich steckte, und bat sie herzukommen. In weniger als fünf Minuten war sie da. Sobald sie eintrat, wusste ich, dass sie die Sache in die Hand nehmen würde. Sie war hübsch angezogen. Sie war bei der Arbeit gewesen, draußen in der realen Welt, statt wie ich barfuß und halb nackt umherzutorkeln und überall Blut zu verschmieren. Sie strich mein Haar glatt und zog vorn meinen Bademantel ordentlich zu.

»Welche Ärztin ist es?«, fragte sie mich. »Wie heißt sie?«

»Es gibt zwei davon«, antwortete ich. »Die Namen weiß ich nicht. Sie sind beide blond.«

Sie wies mich an, mich zu setzen, während sie zum Empfang ging und Nummer zwei sie zu Como führte. Sie waren eine ganze Weile fort. Weitere Hunde und Katzen und ein Papagei wurden zur Behandlung gebracht. Als Sally wieder herauskam, unterhielt sie sich mit Nummer zwei und nickte. Einmal blickten sie in meine Richtung und lächelten. Ich kam mir wie ein Patient vor, der in selbstgewählter Krankenhauskleidung auf ein Testergebnis wartete. Die Ärztin trat zu mir und blickte mir wie zuvor schon direkt in die Augen.

»Sie sollten nach Hause gehen«, sagte sie. »Sally kann Sie nach Hause fahren. Como geht es im Moment gut. Sie brauchen sich keine Sorgen zu machen. Gehen Sie nach Hause und ruhen Sie sich aus.«

Ich nickte und setzte mich wieder, während die beiden zum Empfang gingen, wo sie wahrscheinlich die Einzelheiten besprachen und den Schreibkram erledigten. Sie sahen wie alte Freundinnen aus, die sich viel zu erzählen hatten. Ich kam mir elend und fantasielos vor, und die Schuld lastete so schwer auf meinen Schultern, dass ich auf die Bauarbeiter nicht wütend sein konnte, von denen einer die Schiebetür nicht geschlossen hatte. Mittlerweile pochte die Wunde in meiner Hand, wurde mir bewusst, und mein Schienbein tat weh.

Noch eine letzte Sache musste geregelt werden, bevor wir Como der Obhut der Tierärztinnen überließen und nach Hause gingen, um zu entscheiden, was als Nächstes getan werden musste. Um absolut sicher zu sein und um keine Risiken einzugehen, sollten wir, wie Nummer eins sagte, Como mit einem Haustierkrankenwagen quer durch die Stadt in die Tierklinik fahren lassen. Von so einer Sache hatte ich noch nie gehört und fragte, was es koste. Der Betrag, den sie nannte, war nicht erheiternd, aber zum ersten Mal an diesem Tag musste ich lachen.

DREIZEHN

STADTDURCHQUERUNG

Erst um kurz vor eins verließen wir die Tierarztpraxis. Auf den Bürgersteigen der Ninth Avenue und der Irving Street wimmelte es von Menschen, die auf dem Weg zum Mittagessen waren oder schon gegessen hatten, in der Pause rasch etwas erledigten oder zum Golden Gate Park eilten, um die Sonne in der kristallklaren Januarluft zu genießen.

Nach dem Drama, das ich am Morgen erlebt hatte, wirkte das geschäftige Treiben auf surreale Weise gewöhnlich, und ich schien getrödelt zu haben, um es auf mich wirken zu lassen. Als ich mich umdrehte, weil ich Sally etwas sagen wollte, war sie bereits gute zehn Meter vor mir.

»Was, ist es dir peinlich, dich mit mir sehen zu lassen?«, fragte ich, als ich sie an der nächsten Ecke eingeholt hatte.

Sie blickte auf meine nackten Füße mit den nicht gerade spektakulären Fußnägeln hinab und biss sich an der roten Fußgängerampel auf die Lippen, um ein Lächeln zu unterdrücken. »Hast du zufällig dein Haar gesehen?«, fragte sie zurück.

Sie fragte mich noch etwas anderes, das zu verstehen ich mir nicht die Mühe machte. Sofern ich noch über ein Quäntchen Stolz und Selbstachtung wegen der morgendlichen Ereignisse verfügt hatte, war dieses längst aufgebraucht. Ich wusste, ich sah lächerlich aus, und spürte es ohne fliehenden oder flach liegenden Hund, der eine Rechtfertigung für meine Frühstücksaufmachung gewesen wäre. Ich spürte auch, dass ich so ungefähr alles falsch gemacht hatte – ich hatte Como aus dem Arbeitszimmer entwischen lassen und dem wendigen Julio nicht die Möglichkeit gegeben, den Hund zu schnappen; den Hund nach Hause zurück und dann in den dichten Verkehr auf der Tenth Avenue und auf die Straße gejagt, als ich nach Hilfe gerufen hatte. Würde Como sterben – und niemand hatte gesagt, er werde überleben –, wäre es mein Fehler.

»Weißt du«, sagte ich, als die Ampel auf Grün schaltete, »ich würde jetzt wirklich gerne nach Hause fahren.«

»Ich weiß, Schatz.« Sie drückte meine nicht blutende Hand. »Es muss furchtbar gewesen sein. Ich weiß nicht, ob ich anders gehandelt hätte. Du hast das ganz toll gemacht.« Wir wussten beide, dass das nicht stimmte, doch es war lieb von ihr, das zu sagen. Den Rest des Weges bis zum Wagen hielt sie es solidarisch an meiner Seite aus.

Die Haustür war wieder eingehängt, und die Arbeiter konnten wir nirgends finden. Sie waren entweder in die Mittagspause gegangen oder versteckten sich nach der Flucht des Hundes. Auf dem Weg nach oben ins nicht demolierte Badezimmer entsorgte ich meinen blutigen, vom Kampf ramponierten Bademantel im Wäschekorb. Als ich aus der Dusche kam, erzählte Sally, die Praxis habe angerufen, um zu sagen, Como sei noch immer stabil, und sie hätten dafür gesorgt, dass er später am Nachmittag in die Klinik gefahren werde. »Wir können Phoebe von der Schule abholen und es ihr sagen«, schlug Sally vor. »Dann können wir direkt dorthin fahren. Das müsste zeitlich genau passen.«

Ich hatte viel über Phoebe nachgedacht, während ich durch die Praxis gewandert war, und hielt die Vorstellung fast schon nicht mehr aus, ihr ins Gesicht blicken und erzählen zu müssen, dass ihr Hund überfahren und beinah getötet worden war, vielleicht sterben würde oder nicht mehr laufen oder auf ihr Bett springen könnte, während sie ihre Hausaufgaben machte. Im Moment allerdings mussten wir ihr erzählen, dass wir nicht wussten, was passieren würde. Diese Sache müssten wir gemeinsam durchstehen, egal, wohin das alles führte.

Nachdem ich die Dusche vom Blut gereinigt hatte, sah ich, dass zwei der Stellen, wo mich Como gebissen hatte, noch immer nässten. Sally bestand darauf, dass ich die Wunden untersuchen lassen sollte. Ich stimmte zu, vor allem, um etwas anderes zu tun, als vor Sorgen und Aufregung zu vergehen. Ich versicherte ihr, durchaus in der Lage zu sein, selbst zu fahren. Auf dem Weg zu meinem Arzt schaltete ich das Radio ein und traf auf einen Sender, bei dem ich beinahe mit dem Auto angehalten hätte. Es war einer jener Momente, die einen manchmal mitten in einer Krise ereilen: Während alle Sinne auf Wachsamkeit getrimmt sind, sieht, hört oder bemerkt man etwas, das ganz speziell, fast schon ausschließlich, für einen selbst bestimmt ist.

Eine Frau mit rauer Stimme, deren Name ich nicht verstand, wurde interviewt. Sie redete über die Verbindungen und das »Angstgedächtnis«, das ein Pferd aufbauen könnte, wenn es zum Beispiel von einem Mann mit schwarzem Hut schlecht behandelt wurde. Das Tier würde nicht unbedingt Angst vor schwarzen Hüten entwickeln. Dann fuhr die Frau, die sich als die bekannte Tierexpertin und Autorin Temple Grandin herausstellte, fort: »Oder das Beispiel eines Hundes, der von einem Auto angefahren wurde. Man würde erwarten, der Hund bekommt Angst vor dem Auto. Nein, er hat Angst vor dem Stück Asphalt, auf das er in dem Moment starrte, in dem er angefahren wurde.«

Ich bin mir nicht sicher, ob ich in Anbetracht all der Dinge, die mir an diesem Tag durch den Kopf geisterten, bisher bewusst daran gedacht hatte, doch wahrscheinlich hatte ab dem Moment des Unfalls auch eine bestimmte düstere Sorge an mir genagt: Wie würde Comos Erinnerung aussehen, wenn er überlebte? Welcher nicht löschbare Film würde in seinem Kopf ablaufen? Würde er mich als denjenigen sehen, der den Geländewagen wie aus dem Nichts auftauchen ließ, um ihn zu überfahren, und mich somit dauerhaft als gefährliches, pervers finsteres Wesen verankern, das er um alles auf der Welt meiden musste? Waren die Jagdszene und ihr grausamer Höhepunkt als übles Zwei-Personen-Drama in ihm gespeichert, als albtraumhafte Wiederholung dessen, was ein Mann ihm in der Vergangenheit angetan hatte und dem er nie wieder entkommen konnte?

Oder vielleicht, aber auch nur vielleicht, funktionierte ein Hund ganz anders, wie mir die Frau im Radio anzuvertrauen schien. Es könnte sein, dass er, sobald er auf die Straße gerannt war und diesen großen, schwarzen Reifen auf sich zukommen sah, mich völlig vergessen und mich aus jeglicher Ursache-und-Wirkung-Verbindung ausgekoppelt hatte. Dann wäre nicht ich derjenige, den er mit dem furchtbaren, schmerzhaften Aufprall verband, sondern das, was sein Auge zufällig im Moment des Unfalls gesehen hatte – den Bordstein auf der anderen Seite der Kirkham Street, den glänzenden Kühlergrill des Geländewagens oder den Reifen mit seinem Zickzackmuster.

Es war nicht so, dass ich mich aus der Affäre ziehen wollte. Ich wusste, was ich getan und wobei ich versagt hatte, und deswegen plagte mich ein mächtig schlechtes Gewissen. Das würde sich nicht ändern, sondern im Gegenteil noch schlimmer werden. Doch mir war ein Funken Hoffnung geblieben. Dieser hatte zu glimmen begonnen, als Como nicht auf der Straße gestorben war. Dann, als ihn blonde Ärztin Nummer eins und blonde Ärztin Nummer zwei in der Tierarztpraxis am Leben erhalten konnten, hatte der Funken schon kräftiger geflackert. Und jetzt, als ich die Masonic Avenue hinaufsurrte und die Sonne auf der Motorhaube funkelte, überkam mich eine neue Welle vorläufiger Hoffnung. Wenn Como überlebte, könnte es sein, dass er mir für das, was geschehen war, nicht die Schuld gab und mich nicht verbannte. Wir könnten schließlich doch noch einen Weg zueinander finden. Wenn … wenn … wenn er es schaffte.

Die Interviewpartner kehrten zum Thema Pferde und schwarze Hüte zurück. Doch kurz bevor ich in die Klinikparkgarage einbog, sprach mich Temple Grandin erneut direkt an. Ein Hund könne Angst vor Nike-Schuhen haben, erklärte sie, »weil es das ist, was er sah, als jemand auf ihn einschlug«. Meine schwarzen Schuhe, die Como damals erschreckt hatten – hier war die Erklärung. Ich war nicht nur in meine Schuhe geschlüpft, sondern auch in ein Bühnenstück, das für Como geschrieben und gespielt worden war, noch lange bevor wir beide uns kennengelernt hatten.

»Man kann ein Tier desensibilisieren, aber ein Angstgedächtnis lässt sich niemals auslöschen«, berichtete Grandin. »Die Natur lässt so eine Löschung nicht zu. Sie lässt nur zu, die Akte zu schließen.«

Der Automat spuckte meine Parkmarke aus. Ich fuhr ins Untergeschoss, stellte meinen Wagen ab, fuhr mit dem Fahrstuhl in die dritte Etage und wartete, bis ich an die Reihe kam. Dr. Palacios sah sich kurz die Bisswunden am Schienbein und am Arm an, untersuchte meine linke Hand aber genauer. Er spannte die Haut an meiner Daumenwurzel an und fragte, ob dies wehtue.

»Wissen Sie, das kann ich gar nicht sagen. Ich denke, ich stehe immer noch unter Schock«, antwortete ich und erstattete einen kurzen Bericht über den Unfall.

»Ist das derselbe Hund, der vielleicht was mit dem Ausschlag vom letzten Jahr zu tun hatte?« Er sah sich meine Krankenakte auf seinem Bildschirm an.

»Genau der«, bestätigte ich.

»Und sind Sie sicher, dass seine Impfungen auf dem aktuellen Stand sind?«

»Ich denke ja. Aber er ist noch beim Tierarzt, wir können dort nachfragen.«

Dr. Palacios wies mich an, die Wunden sauber zu halten und so wenig wie möglich zu verbinden. Ich sollte wiederkommen, falls Comos Impfungen nicht auf dem aktuellen Stand waren. Er schien beruhigt zu sein, dass kein Grund zur Sorge bestand. »Ich hoffe, Sie haben viel Spaß mit dem Hund«, sagte er, als ich aufstand, um zu gehen. »Weil ich mir sicher bin, dass er Ihnen auch einige Probleme macht.«

Etwa eine Stunde später fuhren Sally und ich auf dem Weg zu Phoebes Schule bei der Tierarztpraxis vorbei. Der Haustierkrankenwagen, ein schick lackierter Van, stand vor dem Haus. Ich wollte anhalten und sichergehen, dass alles in Ordnung war.

»Es ist alles in Ordnung«, beruhigte mich Sally und tätschelte meinen Oberschenkel, während sie weiterfuhr. »Deswegen ist der Krankenwagen da, und zwar pünktlich.« Wir sollten eher ihrem Urteilsvermögen trauen als meinem. Sie parkte eineinhalb Straßenblocks von der Schule entfernt, von wo aus wir uns gemeinsam auf den Weg machten.

»Was ist los? Ist was passiert?«, fragte Phoebe, sobald sie uns sah. Dass wir beide sie von der Schule abholten, weckte ihr Misstrauen. Mein Gesichtsausdruck schien sie noch mehr zu beunruhigen. »Ist was mit Oma?«, fragte sie mich. »Geht's ihr nicht gut?«

»Ihr geht's gut«, beruhigte ich sie, froh, ihr wenigstens diese gute Nicht-Nachricht über meine kränkelnde Mutter überbringen zu können. »Es gab heute Morgen einen Unfall«, begann ich, ohne die Fortsetzung zu kennen. »Mit Como.«

»Ist er tot?«, unterbrach mich Phoebe.

»Nein, mein Schatz«, meldete sich Sally zu Wort. »Er ist auf dem Weg in eine sehr gute Veterinärklinik, wo sein Becken operiert wird. Er wurde von einem Auto angefahren.«

»Ich will zu ihm«, verlangte Phoebe und marschierte los. Eine ihrer Freundinnen rief ihr etwas zu. Phoebe antwortete nicht, blickte nicht einmal auf. Sie hatte ein Ziel vor Augen.

Wir fuhren in die Klinik, die in einem ruhigen Viertel zwischen Mission und Petrero Hill lag. Phoebe wimmerte leise auf dem Rücksitz, stellte aber keine weiteren Fragen zum Unfall oder darüber, was die Tierärztin uns erzählt hatte. Einerseits war ich dankbar dafür: Ich brauchte nichts zu erklären und die Einzelheiten nicht noch einmal zu erzählen. Doch ich war auch besorgt. War es nicht besser, mit einem Kind die Dinge unmittelbar zu besprechen und zu erfahren, was sie dachte und fühlte? Mein Blick zu Sally hinüber verriet mir, dass ihr dies nicht in den Sinn gekommen war. Schweigen war eine natürliche, ja sogar wünschenswerte Eigenschaft in ihrer Familie. Man hatte Zeit, nachzudenken und sich zu beruhigen. Meine Familie könne niemals den Mund halten, hatte sie mehrmals betont. Als wir die Klinik erreichten, parkten wir um die Ecke des Haupteingangs.

Die Dame an der Rezeption telefonierte, als wir auf den Schalter zugingen, einem aufsehenerregenden Holzteil in der Form eines polierten Schiffsrumpfes. Dahinter erhoben sich Regale mit Ordnern vor einer nackten Backsteinwand. Männer und Frauen, die ich für Ärzte, Pfleger oder Tiersanitäter hielt und von denen viele in blaue oder grüne Overalls gekleidet waren, kamen und gingen durch eine Tür, die in den Untersuchungs- und OP-Bereich zu führen schien. Die Mitarbeiter sahen jung und überaus engagiert aus; sie hätten Schauspieler in einer Arztserie im Fernsehen sein können. Die Telefone piepsten. Andere Leute kamen herein und stellten sich mit ihren Hunden und Katzen neben uns. Trotz des regen Treibens hatte dieser offene Bereich, bei dem mit Sicherheit ein Innenarchitekt seine Hand im Spiel gehabt hatte, etwas Besänftigendes.

»Und wessen Familie sind Sie?«, fragte uns die Empfangsdame mit einem herzlichen Lächeln, als sie das Telefonat endlich beendet hatte.

»Comos«, antwortete Phoebe, die die Frage schneller verstanden hatte als ich.

»Ach ja. Er müsste jeden Moment hier eintreffen«, informierte uns die Dame. »Bitte, setzen Sie sich.« Wir ließen uns im Wartebereich auf zwei hübsch gestreifte Sofas nieder.

Ich war etwas überrascht, dass der Krankenwagen nicht vor uns eingetroffen war. Er hatte vor der Tierarztpraxis geparkt, als wir dort vor fast einer Dreiviertelstunde auf dem Weg zu Phoebes Schule vorbeigefahren waren. Eine weitere Viertelstunde verging. Und die nächste. Schließlich fragte ich die Dame am Empfang, ob sie etwas über Como gehört habe. Sie zuckte mitfühlend ihre Schultern und entschuldigte sich, weil sie hinten etwas zu erledigen habe.

Als der Krankenwagen endlich vorfuhr, konnte ich das Geschehen zufällig vom Eingang aus beobachten. Der Fahrer und sein Begleiter ließen sich Zeit, um die Hecktüren zu öffnen und Como auf eine Rolltrage zu legen. Sie polterten durch den Eingang und gingen zum Empfang, wo Papiere hin und her gereicht wurden. Sally und Phoebe ließen Como nicht aus den Augen, der ein Mal seinen Kopf hob und sich umblickte, bevor er von zwei mit Overalls bekleideten Mitarbeitern nach hinten gerollt wurde. Ich drückte mich am Empfang herum, um das Gespräch zu belauschen.

»Wir wären ja schon viel eher da gewesen, wenn wir gewusst hätten, wie man euch findet«, sagte der Fahrer.

»Ja, als wir endlich kapierten, wo's langgeht, mussten wir auf der Valencia Street verbotenerweise nach links abbiegen, sonst hätten wir noch länger gebraucht«, ergänzte sein Partner. »Wie lautet eigentlich die genaue Adresse?«

Ich zwang mich, der Empfangsdame nicht die Rechnung aus der Hand zu reißen und wegen der Inkompetenz der Fahrer einen Rabatt zu verlangen. Ich sagte mir, als ich mich entfernte, dass wir alles tun mussten, um sicherzustellen, dass Como die bestmögliche Behandlung erhielt.

Sich die allmächtigen Mitarbeiter am Empfang zum Feind zu machen, das wäre keine gute Idee. Also setzte ich mich wieder zwischen Phoebe und Sally und wartete.

Der Arzt, der eine Stunde später den Wartebereich betrat, war von beeindruckender Gestalt – groß, kantiges Gesicht und mächtige Statur. Die kurzen Ärmel seines grünen Kittels spannten sich um seine Armmuskeln. Er nannte uns seinen Namen – Dr. Watt – und schüttelte jedem von uns kurz, aber kräftig die Hand. Anschließend fasste er mit breitem australischem Akzent Comos Zustand zusammen und unterbreitete uns seinen Behandlungsvorschlag. Er begann seine Erklärungen mit den guten Nachrichten: Es liege kein Schaden an den Organen und, weil Como seine Beine etwas bewegen konnte, auch kein größerer Schaden an den Nerven vor. Die Beckenbrüche seien ernst, aber behandelbar.

Dann kamen die Einschränkungen: Como war seit dem Unfall offenbar in einem Schockzustand, sodass seine vitalen Lebenszeichen auf ein sehr niedriges Niveau gesunken waren – wahrscheinlich während dieser gemütlichen Krankenwagenfahrt, wütete ich innerlich. Dr. Watt wollte uns indirekt damit sagen, dass Como noch längst nicht über dem Berg war. Dennoch hoffte er, ihn bis zum nächsten Morgen vollständig zu stabilisieren, um ihn dann operieren zu können.

Sally, Phoebe und ich warfen uns rasche, strahlende Blicke zu, bevor wir uns wieder dem Arzt zuwandten, um zu hören, dass wir allen Grund zur Hoffnung hatten.

»Er wird ein bisschen neben der Spur sein«, schloss unser australischer Retter mit einem kurzen, unverbindlichen Nicken und entschuldigte sich.

Wir fassten einander an den Händen, als er fort war. Ich umklammerte die von Phoebe beinahe so fest, wie der Arzt meine gepackt hatte. »Au«, beschwerte sich Phoebe mit einem Grinsen und spähte über meine Schulter in die Richtung, in die Dr. Watt verschwunden war. Sally durchschaute unsere dreizehneinhalbjährige Tochter sofort.

»Ja, er ist furchtbar attraktiv«, stimmte sie zu. Phoebe wandte sich mit rotem Gesicht ab. Sie war im letzten Jahr der Mittelschule und bereits zwei Zentimeter größer als ihre Mutter. Am Ende des Jahres würde sie die Highschool besuchen. Ich hatte plötzlich dieses wirre Gefühl, dass alles einen Zahn zulegte und mir entglitt. Es war in jeglicher Hinsicht ein Hochgeschwindigkeitstag gewesen.

»Meinst du nicht, es könnte wichtiger sein, dass er ein guter Chirurg ist?«, fragte ich, merkte aber selbst, wie spießig ich mich für Phoebe anhören musste. »Egal, fahren wir nach Hause und machen uns was zum Abendessen.«

Da Como sediert war, wäre es sinnlos, hierzubleiben, wie Dr. Watt uns erklärt hatte. Wir sollten am nächsten Morgen nach der OP wiederkommen. Wir zogen gerade unsere Mäntel an, um zu gehen, als eine der Frauen vom Empfang mit einem Klemmbrett in der Hand auf uns zukam. Darauf befand sich eine »Kostenschätzung«, die wir im Voraus bezahlen mussten. Ich überflog eine erschreckend lange Liste, die unter anderem enthielt: Durchführung von Transfusionen – 35 $, Verbrauchsmaterialien OP, große Mengen – 200 $, Fentanyl-Pflaster (Duragesic) 25 mcg – 48 $, Metacam 32-ml-Flasche – 58 $ und Gebühren für Einschätzung biologische Gefährdung – 4 $.

»Seht euch das an.« Ich deutete auf den letzten Punkt.

»Das ist echt ein Schnäppchen. Vier Dollar für eine Risikoeinschätzung.«

»Das ist nicht lustig, Daddy«, wies mich Phoebe zurecht. Sie und Sally gingen schon zum Wagen, während ich unser Kreditkartenkonto plünderte. Wir fuhren durch die Castro Street und die Eighteenth Street entlang nach Hause, vor uns die Spitzen des Sutro-Funkturms in Twin Peaks, die wie stählerne Schiffsmasten emporragten. Sie waren ein beruhigender Anblick, diese blinkenden Signallampen dort oben am Himmel.

Nach dem Essen besuchten Phoebe und ich eine Veranstaltung, bei der ihre Patentante Jean einen Literaturpreis in dem schicken, neuen Jüdischen Gemeindezentrum in der California Street erhielt. Ich war froh, dass wir dorthin gingen, nicht nur um Jeans großem Augenblick beizuwohnen, sondern auch, um uns zumindest eine Weile von Como abzulenken. Sally blieb zu Hause, um mögliche Anrufe aus dem Krankenhaus abzufangen. Sobald die Feier vorüber war, wollte Phoebe anrufen und sich nach ihrem Hund erkundigen. Wir landeten mehrere Minuten in der Warteschleife, bevor sich jemand meldete, um uns zu sagen, es gebe keine Veränderungen. Ihre Hausaufgaben als Entschuldigung anführend, bat Phoebe, nach Hause gehen zu dürfen, statt irgendwo mit Jean zu feiern. Als enge Freundin der Familie verstand Jean die Sache mit dem Hund.

»Ich werde morgen an ihn denken, Phoebity Phawb«, versprach Jean mit einer ihrer zahlreichen Varianten für den Namen ihrer Patentochter. »Schlaf dich aus.«

Doch das war leichter gesagt als getan. In Gedanken bei Como und seiner ihm am nächsten Tag bevorstehenden

Operation hatten wir alle drei Schwierigkeiten, zur Ruhe zu kommen. Phoebe kam irgendwann nach Mitternacht in unser Schlafzimmer und sagte, sie könne nicht ohne Como in ihrem Bett schlafen. Sally schlug vor, Dakta, ihren geliebten Plüsch-Husky, an Comos Stelle zu nehmen. Das oder vielleicht funktionierte schließlich einfach unsere kollektive Erschöpfung.

Mittwoch war Schultag für Sally und Phoebe. Ich lavierte mich um einen Auftrag herum, um im Krankenhaus mein Lager aufzuschlagen. Manny und seine Mannschaft waren noch nicht aufgetaucht, als ich das Haus gegen zehn Uhr verließ. Ich blickte in unser vereinsamtes, sauber geputztes Badezimmer und wünschte, wir hätten nie entschieden, es renovieren zu lassen. Was war so schrecklich an unseren braungelben Kacheln und den sich von den Wänden lösenden Handtuchhaltern? Wehmütig dachte ich an unseren brüchigen Duschvorhang, der sein Ende wahrscheinlich zusammengeknüllt im Container vor dem Haus gefunden hatte.

Am Mittag, als ich hinausging, um den Wagen nach einer Stunde Parkzeit umzustellen und mir aus einer Bude gegenüber vom Krankenhaus etwas zum Essen zu besorgen, gab es immer noch nichts Neues über Como. Als ich wieder an die Schiffsrumpf-Rezeption trat, wurde mir auch nur eine der üblichen »Wir müssen abwarten«-Varianten geboten. Nur indem ich vorgab, ein Plakat an der Wand zu lesen, während ich in Wirklichkeit die Gespräche der in der Nähe stehenden Mitarbeiter belauschte, erfuhr ich, dass Dr. Watt eine komplizierte Notoperation durchführte. Galt unser überfahrener Hund mit der an drei Stellen gebrochenen

Hüfte etwa nicht als Notfall? Ich hielt mich lieber zurück. Medizinische Umgebungen jeglicher Art machen mich wütend, aber auch dankbar für jede Aufmerksamkeit, die mir zuteilwird, ein Zug, den ich, wie ich vermute, von meinen beiden Eltern geerbt habe. Ich war nach Comos Unfall so durchgedreht gewesen, dass ich es geschafft hatte, mich den Tierärzten gegenüber zu behaupten. Jetzt, anständig angezogen und nicht mehr blutend, meldete sich meine normale Krankenhausschüchternheit zurück.

Sally tauchte gegen zwei Uhr auf. Wenige Minuten später, als wäre er durch ihre Ankunft von seiner Not-OP weggeholt worden, kam Dr. Watt heraus, um uns einen Bericht zu erstatten, der nichts Gutes ahnen ließ. Wie schon zuvor, waren sie bereit, Como einzuschläfern, nachdem sie bei den Röntgenaufnahmen eine Blutung in der Lunge festgestellt hatten. Sie verabreichten ihm Plasma und wollten mit der Operation bis Freitag oder Samstag warten. »Keine Sorge«, sagte er. »Sie können gerne mitkommen und ihn besuchen.«

Sally und ich folgten dem Arzt in einen großen Raum, in dem chaotischer Lärm herrschte. In der Mitte standen große Tische, entlang der Wände Käfige mit Hunden, Katzen und anderen Tieren. Hier wurde gebellt, gejault und miaut, und Menschen sprachen noch lauter, um sich Gehör zu verschaffen. Como lag auf Augenhöhe in einem Käfig in einer einigermaßen ruhigen Ecke auf dem Bauch und hob den Kopf, als er Sallys Stimme hörte.

»Hallo, Comolein«, gurrte Sally. »Wie geht's da drin? Was ist los?« Einmal raschelte sein Schwanz über die Unterlage, bevor er den Kopf wieder senkte und uns geistesabwesend anschielte.

»O Gott, Steven«, flüsterte Sally, ohne dass Como sie hören konnte. »Er sieht furchtbar aus.«

»Du hättest ihn sehen sollen, als er angefahren wurde«, sagte ich. »Jetzt macht er schon einen viel besseren Eindruck.« Aber keinen wirklich guten, fügte ich in Gedanken hinzu. Wenn es bei einem Hund mit weißbeigem Fell möglich ist, Farbe zu verlieren, war dies bei Como der Fall. Er sah blass und schlaff aus.

Ich fühlte mich in die Zeit zurückversetzt, als wir an Phoebes Säuglingsbett standen, wenn sie hohes Fieber hatte oder aus Gründen schrie, die sie uns nicht beschreiben konnte oder wollte. Wir waren machtlos, verängstigt und frustriert. Instinktiv blickten wir uns nach jemandem um, der uns ein Fitzelchen Hoffnung machen und uns aus unserer Niedergeschlagenheit holen konnte. Zwei Mitarbeiter kümmerten sich um einen Windhund, der auf einem der Tische lag. Alle anderen waren mit anderen Tieren, Laborproben oder anderen Arbeiten beschäftigt.

»Wir sollten gehen«, schlug ich vor, nachdem wir einige weitere Minuten versucht hatten, Como eine Antwort zu entlocken. »Wahrscheinlich braucht er Ruhe.« Auf dem Weg nach draußen wechselte ich mit dem Windhund einen traurigen Blick.

Am Abend kehrten wir mit Phoebe zurück, durften aber nicht zu Como. Wieder war der Raum wegen eines nicht genauer spezifizierten Notfalls für Besucher nicht zugänglich. Phoebe beherrschte sich eine Stunde lang, als wir in der Besuchernische warteten, doch draußen im Wagen begann sie zu weinen. Sie weinte den ganzen Heimweg über, lehnte Eis und Fernsehen ab und weinte sich schließlich in den Schlaf. Sally und ich versuchten, sie zu trösten, doch uns reichte kaum die Energie, uns um uns selbst zu kümmern, geschweige denn um jemand anderen.

Gleich nach Schulschluss am nächsten Tag, einem Donnerstag, ging Sally wieder in die Klinik. Comos Hinterteil war am Morgen für die OP kahl geschoren worden. Sally rief mich an. Ich konnte mir kaum vorstellen, wie er aussah, wusste auch nicht, ob sie durch sein Aussehen verängstigt oder amüsiert war. Wahrscheinlich ein bisschen von beidem. Ich hatte mich in meinem Arbeitszimmer verschanzt, um jeden Kontakt mit den Arbeitern zu vermeiden. Ich hatte Angst davor, was ich zu Manny oder einem seiner Kollegen sagen könnte, wenn sie fragten, was mit dem Hund passiert sei.

Sally war noch im Krankenhaus, als ich dort aufkreuzte. Sobald wir Como sahen, begannen wir zu kichern. Jetzt, mit der bis auf die graue Haut abgeschorenen hinteren Fellhälfte, während Schwanz und Vorderteil, die unberührt waren, im Vergleich dazu üppig wirkten, sah er völlig ulkig aus. Sally nannte ihn »Frankentier«, Frankensteins monsterhaftes Schoßhündchen. Für mich sah er eher wie ein russischer Graf aus, der sich mitten im Winter nur einen weißen Fuchspelz übergezogen hatte und ansonsten nackt war. Como war ziemlich lebhaft, stellte sich auf seine spindeldürren Hinterbeine und wedelte sogar mit dem Schwanz. Wir sagten uns, wir würden mit ihm, nicht über ihn lachen. Wir mussten wohl nur etwas Spannung abbauen.

Dr. Watt schlenderte auf uns zu. »Er hat diesen ›Nimm mich mit nach Hause‹-Blick«, stellte er fest.

»Wenn wir das nur könnten«, sagte ich. »Aber er scheint für seinen großen Tag morgen bereit zu sein.«

»Ist er«, bestätigte Dr. Watt. »Das ist er.«

Wir sahen Dr. Watt an diesem Tag noch einmal, als wir Phoebe zu unserem letzten präoperativen Besuch mitbrachten. Bevor wir zu Como hineingingen, marschierte unser Chirurg mit einem voll ausgewachsenen Dobermann unter dem Arm am Empfang vorbei und zur Tür hinaus. Im Vergleich zu seiner kräftigen Statur wirkte der Dobermann wie ein Mops oder Zwergpudel.

»Da geht er hin, unser australischer Muskelprotz«, schmachtete Phoebe. Bei diesen Worten brachen Sally und ich zum zweiten Mal an diesem Tag in Lachen aus. Echt ein Megaerfolg.

Como wiederholte seine Vorstellung vom Nachmittag. Wieder stand er auf und wedelte mit dem Schwanz. Einmal wurde er so munter, dass ich befürchtete, er könnte den Schlauch aus seiner Vorderpfote ziehen, die mittlerweile, passend zu seinen Hinterpfoten, ebenfalls geschoren war. Außerdem winselte er gotterbärmlich, und wir mussten ihm mit der Hand das gekochte Huhn füttern, das wir ihm von Gordo's mitgebracht hatten. Phoebe kam die meiste Ehre des Fütterns zu. Als jemand, der im Lauf seines Lebens genügend schlechte Schauspieler gesehen hatte, gab ich Como vier Sterne für seine Aufführung. Gut gelaunt gingen wir nach Hause. Diesmal wählte ich eine Route, die uns an großen viktorianischen Häusern, einige davon in leuchtenden Farben, entlang des »Pfannenstiels« vorbeiführte, der zusammen mit dem Golden Gate Park von oben wie eine Pfanne aussah.

Der Anruf erreichte mich am nächsten Morgen um zehn Uhr. Eine Klinikmitarbeiterin, deren Namen ich nicht verstand und die ich, soweit ich mich erinnerte, auch noch nicht kennengelernt hatte, sagte, die OP sei erneut verschoben worden. »Como hat die Narkose nicht gut vertragen, deswegen hat Dr. Watt beschlossen, nicht weiterzumachen. Er wird sich später noch persönlich bei Ihnen melden und Ihnen alles Weitere erklären. Im Moment führt er eine andere Operation durch, wollte Sie aber wissen lassen, dass es Como gut geht. Como geht es jetzt gut.« Sie erzählte noch einiges mehr, beantwortete die Fragen, die mir spontan einfielen, und legte auf.

Das wichtigste Wort in dieser kurzen Unterhaltung war »jetzt« gewesen – »Como geht es *jetzt* gut«. Es dauerte noch eine Weile, bis wir es erfuhren, aber Como war es bis dahin alles andere als gut gegangen. Als am Freitagmorgen unser Hund betäubt wurde und unter Dr. Watts Messer kommen sollte, füllten sich seine Lungen erneut mit Blut. Bis dahin wäre die Operation seiner Hüfte das geringste Problem gewesen. In dem kleinen Operationsraum arbeiteten Dr. Watt und seine Assistenten so rasch und effizient wie möglich, um Comos Lungen zu reinigen. Sie mussten seine Atmung aufrechterhalten, da er in seinem eigenen Blut zu ertrinken drohte.

Doch je länger die Operation hinausgezögert werde, desto schwieriger werde sie, da sich Comos Muskeln und Nerven nach und nach um das gebrochene Becken spannen und eine Wiederherstellung riskant, wenn nicht unmöglich machen würden. Die Zeit arbeite gegen uns. Jeder Tag sei wichtig.

Ach was, jeder Tag! Die Zeit wurde bereits in Sekunden gemessen. Comos Lungen waren voller Blut. Er stand genau auf der Kippe, war dem Tod noch nie so nahe gewesen wie jetzt.

VIERZEHN

THE MAGIC KINGDOM

Phoebe überraschte uns, als ich sie an diesem Freitagnachmittag von der Schule abholte: Sie verkündete, sie
werde nach Disneyland fahren. Dies kam eigentlich nicht
aus heiterem Himmel, da die Busfahrt am Wochenende
nach Südkalifornien schon seit Monaten auf dem Plan der
kirchlichen Jugendgruppe stand. Bisher war sich Phoebe
unschlüssig gewesen, ob sie mitfahren sollte. Doch seit Comos Unfall hatte keiner mehr ein Wort darüber verloren.
Ich hatte an die Fahrt jedenfalls nicht mehr gedacht, und
wenn, hätte ich gewettet, dass Phoebe nicht mitfahren würde, da ihrem Hund eine schwere OP bevorstand.

Nicht zum ersten – oder letzten – Mal unterschätzte ich
den Instinkt unserer Tochter. In Anbetracht der Aussicht,
stundenlang auf diesen gestreiften Sofas im Krankenhaus
herumzusitzen und zu wissen, dass sie nichts für Como tun
konnte, außer den wunderbaren Händen dieses australischen Muskelprotzes zu vertrauen, kam sie zu dem genialen
Schluss, dass eine nächtliche Busfahrt mit ihren Freunden,
ein Samstag auf dem Matterhorn-Schlitten, auf der Big-
Thunder-Bergbahn und mit den Piraten der Karibik und
die anschließende Rückkehr, die sie erschöpft wieder über
Nacht im Bus zurücklegen würde, das Beste für sie wäre.

Disneyland mochte für Phoebe nicht mehr das glänzende

Paradies sein wie damals, als Sally und ich mit ihr zu ihrem sechsten Geburtstag hingefahren waren. Doch angesichts der Umstände wusste sie, dass dies der beste, vielleicht der einzige Ort war, an dem sie sich die nächsten Tage aufhalten konnte. Sollte Como die Operation überstehen, wäre Disneyland zu einer Art Talisman für sie geworden. Sollte er sie nicht überstehen, würde sie vorübergehend in ihr Fantasieland eintauchen, um alle schmerzlichen Neuigkeiten auszublenden. Sally und ich gaben ihr unseren Segen und setzten sie nach dem Abendessen vor der Kirche ab.

Nachdem wir Dr. Watt nach dem Anruf wegen der Verschiebung der OP nicht erreichen konnten, fuhren wir von der Kirche direkt zur Klinik. Der Muskelprotz hatte endlich einmal frei, trotzdem herrschte reges Treiben. Anscheinend wurde eine Veterinärklinik, die rund um die Uhr geöffnet hatte, an den Wochenendabenden genauso belagert wie ein Krankenhaus für Humanmedizin. Hatte der Freitagabend für Tiere dieselben bösen Folgen wie für Menschen, und drehten sie genauso durch? Wie Phoebe vorausgeahnt hatte, mussten wir fast eine Stunde lang warten, um aus den Mitarbeitern auch nur minimale Infos herauszukitzeln oder um Como sehen zu können. Als wir endlich zu ihm durften, empfing er uns mit einem weißen Plastiktrichter um den Hals. Eine junge Mitarbeiterin teilte uns mit, er habe an seinem Transfusionsschlauch geknabbert. Jetzt war seine Science-Fiction-Frankentier-Aufmachung perfekt.

»Como«, schimpfte Sally ihn liebevoll, bevor sie ihm ein großes Stück Huhn aus einem Behälter zuschob, den sie in ihrer Handtasche mitgebracht hatte.

Wieder wedelte er abwechselnd mit dem Schwanz und winselte. Sally schien sich nicht daran zu stören, doch mir ging es langsam an die Nieren. Mehrere Krankenhausmitarbeiter hatten uns gesagt, er winsle nur, wenn wir ihn besuchten. Außerdem esse er nur dann genügend, wenn wir, besonders Sally und Phoebe, ihn mit der Hand fütterten. Somit waren wir in diesem seltsamen, schwierigen Ernährungsdrama gefangen. Sally und ich blieben an seinem Käfig stehen, bis die auf uns gerichteten Blicke deutlich machten, dass wir die Gastfreundschaft überstrapaziert hatten, da sich die Mitarbeiter auch um die anderen Tiere kümmern mussten.

Das Wochenende verbrachten wir in einem Zustand statischer Lebhaftigkeit – wir bereiteten uns unser Essen zu, gingen ins Sportstudio, warteten vergeblich darauf, dass sich Phoebe von Disneyland aus meldete, hörten einander nur mit einem Ohr zu und erfüllten Como gegenüber unsere sozialen Pflichten, die wir mit Hühnchen aufpeppten. Nach einer unserer Fahrten in die Klinik machten wir beim Tierschutzverein halt, der ein paar Straßen entfernt lag. Como war für den Agility-Kurs angemeldet, der demnächst beginnen sollte, sein erster Aufbaukurs nach der Grundausbildung vor mehr als einem Jahr. Die Empfangsdame war gnädig und verständnisvoll, als wir ihr die Umstände erklärten und um die volle Erstattung der Kosten zurück auf unser geschändetes Kreditkartenkonto baten.

»Ich hoffe, es wendet sich noch alles zum Guten«, sagte sie mit leicht zweifelndem Blick.

»Das hoffen wir auch«, erwiderte Sally, die auf dem Weg zurück zum Wagen vorschlug, essen zu gehen. »Ich brauche irgendwie Abstand von dieser ganzen Sache.«

Im restaurantverrückten San Francisco am Samstagabend einen Tisch zu ergattern kann zum Kunststück und, wenn man auf den letzten Drücker unterwegs ist, manchmal auch unmöglich werden. Doch an diesem Abend war uns das Glück hold. Wir riefen in einem baskischen Restaurant an, in das wir sehr gerne gingen. Dort war gerade eine Reservierung abgesagt worden. Eine halbe Stunde später bestellten wir bereits. Wir versuchten so zu tun, als wollten wir uns hier als Ehepaar einen romantischen Abend machen, da die Tochter nicht zu Hause war und anschließend auch kein Hund Gassi geführt werden musste. Doch wir konnten unsere Sorge um Como nicht unterdrücken, verglichen unsere Eindrücke über ihn und unsere Vorhersagen über den Zeitpunkt und die Dauer der OP. Als wir dieses Thema schließlich durchhatten, überlegten wir, ob Phoebe noch in Frontierland oder Tomorrowland oder schon im Bus auf der Rückfahrt war. Wir ließen den Nachtisch aus und noch etwas Wein in den Gläsern, baten um die Rechnung und fuhren zurück in die Klinik, um ein letztes Mal nach Como zu sehen. Als wollte er unsere Sorgen bestätigen, sah er in seiner großen Plastikeiswaffeltüte matt und jämmerlich aus. Sally und ich hatten Mühe einzuschlafen.

Früh am Sonntagmorgen fuhr ich durch den verregneten und verlassenen Golden Gate Park in die Kirche. Verschlafen aussehende Eltern, zumeist Väter, warteten in einem Gruppenraum im Untergeschoss, Kaffeebecher in den Händen, auf den Bus. Es war eine angenehme Gruppe, vereint durch die seltsame Pflicht, heranwachsende Kinder nach einer nächtlichen Busfahrt abzuholen. Mein Versuch zu lächeln konnte über meine schlechte Laune nicht hinwegtäuschen. Fünf Tage nach dem Unfall verfolgten mich die düstere Stimmung und die Vorahnung wie ein Schatten.

Phoebe wirkte wie verjüngt, als sie aus dem Bus stieg und ihren Rucksack in den Kofferraum schleuderte. Sie hatte eine Menge Geschichten zu erzählen über die »wahnsinnigen« Fahrgeschäfte, Junkfood und die vielschichtigen sozialen Interaktionen mit den anderen Kindern. Praktisch sechsunddreißig Stunden nicht zu schlafen schien genau das zu sein, was sie gebraucht hatte. Sie stellte ein paar Fragen zu Como, schien sich mit meinen spärlichen Informationen zufriedenzugeben und ging gleich ins Bett, als wir zu Hause ankamen. Wir beschlossen, Como an diesem Tag nicht zu besuchen, um den Verstand nicht ganz zu verlieren. Beim Abendessen reichten wir uns die Hände und beteten, er möge für seine Operation am Montag genügend Kraft haben.

Sally und ich hatten beschlossen, Phoebe nichts von Dr. Watts Sorge zu erzählen, dass die Operation schnell durchgeführt werden müsse, um Como nicht die Chance auf eine reparierte Hüfte und volle Bewegungsfähigkeit zu nehmen. Wenn sich seine Lungen erneut mit Blut füllten und man die OP nicht durchführen und er nicht gehen könnte … Nicht einmal Sally und ich hatten uns darüber unterhalten. Das war nicht nötig. Wir wussten, dass er in diesem Fall eingeschläfert werden müsste. Was für ein scheußlicher Ausdruck, einerseits ein freundlicher Euphemismus, andererseits ungeschminkte Realität. »Einschläfern« war eine Beleidigung, in diesem Fall die letzte.

Manny und seine Jungs erschienen Montag früh. Ich beschloss, ihnen nicht mehr aus dem Weg zu gehen, und informierte sie darüber, was mit Como geschehen war. Sobald Manny merkte, dass ich ihn nicht für Comos Flucht und Unfall verantwortlich machte, spielte er ganz den Offiziellen, der in höflicher Weise seine Besorgnis ausdrückte. »Ich bin sicher, er wird wieder gesund«, sagte er ausdruckslos, sodass ich schon beinahe meine Meinung änderte und Mannys Nachlässigkeit seinem Auftraggeber melden wollte. Doch ich ließ es dabei bewenden. Ich war auf dem Weg in die Klinik, um abzuwarten, wie Comos OP ausgehen würde. Julio, der unser Gespräch mitgehört hatte, folgte mir auf die Straße.

»Mister« – er hielt mich mit einem fragenden Blick auf, bei dem ich die Tatsache, dass er meinen Nachnamen vergessen hatte, gerne ignorierte –, »tut mir sehr leid, Ihr Hund. Ich das kenne auch. Mein Sohn, Angelo, er hat gesehen unseren Hund, wie von Auto angefahren auf Straße vor unserem Haus. Ich bin gerannt, um ihn zu holen. Zu spät. Er gestorben in meine Arme.«

Einen Moment war ich sprachlos. Ich hatte Mitleid mit Julio und seinem kleinen Sohn und fragte mich, wie alt Angelo gewesen war, als er mit ansehen musste, wie sein Hund starb. Mein schlechtes Gewissen versetzte mir einen Stich, weil Como überlebt hatte, sein Hund aber nicht. Dann – und bei dieser Erkenntnis musste ich zuerst den Blick abwenden, bevor ich wieder in Julios große, braune Augen sehen konnte – wurde mir klar, dass ich Julio hätte gestatten sollen, vom Müllcontainer herunterzuspringen und Como zu schnappen. Er hätte es auf jeden Fall geschafft. Er hätte getan, was er bei seinem eigenen Hund nicht geschafft hatte.

»Julio, das ist furchtbar«, brachte ich schließlich heraus. »Es tut mir wirklich leid, das zu hören. Wie geht's Ihrem Sohn?« Er hatte mir nicht gesagt, wann dies passiert war. Vor kurzem erst? Vor einem Monat? Vor einem Jahr oder mehr?

Julio zuckte mit den Schultern und blickte nach hinten zum Haus. Es war Zeit, sich wieder an die Arbeit zu ma-

chen. Katastrophen passieren nun mal. Hunde sterben –
und manchmal tun sie es nicht, oder zumindest nicht gleich.
Menschen kommen darüber hinweg oder machen irgendwie weiter. Diese Gedanken kamen mir, wirbelten in meinem Kopf umher und lösten sich langsam auf wie Dampf,
als ich den Wagen startete und über Twin Peaks und durch
die Castro und Mission zur Klinik fuhr. Auf den gestreiften Sofas saß niemand, als ich eintraf. Ich teilte den Damen
am Empfang mit, dass ich auf das Ergebnis von Comos OP
warten wolle, und setzte mich.

Genau wie bei vielen Dingen, auf die man ewig warten
muss – als Kind auf Weihnachten, achtzehn oder einund-
zwanzig Jahre alt zu werden, heiraten oder ein Kind zu bekommen –, war Comos Operation ganz plötzlich zu Ende.
Eben noch blätterte ich durch eine alte Ausgabe einer Kat-
zenzeitschrift, dann stand Dr. Watt vor mir und erzählte,
alles sei glattgegangen.

»Kein Problem mit der Narkose. Diesmal kein Blut in
den Lungen. Auch kein Problem mit dem Becken. Saubere
Brüche, die wir mit Klammern und Schrauben zusammen-
geflickt haben. Sieht sehr stabil aus.«

So viele gute Nachrichten im Telegrammstil! Ich wollte, dass er weitermachte, bevor er zu dem »Aber« kommen
würde. Er führte nur zwei Einschränkungen auf. Erstens
würde Como eine Zeit lang Schmerzen haben, wogegen
wir ihm Medikamente geben könnten. Zweitens müsste
Como für die nächsten vier bis sechs Wochen, in denen
die Brüche verheilen würden, »bewegungsunfähig« gemacht werden.

»Sie müssen ihn in einen Käfig sperren, damit er nicht

herumrennt oder springt. Das ist sehr, sehr wichtig«, ermahnte er mich. Doch auch sein sympathischer australischer Akzent konnte nicht verhindern, dass mich seine Worte schockierten.

»Käfig?«, wiederholte ich. Ein Unwort in Anbetracht der Geschichte unseres Hundes. »Ach ja, klar«, murmelte ich. »Wir werden natürlich dafür sorgen.« Ich konnte Dr. Watt unmöglich erklären, dass es jenseits von Alcatraz keine Gitterstäbe gab, die unser Hund respektieren würde. Doch ich hoffte, Como würde mit seiner Aversion, eingeschlossen zu werden, umgehen können. Schließlich hatte Dr. Watt ihn mit einer schweren Operation vor dem Grab gerettet und verlangte etwas, das eindeutig seiner Erholung und langfristigen Gesundheit diente. Das sollte genügen. Ich dankte Dr. Watt überschwänglich für alles, was er getan hatte, und sagte, wir würden später wiederkommen, wenn der Patient aus der Narkose aufgewacht war.

Ich begrüßte Sally mit den guten Nachrichten, als sie von der Schule nach Hause kam. Sie wirkte eher erleichtert als glücklich. »Ich dachte, er würde auf dem OP-Tisch sterben«, sagte sie.

»Ich auch«, gestand ich ein, merkte aber erst jetzt, dass ich dieses Gefühl bislang erfolgreich unterdrückt hatte. Manchmal hat der Hang zum Fatalismus, den Sally von ihrer Familie geerbt hat, etwas Klärendes. Wir trösteten uns mit einer kurzen, heftigen Umarmung. Als wir uns wieder voneinander lösten, erzählte ich ihr von den vier bis sechs Wochen, die Como im Käfig verbringen sollte.

»Machst du Witze?«, fragte sie.

»Anweisung vom Muskelprotz«, erklärte ich. »Mir liegt nichts daran, ihm Widerstand zu leisten.«

»Wir halten uns besser dran«, stimmte sie zu. »Wann darf er nach Hause?«

»Habe ich vergessen zu fragen. Vielleicht erfahren wir das, wenn wir ihn heute Abend besuchen. Aber wir müssen vorbereitet sein.«

Als ich mich an den Zooladenbesitzer mit dem schwarz gefärbten Haar und seinen spitzen Bemerkungen über Comos Zähne erinnerte, als wir die demolierte Plastikbox zurückbringen wollten, schlug ich vor, es zunächst in einem anderen Geschäft zu probieren. Wir fuhren ins Stonestown-Einkaufszentrum, in dem es ein vollständiges Sortiment von Drahtkäfigen gab, die alle, auch ohne besondere Vorzüge, von dem Verkäufer angepriesen wurden. Wir entschieden uns für einen in einer angemessenen Größe, den wir mit Decken und Handtüchern auslegen wollten.

»Was ist mit diesem hier?«, fragte Sally, als ich nach unserer Entscheidung meine Kreditkarte zückte. Ihre Hand lag auf einem Monsterkäfig, der ihr bis über die Taille reichte und in dem man einen einigermaßen großen Menschenaffen und die Hälfte der Hunde auf unserer Straße hätte unterbringen können.

»Wir sind schon in Hotelzimmern abgestiegen, die kleiner waren«, stellte ich fest. »Wie kommst du auf den?«

»Ich meine, Como hasst Käfige«, antwortete sie. »Wir müssen ihm die Sache so einfach wie möglich machen. Je größer, desto besser.«

Ich hielt mich mit meinem Protest zurück, stellte aber klar, dass die Idee eines Käfigs die war, Comos Bewegungsfähigkeit einzuschränken, und nicht ihm eine geräumige Suite zur Verfügung zu stellen. Doch da Sally sich bereits entschieden hatte, gab ich nach. Zwei Verkäufer brauchten zwanzig Minuten, um das riesige Ding zu einem Haufen Drahtwände zusammenzuklappen. Selbst dann noch konnten wir die Heckklappe auf der Heimfahrt nicht schließen. Wir bauten das Ding in unserem Schlafzimmer wieder auf, weil wir dachten, Como fände die Gefangenschaft nicht ganz so furchtbar, wenn er sie in unserer Nähe erlebte. Phoebes Zimmer war mit der Dachschräge zu klein.

Am Nachmittag wartete Phoebe auf dem Bürgersteig vor der Schule. Als wir als Zeichen für die gelungene Operation unsere Daumen nach oben hielten, wollte sie sofort in die Klinik fahren. »Erst heute Abend«, wiederholte ich die Anweisungen des Muskelprotzes und erzählte ihr mit nachgemachtem australischem Akzent von dem Käfig.

»Dad, mach dich nicht lustig über ihn. Australier reden so. Mir gefällt das.«

»Mir auch«, versicherte ich ihr. »Dr. Watt ist der Held des Tages. Nein, des Jahres.«

»Er gehört mir«, erwiderte sie. Dies laut zu sagen, erfüllte ihre Stimme mit zurückhaltendem Stolz.

»Mir auch«, meldete Sally ihre Ansprüche an. Wir feierten in der Chevron-Tankstelle mit einer umfassenden Snackauswahl und einer zweiten Diätcola für mich.

Nach dem Essen holten wir Phoebes Freundin Jeanne ab, um Como unseren ersten postoperativen Besuch abzustatten. Er war trotz Trichter und allem Drum und Dran in verblüffend guter Stimmung und freute sich, uns zu sehen. Mit dem hässlichen Schnitt, der von Klammern zusammengehalten wurde, und den zahllosen blutunterlaufenen Stellen sah er schrecklicher aus als direkt nach dem Unfall.

Phoebe und Jeanne begutachteten nur kurz den Schaden. Dann schoben sie ihre Finger durch den Käfig und streichelten Comos trichtergerahmtes Gesicht. Nach einer Weile hatte er genug davon und begann mit seinem Krankenhausjammern. Da Dr. Watt an diesem Abend frei hatte, fragten wir, ob jemand anderes wisse, wann Como nach Hause dürfe.

»Der australische Muskelprotz ist wahrscheinlich draußen und feiert«, sagte Phoebe auf dem Weg zum Empfang. »Er hat heute ein Leben gerettet. Vielleicht mehr als eines.«

»Ist er verheiratet?«, wollte Jeanne wissen. Ab dem Moment flüsterten die Mädchen nur noch miteinander.

Niemand konnte uns etwas über die Pläne für Comos Entlassung sagen. Aber wir durften die nächste Rechnung bezahlen, da wir schon mal hier waren. Ich versuchte, die bisher aufgelaufenen Kosten nicht zu addieren.

Am nächsten Morgen blieb es im Haus ruhig. Manny und seine Jungs warteten auf eine Inspektion am Mittag, bevor sie mit der nächsten Phase weitermachen konnten. Ich betrachtete die nackten Bolzen und Drähte und fragte mich, wie wir jemals dieses Darlehen und die Kosten für die Tierklinik bezahlen sollten. Ich hatte mich gerade an meinen Schreibtisch gesetzt, als Dr. Watt anrief, um zu sagen, Como werde am Abend entlassen.

»Heute?« Ich war überrascht und dachte an die Klammern und blauen Flecken.

»Ihm geht's prima«, versicherte mir der Arzt. »Und wenn er zu Hause ist, geht's ihm noch besser.« Er erinnerte mich daran, dass Como sich nicht bewegen dürfe, während sich sein repariertes Becken erhole. »Die Knochen werden stärker sein als jemals zuvor«, sagte er. »Aber nur, wenn er ganz langsam anfängt.«

Ich wollte Dr. Watt noch eine Weile länger ans Telefon fesseln, in der Hoffnung, sein wunderbares Einfühlungsvermögen könnte durch die Leitung sickern und für Como eine rasche Genesung bewirken. Doch unser Herr Doktor war immer in Eile. Er musste weitere Operationen durchführen, weitere Dobermänner mit einer Hand vom Boden hochheben. Ich sagte, wir würden vor fünf Uhr in der Klinik sein.

Como befand sich, als wir ihn abholten, in einem jämmerlichen Zustand. Die Operation, und nicht zu vergessen die sechs Tage, die er in einem winzigen Käfig mit einem Infusionsschlauch in der Pfote eingepfercht war, hatten ihm zugesetzt. Die Schmerzmittel, die er noch nehmen musste, machten ihm am meisten zu schaffen. Wir mussten ein Handtuch unter seinen Schwanz drücken, damit er nicht auf den Boden tropfte. Der Durchfall könne noch mindestens einen Tag anhalten, erklärte uns eine der Pflegerinnen, als sie uns nach vorn führte, wo ich schon wieder meine Kreditkarte über den Schalter reichte. Phoebe, die den Hund trug, tat ihr Bestes, um die provisorische Windel an der richtigen Stelle zu halten. Auf der Fahrt nach Hause ließ Como sein allerbestes Winseln hören.

Selbst mit einem dicken Teppich aus Decken, Handtüchern und einer alten Steppdecke, die wir aus dem Keller holten, sah der Käfig noch gefährlich groß aus, als Como hineinging. Phoebe krabbelte hinterher, um ihm zu helfen, es sich bequem zu machen. Er konnte kaum aufstehen, was ihn aber nicht davon abhielt, es zu versuchen. Er wankte umher, fiel zuerst auf die eine, dann auf die andere Seite in die Stoffberge. Das machte uns nervös, sah aber auch komisch aus. Er war wie ein Schauspieler, der einen Betrunkenen spielte.

»Schauen wir, ob er sich hinlegt«, sagte Sally, die die Szene vom Bett aus beobachtete und ein Lachen unterdrückte.

»Das ist nicht lustig, Mom«, schimpfte Phoebe. »Er muss ganz echt aufpassen, sonst brechen seine Knochen noch einmal.« Sally und ich warfen uns einen gespielt nachdenklichen Blick zu.

Unsere sorgsame Tochter blieb fast eine Stunde lang im Käfig, kuschelte mit Como, nachdem er sich auf die Decken gelegt hatte, aber immer ruheloser wurde. Es muss sehr schwierig für ihn gewesen sein, für den armen, halb kahl geschorenen Kerl, es sich bequem zu machen. Phoebe würde irgendwann herauskommen und ins Bett gehen müssen, doch wir ließen sie so lange bei ihm wie möglich. Gegen neun Uhr sagte Sally, sie werde Como nach draußen bringen, wo er das tun sollte, was er tun musste. Dazu verwendete sie ein Handtuch als Schlinge um seinen Bauch, um seine Hinterbeine zu entlasten.

»Er hat es getan!«, jubelte Sally, als sie den Hund wieder nach oben trug. »Er hat gepinkelt!« Das erinnerte mich an den Tag, an dem Phoebe nach der Geburt nach Hause kam, und welchen Sieg es bedeutet hatte, ihre erste Windel zu wechseln. Unsere wahren Triumphe erleben wir mitunter in den seltsamsten Momenten.

Es wurde eine harte Nacht, in der Como in einer Aufführung mit Überlänge opernhafte Wehklage, verstimmtes Winseln und kaum auszuhaltendes menschlich klingendes Schluchzen zum Besten gab. In den ersten Stunden wechselten Sally und ich uns dabei ab, um aufzustehen, dem Hund tröstenden Unsinn zuzuflüstern und die Handtücher und Decken in seinem Käfig zurechtzuzupfen. Als sein Vokalkonzert schließlich zu laut wurde, setzte ich mich in den Schaukelstuhl und nahm ihn auf den Schoß. Diese Nacht war in fast jeder Hinsicht eine Rückblende auf unsere schlaflosen Nächte mit einer Neugeborenen. Sally schlief eine Zeit lang, bis die Stille ihr genauso zusetzte wie vorher das Winseln.

»Ich bin dran«, sagte sie, wankte zum Schaukelstuhl und schickte mich ins Bett. Wir waren wie benebelte Nachtwachen, die sich ablösten.

Als die Sonne aufging und wir schließlich aufgaben, rechnete Sally aus, dass wir insgesamt etwa drei Stunden geschlafen hatten. Mir kam es eher wie eine Dreiviertelstunde vor. Sie und Phoebe standen auf und machten sich für die Schule zurecht, während Como, erschöpft von den nächtlichen Strapazen, endlich einschlief und ich mich wieder ins Bett legte, um die Decke anzustarren. Nach dem Okay ihres Kontrolleurs nahmen Manny und seine Jungs um kurz nach acht ihre Arbeit wieder auf. Sie ließen das Radio plärren und feuerten mit ihren Nagelpistolen. Ich hatte das Gefühl, als jagten sie kleine, spitze Geschosse direkt in meinen Schädel.

Mein Redakteur, der kurz zuvor einen sportlich veranlagten australischen Schäferhundwelpen erworben und nun für alles, das sich auf Hunde bezog, Verständnis hatte, ersparte mir einen Auftrag. »Nimm dir so viel Zeit, wie du brauchst«, sagte er, als hätte es einen Todesfall in meiner Familie gegeben. Schamlos nutzte ich Comos Bedürfnisse, so gut ich konnte, weil ich hoffte, bei dem Geschäft ein paar Stunden mehr Schlaf rauszuschlagen. Leider konnte mein Redakteur gegen das Klopfen und Scheppern im Badezimmer nichts tun. Wieder ins Bett zu gehen stand nicht zur Diskussion. Ich verbrachte den Tag damit, Como, in ein Handtuch gewickelt, durchs Haus zu tragen. Ich versuchte, die Situation so zu sehen, als hätten Como und ich endlich mal Zeit nur für uns beide.

Sally war wütend, als sie nach Hause kam. Außer dass sie nach einer Nacht mit sehr wenig Schlaf unterrichten und anschließend an einer »sinnlosen Besprechung« teilnehmen musste, meldete sich eine Erkältung bei ihr. »Noch so eine Nacht überstehe ich nicht«, klagte sie und schritt in der Küche auf und ab, während sie den Hund auf meinen Armen mehr oder weniger ignorierte. Sie schien nicht zu bemerken oder sich nicht darum zu kümmern, dass Comos zuvor schlaffer Schwanz zum Leben erwachte und hin und her pendelte, seit sie das Haus betreten hatte.

»Vielleicht kann Phoebe heute Abend in den Käfig krabbeln und bei ihm schlafen«, schlug ich vor. »Dann bleibt er vielleicht ruhig. Vielleicht hätte sie sogar ihren Spaß daran. Das hätte was von einem Zeltlager.«

»Ich stecke meine Tochter nicht in einen Käfig!«, kreischte Sally beinahe. Ich bedeutete ihr, nicht so laut zu schreien, weil ich befürchtete, die Badezimmerleute könnten mithören. Sally war zu verzweifelt, um sich um meine Angst zu kümmern. »Schau«, sagte sie, »wir lassen zu, dass er uns manipuliert. Du hast gehört, was die in der Klinik gesagt haben – dass er nur dann gewinselt hat, wenn wir dort waren. Ich sage, wir schlagen eine völlig andere Richtung ein. Wir stellen den Käfig nach unten und lassen ihn selbst machen. Das ist die einzige Möglichkeit für uns, damit fertig zu werden. Ich meine für ihn, damit fertig zu werden«, korrigierte sie sich.

Doch sie meinte in Wirklichkeit, wie wir drei damit fertig wurden. So furchtbar der Unfall und die beängstigende Wartezeit bis zur Operation auch gewesen waren, die

Aussicht, wochenlang nachts nicht schlafen zu können und tagsüber den Hund davon abhalten zu müssen, etwas zu tun, womit er sich verletzen könnte, war grauenhaft. Comos Genesung schwebte wie ein Damoklesschwert über unserem kollektiven Verstand. Dennoch war ich überrascht, Sally solch harte Worte sprechen zu hören, nachdem sie Como zuvor mit Zärtlichkeit überhäuft hatte.

»Na ja, wir können es versuchen«, stimmte ich vorsichtig zu. »Aber was ist, wenn er da unten in seinem Käfig umherstolpert und sich die Hüfte noch einmal bricht?«

»Daran habe ich schon gedacht«, antwortete sie und führte mich nach oben zu dem großen Wäschekorb aus Weide, der am Fußende unseres Bettes stand. Alle Woll- und Steppdecken, die wir abgesehen von denjenigen, die wir gerade benutzten, besaßen, wurden rasch auf dem Boden aufgestapelt.

»Okay«, sagte ich und begann, den Käfig auseinanderzubauen, um ihn nach unten zu tragen. Ich beschloss, nicht zu erwähnen, dass Como immer noch unter leichtem Durchfall litt. Obwohl wir unseren gesamten Bestand an Decken umlagerten, nahm Sally diesen Umstand gerne für eine Nacht hin, in der sie durchschlafen konnte.

Nach dem Abendessen setzten wir uns ins Wohnzimmer, während Como sich in seinem gut gepolsterten Nest zu schaffen machte. Wir lasen und unterhielten uns, als würde nichts Ungewöhnliches anstehen. Sally und Phoebe unterstützten den Hund auf seinem letzten Besuch in den Garten mit der Schlinge und brachten ihn in seinen Käfig zurück. Wie vereinbart, gingen wir nach oben, ohne noch einmal Augenkontakt mit Como aufzunehmen. Ich drehte im Schlafzimmer die Musik auf, um weiterhin Normalität vorzutäuschen – und um mögliche unangenehme Geräusche von unten zu übertönen. Como wartete, bis die Lichter im Haus gelöscht waren, bevor er sich an die Arbeit machte.

Als Erstes hörten wir ein paar leichte Stöße. Ich ließ bei unserem Invaliden die Unschuldsvermutung gelten, weil er vielleicht versuchte, es sich zunächst auf einer, dann auf der anderen Seite des Käfigs bequem zu machen. Doch diese einigermaßen leichten Stöße gingen in beständigeres und mutwilligeres Zerren über, ein Geräusch von Metall, das angespannt wurde, um etwas zu tun, das es nicht tun wollte. Dies ging eine Weile so weiter und wurde nur kurz unterbrochen.

Sally und ich legten Wert darauf, den Radau nicht zu beachten. Sie versuchte zu beweisen, dass ihr Plan, Como zu ignorieren, funktionierte. Dabei wollte ich sie mit allen Kräften unterstützen. Irgendwann dachte ich, sie wäre tatsächlich eingeschlafen, bis ich ihren Namen flüsterte.

»Was ist?«, fragte sie im gleichen Moment. »Was willst du mir sagen?«

»Nichts«, versicherte ich ihr. »Ich werde nach ihm sehen.«

Como starrte mich durch die Maschen seines Käfigs an. »Was ist?«, fragte ich erschöpft. »Leg dich hin und schlaf.« Die Szene kam mir nur allzu vertraut vor. Sechzehn Monate zuvor hatte ich genau hier gestanden und versucht, unseren neuen Hund zu überreden, in seiner Plastikbox nicht mehr um sich zu schlagen. Das war, bevor ich gewusst hatte, dass er sich seinen Weg in die Freiheit nagen konnte, und bevor er erneut aus dem Haus entwischt und vor einen Geländewagen gerannt war. Ich schleppte mich wieder nach oben, wohl wissend, dass die Nacht lang werden würde.

Das wurde sie auch. Als Como mit einer anderen Strategie den Käfig schaukeln und erzittern und auf den Boden knallen ließ, standen wir beide auf, Sally und ich. Ich folgte ihr ins Wohnzimmer, wo wir ihn auf frischer Tat ertappten. Er umklammerte eine Stelle an der unteren Türangel seines Käfigs mit den Zähnen und riss mit aller Kraft daran. Sein Maul war so weit aufgerissen, dass er uns nicht bemerkt hatte. Dank des von der Straße hereinscheinenden Lichts sahen wir, wie seine Kiefer arbeiteten und sein dunkler Schlund entschlossen zuckte. Die Woll- und Steppdecken waren an einer Seite des Käfigs zusammengeschoben, sodass Como auf dem nackten Drahtboden stand.

»Como. Stopp!«, flüsterte Sally, um Phoebe nicht zu wecken. »Hör sofort auf.« Es war eher ein Flehen als ein Befehl. Wir wussten beide, dass er nicht aufhören würde, nicht aufhören konnte. Er wusste nur, dass er eingesperrt war und entkommen musste.

»Ich rufe in der Klinik an und frage, ob sie irgendeine Idee haben«, schlug ich vor. Sally nickte und machte sich daran, Como aus dem Käfig zu holen. Bevor ich wählen konnte, rief sie mich, weil ich mir etwas ansehen sollte. Der Bereich um die Angel war verbogen und verdreht, als hätte sich jemand mit einer Zange daran zu schaffen gemacht. Zwei der Drahtstreben waren fast durchgebissen. Dieser schwarzhaarige Geschäftsführer hatte recht gehabt: Comos Zähne waren unvergleichlich. Dennoch war ich schockiert, ein seltsames Gefühl machte sich in meinem Magen breit, und mir lief ein leichter Schauder über den Rücken. Dieser Hund war stark, er wurde von einer inneren Kraft getrieben und war manisch entschlossen, zu überleben. Es hätte mich nicht überraschen sollen, doch Como würde sich nicht mit einem gewöhnlichen Genesungsverlauf begnügen.

»Ich vermute, er wird nicht da drin bleiben«, sagte ich.

»Das vermute ich auch«, erwiderte Sally. Ich ging wieder zum Telefon.

Die Mitarbeiter der Nachtschicht in der Klinik baten uns, mit dem Hund vorbeizukommen. Wir weckten Phoebe, damit sie uns begleitete und nicht allein im Haus blieb. Noch halb im Schlaf fuhr sie, ihren Hund auf dem Rücksitz, mit. In der Klinik wurde Como ein halber Tranquilizer verabreicht, die andere Hälfte – »Die geben Sie ihm nur, wenn er echt, also ganz echt unter Strom steht. Die sind nämlich ziemlich stark.« – plus ein paar mehr sollten wir mit nach Hause nehmen.

Keine der beiden Hälften wirkte. Als wir uns schließlich kurz nach zwei Uhr nachts wieder ins Bett legten, war Como hellwach. Sally streichelte seinen ungeschorenen Kopf und Hals. »Beruhige dich. Es ist Zeit zum Schlafen.« Und mir, auf der anderen Seite von ihr ausgestreckt, warf sie ein mattes »Nacht« zu.

Como hatte eine beeindruckende Doppelleistung vollbracht, das musste ich ihm lassen. Er hatte nicht nur eine Möglichkeit gefunden, dem gehassten Käfig zu entkommen, er hatte auch unsere eiserne Regel gebrochen, ihn nicht in unser Bett zu lassen. Alles in allem, dachte ich, war dies seine bisher beeindruckendste Flucht. Statt mich durchs Viertel zu locken oder mit verheerenden Folgen über die Straße zu rennen, hatte er uns zur totalen Kapitulation getrieben. Der wärmste, gemütlichste Platz im Haus gehörte ihm, auch wenn es bedeutete, dass er neben mir schlafen musste. Mit einem tiefen, schnüffelnden Seufzer legte Como seinen Kopf auf die Decke und schloss die Augen.

FÜNFZEHN

KÄFIGFREI

Gleich früh am nächsten Morgen tauchten Como und ich erneut in Dr. Watts Praxis auf. Normalerweise muss man sich Tage, wenn nicht gar Wochen im Voraus anmelden, doch nach unserem mitternächtlichen Besuch und meinen Fähigkeiten als Schmeichler gab die Dame am Empfang schließlich nach. »Können Sie in einer halben Stunde hier sein?«, fragte sie. »Das wäre die einzige Möglichkeit.«

»Wir werden da sein«, versicherte ich ihr und schnappte mir Como. Sein brüchiges Becken hatte wenigstens einen Vorteil: Comos Versuche, mir auszuweichen, blieben halbherzig.

Der Muskelprotz hockte auf dem Rand seines Schreibtisches und lauschte meinem Bericht unserer postoperativen Anstrengungen. Ich saß, Como auf dem Schoß, auf einem Stuhl. Als ich auf den Angriff auf die Käfigstangen zu sprechen kam, trat Dr. Watt zu mir und drückte Comos Schnauze mit den Fingern auf. Er sagte nichts, zog aber kurz seine Augenbrauen hoch, bevor er sich wieder auf den Schreibtisch hockte. Als ich meine Geschichte beendet hatte, nahm er ein Handtuch von einem Stapel hinter sich und breitete es auf dem Boden aus.

»Legen Sie ihn dort hin. Wir schauen mal nach.«

Behutsam stellte ich Como in die Mitte des Handtuchs.

Er blieb vorsichtig und mit steifen Beinen stehen, als könnte sich das Handtuch wie ein fliegender Teppich in die Luft erheben. Doch dann wankte er umher. Als er den glatten Boden erreichte, sackte er zusammen, weil seine Hinterbeine nachgaben. Allerdings rappelte er sich gleich wieder auf und wankte durchs Zimmer.

»Ist das okay für ihn?«, fragte ich. »Ich meine, darf er sich denn schon bewegen?«

Dr. Watt beobachtete aufmerksam Comos Bewegungen und antwortete nicht gleich. Nach einer Weile hob er den Hund hoch und untersuchte das Ergebnis seiner Operationskünste etwas genauer. Ich zuckte zusammen, als er Comos Hinterbeine weit auseinanderzog, sie wieder schloss und die OP-Wunde mit dem Daumen prüfte. Anschließend erhob sich Dr. Watt. Unter seinem strengen Blick hatte ich das Gefühl, ebenfalls untersucht zu werden.

»Empfehlenswert ist es nicht, aber wir versuchen es mal ohne Käfig«, sagte er. »Wichtig ist: keine plötzlichen Bewegungen, nicht auf Möbel hochspringen, keine Treppen. Alles schön langsam. Einen Schritt nach dem anderen.«

Ich stieß einen tiefen Seufzer aus und versicherte ihm, wir würden unser Bestes tun. Überraschenderweise setzte sich Dr. Watt wieder, sein Gesichtsausdruck wurde weicher, und er bat mich um einen Gefallen: Ob wir etwas dagegen hätten, wenn er Comos Operation bei der nächsten tierärztlichen Konferenz vorstellen würde. Er wollte einige Röntgenbilder und Fotos verwenden und brauchte dazu unsere Zustimmung.

»Natürlich«, stimmte ich zu. »Nehmen Sie alles, was Sie benötigen. Aber neugierig bin ich trotzdem: Was ist denn so besonders an diesem Fall?«

Seine Antwort fiel zu vage und zu technisch für mich aus. Doch als Dr. Watt Formulierungen wie »auf Messers Schneide« verwendete, bestätigte er mehr oder weniger das, was wir bereits gedacht hatten. Como hatte, nachdem sich seine Lungen zweimal mit Blut gefüllt hatten, bereits mit einer Pfote im Grab gestanden. Er war ins Leben, zu uns zurückgekehrt. Ich war nicht nur von Dankbarkeit, sondern auch von einem neuen Verantwortungsbewusstsein für dieses gerettete Leben erfüllt.

Der Muskelprotz gab mir noch einen letzten Rat mit auf den Weg. »Sein Hinterteil ist ziemlich nackt. Vielleicht ziehen Sie ihm einen Pullover über, um ihn warm zu halten.« Ich versprach es und trug Como zurück zum Wagen. Wir kamen gerade noch rechtzeitig nach Hause, um uns die Feierlichkeiten zur zweiten Amtseinführung von George W. Bush im Fernsehen anzuschauen. Einiges davon konnte ich sogar trotz des Radaus im Badezimmer verstehen. Como verpennte die Sendung auf meinem Schoß.

Der Patient bekam am Nachmittag seine ersten Krankenbesuche, als seine Pudelfreundin Lizzy und ihre Familie mit einer Karte und einem Strauß Heliumballons vorbeischauten. Phoebe musste Como fest im Arm halten, weil er alles gegeben hätte, um auf den Boden zu springen und mit Lizzy durchs Haus zu rasen. Vom Blickwinkel eines Hundes aus betrachtet, mussten wir wie neurotische, überfürsorgliche Eltern gewirkt haben. Warum konnten wir ihn nicht einfach frei herumlaufen lassen?

Die wichtigere Frage war, wie wir ihn vor gefährlichen Situationen schützen sollten, wenn er nicht sicher auf dem Schoß von jemandem saß. Nachdem ich den demolierten Käfig in der Garage verstaut hatte, holte ich die Babygitter wieder heraus, mit denen ich an Comos erstem Tag in unserem Haus kläglich gescheitert war, und stellte sie diesmal vor die Treppe. Beide Schlafzimmertüren mussten ständig geschlossen bleiben. Die Esszimmerstühle stellten wir umgekehrt aufs Wohnzimmersofa und die Küchenstühle auf die Bank, damit Como sich nicht veranlasst fühlte, auf eine einladend weiche Oberfläche zu springen. Dank dieser Sicherungsaktion und des Badezimmerchaos sah unser Haus aus, als wollten wir Schädlinge bekämpfen, die Teppiche reinigen oder ausziehen.

Sallys hundeliebende Freundin Denis löste das Schlafproblem. »Legt Phoebes Matratze auf den Boden und schiebt sie gegen die Wand«, schlug sie vor. »Wenn er bei euch in eurem Bett schläft, könnte er nachts hinauf- oder herabspringen. Aber so liegt er mit ihr auf dem Boden.« Es funktionierte perfekt und hatte zudem den Vorteil, dass Phoebe für das nächtliche Wohlbefinden unseres Hundes verantwortlich war. Sie nahm ihre Pflichten sehr ernst, baute eine kleine Festung in ihre Decken und verhielt sich wie ein Ausbildungsoffizier, als sie Como seinen Platz zuwies. »Rein hier, los. Sofort!«, befahl sie ihm. »Genau so. Und jetzt Licht aus.« Als Sally und ich in ihr Zimmer gingen, um ihr eine gute Nacht zu wünschen, schaute der Hund aus dem Halbkreis heraus, den Phoebe mit ihrem Körper und der Wand als Begrenzung bildete. Auf diese Art fühlte sich Como nicht eingesperrt.

Sally brachte am nächsten Nachmittag einen Hundepullover mit, ein schickes Zopfmusterteil, das fast bis zu seinem Hals reichte. Als sie es ihm das erste Mal anzog, ploppte sein Kopf mit völlig zerzaustem Fell durch die Öffnung. Es war ein grotesker, aber herrlicher Anblick.

»Einstein!«, johlte Sally. Sie hatte recht. Die Kombination aus Comos zerzaustem, weißem Haupt und dem Pullover mit Rundausschnitt rief die Fotos des berühmten Physikers in Erinnerung. Sie sorgte auch für einen neuen Spitznamen. »Frankentier« war zu »Einstein« geworden, unserem eigenen, privaten Relativitätstheoretiker.

»Wir sollten ihn zum Hecheln bringen«, sagte ich. »Weißt du noch das Bild, auf dem Einstein die Zunge rausstreckt?«

»Ja, klar.«

Wir hatten unseren Spaß – auf Comos Kosten, auch wenn er davon nichts wusste. Als er fragend die Ohren spitzte, brüllten wir vor Lachen. Es wurde auch Zeit. Seit dem Unfall hatten wir kaum einen Grund zum Lachen gehabt.

»Warte, bis Phoebe ihn sieht«, sagte Sally.

»Meinst du, sie weiß, wer Einstein ist?«, fragte ich zweifelnd. Die Mathematik der achten Klasse unserer Tochter überstieg zwar bereits unseren Horizont, doch Phoebe hatte immer noch viel zu lernen. Es war schön, an das zu denken, was ihr noch bevorstand, an den Unterricht und die Schuljahre und die Zeit des Erwachsenwerdens. Ich legte eine Hand auf Comos Kopf und zerzauste sein Fell noch mehr, um den Eindruck eines zerstreuten Wissenschaftlers zu verstärken. Sally schnappte sich ihre Kamera und schoss ein paar Bilder.

Später am Abend verging uns das Lachen wieder, als wir rund um Comos OP-Wunde Blut bemerkten. Es sah aus, als hätte sich mindestens eine Klammer gelockert. Sally rief in der Klinik an, hing aber eine Weile in der Warteschleife. Phoebe geriet bereits leicht in Panik, und auch Sally und ich wurden nervös. Sally erhielt schließlich die Anweisung, wir sollten ganz sachte auf die Klammern drücken und dafür sorgen, dass Como sie nicht mit den Zähnen erreichen konnte. Dies bedeutete, ihm den Trichter wieder umzulegen, den wir aus der Klinik mitbekommen hatten. Wenn die Wunde nicht aufhörte zu bluten, sollten wir den Hund vorbeibringen. Phoebes und Comos gemeinsame Nacht wurde ein Reinfall. Er war ein unglücklicher Einstein mit einer umgestülpten Narrenkappe, sie hatte Mühe, es sich mit einem großen Stück Plastik im Bett gemütlich zu machen.

Como machte in den folgenden Tagen und Wochen langsame, aber stetige Fortschritte. Wir sahen diese Zeit auch unter dem Gesichtspunkt, dass keine Nachrichten gute Nachrichten bedeuteten. Solange er nichts tat, um sich sein Becken erneut zu brechen – zum Beispiel über das Gitter vor der Treppe zu springen oder abzuhauen und vor einen Geländewagen zu rennen –, ging es uns gut. Doch es gab auch einiges, was sich eindeutig besserte.

Etwa eine Woche nach Comos Operation brauchten wir ihn auf seinen Spaziergängen nicht mehr mit einer Schlinge zu halten. Klar, manchmal kippte er um, wenn er selbstständig auf drei Beinen stehen wollte, doch ein kleiner Hund fällt nicht tief. Sobald er mehr Zutrauen schöpfte, dehnten wir diese Spaziergänge immer weiter aus. Das erste Mal, als Sally und ich ihn bis zur Twelfth Avenue Ecke Lawton Street schleiften, wo er pinkelte, ohne zusammenzuklappen, johlten und applaudierten wir beide. Eine Frau mit Kinderwagen machte ein entsetztes Gesicht und einen weiten Bogen um uns.

»Meinst du, wir sind überm Berg?«, fragte ich Sally.

»Auf jeden Fall«, antwortete sie. »Wir haben einen Über-den-Berg-Hund.«

Förderlich für unsere Laune war, dass es draußen wärmer wurde und die Kamelien und Rhododendren im Garten zu blühen begannen. Auch ein Badezimmer, das anfing, wie ein Badezimmer auszusehen, trug zu unserer Hochstimmung bei. Anfang Februar waren die Wände und eine glänzende, neue Badewanne dort, wo sie hingehörten, und die neuen Schränke waren aufgebaut. Zum ersten Mal dachte ich, dass wir unsere Wohnwertverbesserung doch noch als solche empfinden könnten, nachdem sie indirekt uns beinahe unseren Hund gekostet hatte. Leichtsinnig wurden wir nicht, o nein. Noch immer sperrten wir Como in unser Schlafzimmer, wenn wir das Haus verließen, und hängten ein großes, handgeschriebenes Schild an die Tür: »Vorsicht, Hund! Nicht öffnen!« Glücklicherweise schienen die Tage, in denen er Teppiche schredderte und Türen zerkratzte, hinter ihm zu liegen.

Dr. Watt untersuchte Como regelmäßig. Einmal erschien er mit gebrochenem Arm im Behandlungszimmer. Der Gips ließ seinen Popeye-Arm noch besser zur Geltung kommen. Unser australischer Muskelprotz war in Plauderlaune und redete über die in den nächsten Tagen anstehenden Operationen.

»Können Sie damit operieren?«, fragte ich und deutete auf den Gips.

Bescheiden lehnte er es ab, zu antworten, was meinen Verdacht über seine übermenschlichen Kräfte bestätigte. Mit Sicherheit wollte er damit andeuten, dass er die Operationen überwachte und natürlich nicht etwas versuchen würde, womit er nicht zurechtkäme. Doch ob ich wollte oder nicht, ich sah ihn als Arzt, der im wörtlichen Sinn eine Operation mit links durchführte.

Dr. Watt äußerte sich weiterhin positiv über den Fortschritt von Comos Heilung. Doch er wies auch auf die möglichen langfristigen Folgen hin. Er zeigte mir, wie Como beim Gehen sein rechtes Hinterbein schonte. Dies könne ein Anzeichen für einen dauerhaften Nervenschaden sein, erklärte er, oder später, im Alter, zu einer Arthritis führen. Dr. Watt hatte diese Bedenken schon zuvor geäußert, aber uns war dies nie richtig bewusst geworden. Lange Zeit waren wir nur darauf fixiert, ob Como weiterleben und wieder gehen könnte. Ich dankte ihm und wünschte ihm selbst eine gute Besserung mit seinem gebrochenen Arm.

»Das ist total lästig«, schimpfte er und schlug mit seiner freien Hand auf den Gips. Ich fürchtete schon, er würde ihn hier vor meinen Augen mit einem Karateschlag spalten.

Bevor wir gingen, fiel mir auf, dass Como kein einziges Mal zusammenzuckte oder zurückwich, wenn der Arzt ihn berührte oder hochhob. Ich würde sagen, er fühlte sich zu dem Arzt hingezogen wie zu Sally und Phoebe oder zu anderen Menschen, die er mit wedelndem Schwanz und in spielerischer Pose begrüßte – Phoebes Freundinnen Jeanne, Marlena und Hallie, Lizzys »Mutter« Margene und selbst unsere nach Nicaragua ausgewanderte Freundin Leana, die von Como bei ihren unregelmäßigen Besuchen stets überschwänglich begrüßt wurde. Dr. Watt war immerhin ein Mitglied des von Como weniger bevorzugten Geschlechts und zudem ein überaus männliches Exemplar. Dennoch war Como bei dem Muskelprotz kein einziges Mal in Panik geraten, wie er es bei mir oder den meisten anderen Männern tat, denen er begegnete. Das war überraschend, unlogisch und, wie Phoebe sich ausdrücken würde, »total krass«.

Aus Comos Sicht musste Dr. Watt derjenige Mann sein, der ihn sechs Tage lang in einen Käfig gesperrt, mit Medikamenten schachmatt gesetzt, auf den OP-Tisch gelegt und aufgeschlitzt hatte, um sein Skelett mit Metallstiften und Schrauben zu reparieren. Dr. Watt hatte ihm alle Arten von Schmerzen bereitet. Warum verabscheute Como diesen großen, stämmigen Kerl mit dem grünen Overall und dem australischen Akzent nicht? Und warum wollte er nicht nichts mehr mit ihm zu tun haben?

Als ich mit Como zum Wagen zurückging, erinnerte ich mich an das Interview mit der Autorin Temple Grandin, das ich am Tag des Unfalls im Radio gehört hatte. Tiere folgen bei traumatischen Ereignissen nicht unbedingt der gleichen Kette von Ursache und Wirkung wie Menschen, hatte Grandin gesagt. So wie Como vielleicht dem Asphalt oder dem Reifen des Geländewagens die »Schuld« für den Unfall gegeben hatte, könnte er den Infusionsschlauch oder den Geruch anderer Hunde für sein Leiden im Krankenhaus verantwortlich machen.

Wenn das stimmte, wenn Dr. Watt für Como nicht der böse Kerl war, der schuld an der quälenden Operation war, gab es für mich und Como vielleicht eine Möglichkeit, von unserem dornigen Weg, den wir bisher gegangen waren, abzuweichen und friedliches Neuland zu betreten. Es war bereits ein Segen, dass er mich nicht mit dem Unfall in Verbindung zu bringen schien, und unser Umgang hatte sich in den letzten Monaten nicht verschlimmert, sondern in gewisser Hinsicht sogar verbessert. Das mochte auch etwas mit Comos beeinträchtigter Bewegungsfähigkeit zu tun haben, denn Como ließ mich ohne größere Probleme an sich heran, um ihn an die Leine zu nehmen, auf die Arme zu heben und herumzutragen, auf meinen Schoß zu legen und sein struppiges Fell zu kraulen.

Ich entdeckte einen neuen Teil von mir: die Fähigkeit, anderen gegenüber aufgeschlossener zu sein. Diese Erkenntnis kam für mich unerwartet. Es gab viel zum Nachdenken.

Ich bückte mich, um Como auf den Beifahrersitz zu heben. Während ich die Sixteenth Street Richtung Market Street entlangfuhr, den städtischen Bussen und den braunen UPS-Wagen auswich, von denen in jedem Straßenblock einer in zweiter Reihe zu parken schien, trieben meine Gedanken von Phoebes schonungsloser Liebe Como gegenüber zu Julio und seinem Sohn, die mit ansehen mussten, wie ihr Hund überfahren wurde und starb. Ich dachte über Ralph und Sebby nach, die beiden Hunde meiner Schwester, und wie grausam es für sie gewesen war, als Ralph viel zu früh gestorben und Sebby mit allen unschönen Konsequenzen alt geworden war.

Urplötzlich erinnerte ich mich an einen kleinen, braunweißen Drahthaar-Terrier, der, wie ein Wahnsinniger jaulend, den Bürgersteig entlang auf mich zurannte, als ich zehn Jahre alt war. Der Schreck versetzte mich in Panik, sodass ich, während die Brotdose gegen mein Bein schlug und mir die Bücher und mein Ringordner beinahe aus den Armen rutschten, nach Hause rannte. Ich hatte damals eine solche Angst – meine Überreaktion ängstigte mich noch mehr, als der Hund es getan hatte –, dass ich nicht stehen geblieben wäre, um die Bücher wieder aufzuheben. Ich rannte die Treppe hinauf, warf mich aufs Bett und schluchzte unkontrolliert. Ich stand unter Schock, schämte mich aber auch über die Reaktion auf einen kleinen, wahrscheinlich harmlosen Hund, der nur sein Revier verteidigte und mich als Bedrohung sah. Meine Mutter brauchte lange, um mich wieder zu beruhigen. Dies gelang ihr, weil sie mir versprach, beim Abendessen fernsehen zu dürfen. Ich konnte weder ihr noch sonst jemandem erzählen, was passiert war, da ich mich selbst nicht verstand. Ich liebte Hunde und wollte unbedingt einen Hund haben. Doch ich hatte auch Angst vor ihrer Schnelligkeit und ihrem Bellen, ihren drahtigen Muskeln und scharfen Zähnen, ihrer tierischen Energie, die in ihren Körpern steckte.

Ich schaltete das Radio ein und blickte zu Como, der auf dem Beifahrersitz neben mir wie immer schief dasaß, was mich amüsierte. Sein Hinterteil war zu der einen Seite geknickt, während beide Beine wie Paddel salopp zur anderen Seite ragten. Seine Vorderbeine, auf die er sich bereits wieder abstützte, standen steif nebeneinander. Der Anblick hatte etwas Zwiespältiges – das lässig dahingeflätzte Hinterteil und die ordentlich und dekorativ aufgestellten Vorderbeine. Der noch halb geschorene Körper verstärkte diesen komischen Effekt.

»Also, was willst du nun, Como?«, fragte ich ihn. »Machst du einen auf gemütlich oder auf strammstehen?« Seine Ohren zuckten beim Klang seines Namens, dann legte er sie flach nach hinten, als ein Streichquartett von Mozart aus den Lautsprechern dröhnte. Die Musik war zu laut. »Tut mir leid«, sagte ich und drehte die Musik leiser. »Vielleicht magst du ja was anderes hören? Ein bisschen Jazz? Eine Sportsendung? Easy Listening? Deine Pose würde jedenfalls gut zu Easy Listening passen.«

Eine der unterschätzten Freuden eines Erwachsenen,

einen Hund zu haben, besteht darin, frei und ungehemmt mit sich selbst reden zu können. Ein anderes Wesen bei mir zu haben, besonders eines, das auf den Klang meiner Stimme reagierte, ohne Wert auf den Sinn der Sätze zu legen, war weit reizvoller und tröstlicher, als ich erwartet hatte. Wenn Como und ich allein zu Hause waren, was unter der Woche oft der Fall war, beschallte ich ihn manchmal mit einem endlosen Sermon aus Bemerkungen und unbeantworteten Fragen. Meinte er nicht auch, dass es Zeit war, das Geschirr abzuwaschen? Und wie wär's mit einem Ingwerschnaps zu meinem Tee? Das wäre doch eine tolle Idee, oder? Ach, übrigens, was hat der Redakteur bloß damit gemeint, dass ich mir einen anderen Schluss für den Sonntagsartikel ausdenken soll, den ich gerade rübergeschickt habe? Hat irgendjemand außer uns die Idee, die dahintersteckt, überhaupt verstanden? Irgendjemand außer uns beiden, Como?

Wir fuhren an der Uniklinik vorbei und weiter den Hügel hinab in unser Viertel. An einem kleinen Lebensmittelladen auf der Kirkham Street hielt ich an, einen Block von dort entfernt, wo sich der Unfall ereignet hatte, und holte mir ein Sandwich, während Como im Wagen wartete. Als ich zurückkam, nahm ich die Sandwichtüte in die andere Hand und holte den Schlüssel aus meiner Tasche. Doch erst als ich die Tür öffnete und mich setzen wollte, merkte ich, dass sich Como auf dem Fahrersitz zusammengerollt hatte. Er machte keine Anstalten, aufzustehen. Sooft wir auch miteinander im Auto gesessen hatten, er beanspruchte diesen Platz zum ersten Mal.

Ein halbes oder ein Jahr zuvor hätte mich ein solches Verhalten misstrauisch gemacht. Ich hätte mich gefragt, ob er mich wieder herausfordern oder mir trotzen wollte. Wollte er mir zeigen, wie belanglos ich für ihn war? Leugnete er, dass wir physikalisch auf derselben Ebene lebten, indem er sich weigerte, rüberzurutschen? Oder zog er, durchtrieben wie er war, ein Katz-und-Maus-Spiel ab, um mich in Sorglosigkeit zu wiegen, damit er durch die geöffnete Autotür fliehen konnte?

Doch jetzt, als ich sein haarloses Hinterteil anstupste, damit er auf die Beifahrerseite hinüberrutschte, verflüchtigten sich diese Gedanken. Vielleicht war meine Seite einfach sonniger. Vielleicht war sie weicher und einladender. Vielleicht gefiel es ihm dort, wo ich gesessen hatte, wegen dem vertrauten Geruch und der Wärme, die ich hinterlassen hatte. »Danke, Como«, sagte ich und schnallte mich an. Das Sandwich legte ich, vor Comos neugierigem Zugriff geschützt, auf den Rücksitz. »Jetzt fahren wir nach Hause.«

An einem Donnerstagabend rief unsere Nachbarin Pam noch vor dem Abendessen an und bat uns, später noch Abschied zu nehmen. Sie und Cheryl reisten viel, doch dieser Abschied galt nicht ihnen, sondern Riley.

Wir wussten seit mehreren Monaten, dass bei dem jüngeren der beiden Welsh-Springer-Spaniels ein Hirntumor festgestellt worden war. Lange Zeit ließ sich die Angelegenheit leicht ignorieren oder vergessen. Mit seinem großen, schroffen Gesicht, dem glänzenden, weißbraunen Fell und seiner impulsiven Energie, die einen gewöhnlichen Spaziergang in ein Tauziehen verwandeln konnte, und mit seiner endlosen Begeisterung für jeden, der ihm seine Aufmerksamkeit schenkte, oder für alles, das nur im Entferntesten essbar war, schien Riley nicht kleinzukriegen zu sein. Ich erinnere mich, dass ich eines Morgens dachte, als Riley kurz nach Comos Unfall auf dem Bürgersteig spazieren ging, dass er nach dem Zusammenstoß mit einem Geländewagen – oder von mir aus auch einem Tanklaster – schwanzwedelnd aufgesprungen wäre, erpicht darauf, weiterzuspielen.

Eine Weile waren keine Symptome zu erkennen. Riley fraß noch genauso viel und genauso schnell wie immer – Phoebe und ich hatten die Zeit, die er für eine volle Schüssel brauchte, auf siebenunddreißig Sekunden gestoppt –, sprang die Stufen hinab, wenn er spazieren ging, und ließ das Echo seines schaurig tiefen Bellens von den Häusern auf der anderen Straßenseite abprallen. Doch schließlich begann er, langsamer zu werden. Seine Ausflüge im und außerhalb des Hauses wurden immer anstrengender. Sein Schwanz quirlte nicht mehr so heftig durch die Luft. Seine Stimme klang wehleidiger, nicht mehr so begierig, wenn es ums Fressen oder Kämpfen ging. Eines Tages und für uns ganz plötzlich, sahen wir, wie Cheryl ihn auf die Arme hob und die Treppe hinauftrug, weil er es allein nicht mehr schaffte. Das Ende nahte schnell. Am nächsten Tag würde er beim Tierarzt seine letzte Spritze bekommen.

Gegen acht Uhr gingen Sally, Phoebe und ich hinüber, um von Riley Abschied zu nehmen. Zunächst schien alles wie bei einem normalen Besuch zu sein. Riley und seine Mutter, Jessie, lärmten, als wir klingelten, und begrüßten uns wie sonst auch an der Tür. Doch wie sich gleich darauf zeigte, hatten sich die Spielregeln geändert. Jessie eilte mit über den Boden klappernden Krallen in die Küche, Riley setzte sich schwerfällig hin und sackte in sich zusammen.

Phoebe kniete sich zu ihm nieder und legte ihre Arme um seinen Hals.

»Es ist alles in Ordnung, Riley. Wir sind jetzt hier, mein Junge.«

Cheryl, die schnell mal einen Witz reißen konnte, blickte mich und Sally an und blinzelte ihre Tränen fort. »Ich hole Pam«, sagte sie und ging nach oben. Sally und ich setzten uns zu Phoebe auf den Boden.

»Hey, mein kleiner Riley«, säuselte Sally und streichelte seine langen, weichen Ohren. »Na, Junge? Was sagst du, hm?«

Ich lehnte mit dem Rücken gegen die Eingangstür, um ein ernstes Wörtchen mit ihm zu reden.

»Riley, mein Freund, das ist aber gar nicht gut, was du da machst.« Er riss seinen Kopf herum, um mich anzuschauen. Geschmeichelt von seiner Anstrengung und seiner Aufmerksamkeit, befiel mich Trauer beim Blick in seine fahlen, braunen Augen. Dass ich für Riley kein besonderer Mensch war, dass ich einfach in seiner unterschiedslosen Liebe für das Universum inbegriffen war, minderte nicht die Freude, die mir seine Gesellschaft über die Jahre hinweg bereitet hatte. Er mochte mich, und das bedingungslos. Er mochte alles und jeden. Und morgen würde er nicht mehr unter uns sein. Wir erhoben uns, als Pam, gefolgt von Cheryl, die Treppe herunterkam.

»Das ist echt hart«, sagte Sally, die nicht immer eine begabte Gesprächspartnerin ist, aber in Momenten wie diesem genau weiß, was sie sagen muss. »Er hat ein so tolles Wesen.« Wir nahmen uns erst einmal alle in die Arme.

»Danke, dass ihr gekommen seid«, sagte Pam, die unermüdlich gute Gastgeberin.

»Das ist doch selbstverständlich«, versicherte ich ihr, wusste aber nicht, was ich sonst noch sagen sollte. Wir setzten uns um Riley herum auf den Flurboden. Nachdem wir ihn in respektvollem Schweigen gestreichelt und ihn umsorgt hatten, erzählte Pam noch einmal den Krankheitsverlauf des Hundes, während Cheryl hier und da ihre Geschichte taktvoll korrigierte.

»Das war, bevor man angeboten hat, ihn einer Chemo zu unterziehen«, sagte sie.

»Ja?«, fragte Pam zurück. Riley wurde kurz vor seinem Ableben ein Teil ihrer und unserer Vergangenheit.

Und ganz plötzlich schien das Trauerspiel ein Ende zu haben. Jeder von uns konnte Geschichten über Rileys Verrücktheiten erzählen, und jeder wollte der Erste sein. Sally und ich redeten darüber, wie sehr wir es geliebt hatten, wenn Riley und Jessie bei ihren vielen Besuchen durch unser Haus getobt waren. Cheryl erinnerte sich an Riley als achtwöchigen Welpen, der schon damals unverbesserlich gewesen war. Pam zählte einige Hundesitter auf, die Riley mit seiner Kraft aufgearbeitet hatte. Wir erfuhren auch, dass er, ebenso wie Como, mehrmals abgehauen und einmal sogar auf die Straße gerannt war. Selbstverständlich war er unverletzt geblieben. Phoebe erzählte zum ersten Mal unsere Geschichte von dem gestohlenen Pestosalat – »Rileys Pestosalat«, wie sie betonte. »Wir dachten, ihr könntet sauer sein, weil er bei uns so viel gefressen hat«, sagte sie. Pam, die bisher noch nicht geweint hatte, liefen vor Lachen die Tränen übers Gesicht.

In dem Moment hob Riley den Kopf und schlug ein paar Mal mit dem Schwanz auf den Boden. Pam sog kräftig die Luft ein. »Jetzt schaut ihn euch an.« Neue Tränen liefen über ihr Gesicht. »Zwischendrin ist er immer mal wieder völlig normal, dann denke ich: Wie können wir so was tun? Was tun wir überhaupt?« Cheryl umfasste Pams Schultern und zog sie zu sich heran. Riley ließ den Kopf wieder auf den Boden sinken.

Wir blieben noch ein paar Minuten, tauschten Anekdoten über Rileys unvergessliche Nummern aus und sprachen darüber, wie dünn und knochig er jetzt war.

»Es ist Zeit«, sagte Sally.

Als wir im Flur standen und ich bereits meine Hand auf den Türknauf gelegt hatte, erkundigte sich Cheryl nach Comos Genesung.

Wieder fand ich keine Worte. Es fühlte sich nicht gut an, Comos Genesung zu feiern, während Riley, mit seinen zehn Jahren noch viel zu jung, von uns ging. Cheryl sah, dass ich nach einer Möglichkeit suchte, die Sache passend auszudrücken. Ihr spontaner Sinn für Humor rettete mich.

»Niemand führt hier eine Punkteliste«, sagte sie. »Es hätte Riley nicht gerettet, wenn Como es nicht geschafft hätte. Ein lebender Hund ist besser als keiner.« Ich nahm die Hand vom Türknauf und ging an Riley vorbei, um Cheryl mit einer Umarmung eine gute Nacht zu wünschen.

SECHZEHN

Z

Como war nach seinem Martyrium für uns nicht mehr einfach nur Como. Nicht, dass er nach dem Unfall, der Operation und der anschließenden Genesung zu einem grundsätzlich anderen Hund geworden wäre. Er lief noch immer zur Tür, wenn Besuch kam, war noch immer begierig darauf, spazieren zu gehen, wenn man zu seiner Leine griff, und kam angerannt, sobald er morgens und abends etwas zum Fressen bekam. Auch seine tellergroßen Augen und seine körperliche Anspannung, um jederzeit losflitzen zu können, änderten sich nicht. Phoebe und Sally begrüßte er noch immer überschwänglich und erleichtert darüber, dass die Phase der ausschließlich männlichen Gesellschaft mit mir vorüber war. Und, soweit ich das beurteilen konnte, blieb ein ständiges Fluchtrisiko. Mein eigenes Kommen und Gehen vollzog ich immer noch so schnell wie möglich durch den kleinstmöglichen Türspalt.

Doch als das Leben zur Normalität zurückkehrte, änderte sich unsere Sichtweise auf Comos Platz in der Familie. Und das hatte mit der schlichten Tatsache zu tun, dass er überlebt hatte. Indem er eine Schicksalsprüfung bestanden hatte, die einen normal gebauten Terrier locker hätte vom Teppich fegen können, zeigte er uns, dass man seine Eigenwilligkeit bestimmten Dingen gegenüber – Käfigen,

Männern, mir – auch anders deuten konnte. Die Eigenschaften, mit denen wir in den ersten eineinhalb Jahren Probleme hatten, waren genau diejenigen, dank derer er sich nicht unterkriegen ließ. Er war viel zu unruhig, zwanghaft, übervorsichtig und angespannt, um auf einen echten, lebensverändernden Notfall mit etwas anderem als seiner eigenen Triebkraft zu reagieren. Eine Plastikbox oder ein paar schwarze Schuhe konnten bei ihm eine ausgewachsene Panikattacke auslösen, doch einem Geländewagen trotzte er mit allem, was er hatte. Es entsprach seiner eigenen Logik, dass seine Genesung jeder medizinischen Logik widersprach. Como konnte es sich nicht leisten, auch nur ein paar Tage, geschweige denn sechs Wochen lang bewegungsunfähig zu sein. Er wusste ja nicht, wann die Umstände es von ihm verlangten, ganz schnell abhauen zu müssen.

Seltsamerweise machten genau die Dinge, die Como für uns noch ungewöhnlicher hätten machen sollen, ihn in Wirklichkeit weniger ungewöhnlich. Sein Unfall und dessen Nachwirkungen überzeugten uns mehr als alle bisherigen Geschehnisse, dass er in einer Weise gepolt war, die sich nie ändern würde. Und genau wie wir es bei einem kauzigen Verwandten getan hätten, der nie damit zufrieden war, wie sein Bagel geröstet wurde, bei einem neugierigen Nachbarn, der immer im unpassendsten Moment hereinschneite, oder bei einem Kind, das alles andere links liegen ließ, nur um Schlittschuh laufen zu können, gewöhnten wir uns daran. Wir gewöhnten uns an Comos Fixierungen und Schrullen, an seine Vorliebe für Schauspielerei und seine angeborene Fähigkeit, uns zu unterhalten, an seine Schneebesenfrisur, wenn er sich von einem Nickerchen erhob, und an seine Angewohnheit, über den nackten Boden zwischen den Teppichen im Ess- und Wohnzimmer zu springen, als stünden hier immer noch die Gitter, die wir in der ersten Nacht aufgestellt hatten. Wir gewöhnten uns an seine unvorhersehbaren Reaktionen beim Spazierengehen, wenn er entweder minutiös jeden Telefonmasten inspizierte, während er alle uns begegnenden Menschen und Hunde ignorierte, oder sich auf komplexe, unergründliche soziale Rituale einließ, indem er jeden beschnüffelte, der freundlich zu ihm war, und bei denjenigen hoffnungsvoll mit dem Schwanz wedelte, die weitergingen. Wir behaupteten nicht, viel von dem zu verstehen, was er tat, doch wir gewöhnten uns daran.

Je mehr wir Como als den akzeptierten, der er war, desto normaler kam er uns vor. Einen sonderbaren Hund zu haben, das war Teil unserer Familie, ein fester, wesentlicher, notwendiger Bestandteil. Phoebe hatte recht gehabt, als sie standhaft für diesen Hund geworben hatte. Ohne dieses sonderbare Tier, das ihr Gesellschaft leistete und ihre Bereitschaft testete, sich auf ein kompliziertes Wesen einzulassen, wäre sie einsamer, eingeschränkter und weniger natürlich aufgewachsen. Schon früh, als sie Como auf den Arm nahm und ihn angurrte, als tröstete sie einen Säugling, hatte ich manchmal ein ungutes Gefühl wegen ihrer Neigung, den Hund zu vermenschlichen und in ein jüngeres Geschwisterchen zu verwandeln. Oft nannte sie Como ihren Bruder. Doch bald schon gewöhnte ich mich auch daran und fand es gleichzeitig lustig und unsäglich lieb. Sie zu sehen, wie sie mit diesem Pelzballen auf dem Arm ins Wohnzimmer schlenderte, war ein bisschen wie eine Zeitreise. Dann tauchte unsere dreizehnjährige Tochter in eine in die Zukunft versetzte Zeit ein, zehn oder zwanzig Jahre später, und strahlte ihr erstes eigenes Kind an.

Sally und mir ging es trotz aller Zerrissenheit, für die der Hund in unserem Leben gesorgt hatte, besser. Unsere Ehe lief besser. Ja, vielleicht hätten wir mehr geschlafen, wenn uns Comos Marotten nicht wach gehalten hätten. Doch dann hätten wir all die leise geflüsterten Unterhaltungen verpasst, die uns in den Nächten der Hilflosigkeit, in der samtenen Dunkelheit unseres Schlafzimmers zusammengehalten hatten. Wir hätten eine Menge Geld gespart, wenn nach seinem Unfall nicht diese horrenden Klinikrechnungen gewesen wären. Doch das hätte auch bedeutet, die Heldentaten unseres australischen Muskelprotzes und Comos ebenso erstaunliche »Ich mach's auf meine Art«-Genesung nicht zu erleben.

Wahrscheinlich wären wir auch mehr gereist, wenn Comos Kampflust und hochgradige Ängstlichkeit uns nicht das Gefühl gegeben hätten, dass wir uns nicht weit von ihm entfernen durften. Andererseits hätten wir ohne Hund – ohne *diesen* Hund – nicht Max und Willie kennengelernt, die beiden hellen Labrador-Methusalems von der Twelfth Avenue, und ihren weisen Besitzer, der sie behutsam durch ihre letzten Jahre begleitete. Wir hätten nicht mit ansehen können, wie Lizzy und Como jedes Mal, wenn sie sich trafen, im Rahmen einer »Hunde trainieren für Olympia«-Aktion Synchron-Haarnadelkurvenlaufen übten. Sally und Como hätten sich auf ihren morgendlichen Spaziergängen nie mit dem alten, wankenden, mit Leckerli beladenen Russen und seinem Hund als treuen Begleiter angefreundet. Wir hätten mit Sicherheit nicht so intensiv miterlebt, was unsere Nachbarn Pam und Cheryl an Rileys letztem Abend durchmachten.

Wie viele Paare, die erst spät ihr erstes Kind bekommen –

Sally war siebenunddreißig, ich vierzig Jahre alt gewesen, als Phoebe geboren wurde –, waren wir an unsere Berufe und Verpflichtungen gebunden und oft zu beschäftigt, abgelenkt, überlastet und erschöpft, um uns voll und ganz um die Erziehung unserer Tochter zu kümmern. Zu oft standen wir unter Zeitdruck und brachten den Tag mit all seinen Anforderungen irgendwie hinter uns – Phoebe am Morgen zur Schule bringen und unsere Arbeit erledigen; zum Unterricht oder zu einem Interview oder einer Besprechung gehen und an den Rechner zurückkehren, wo der Posteingang wieder vor Mails überquoll; organisieren, dass Phoebe von der Schule abgeholt und zum Fußballtraining, zum Spielen und zum Klavierunterricht gebracht wurde; Essen auf den Tisch stellen und dafür sorgen, dass unsere Tochter und wir selbst ins Bett gingen, um auf den nächsten Tag vorbereitet zu sein.

Como änderte nichts von alldem. Auf eine Art machte er alles komplizierter, weil man mit ihm spazieren gehen und ihn füttern musste und er ungeplant und selbstständig seine Ausflüge unternahm. Doch er zog uns auch aus unserer sich immer schneller drehenden Welt in seine eigene hinein. Er ließ uns, fast schon im wörtlichen Sinn, nach unten blicken und darauf achten, wohin wir traten. Mit allem, angefangen von seinem unkontrollierten Zittern, wenn er seine Futterschüssel sah, über seine Faulheit, wenn er im oberen Flur auf einem von der Sonne beschienenen Fleckchen lag, bis zu seiner Panik, wenn er irgendwo eingesperrt war, erinnerte er uns daran, dass wir alle Mitbewohner auf dieser irdischen Welt waren. Selbst in seinen unerträglichsten und grausamsten Momenten war Como empfänglich für die Freuden und Gefahren des Lebens. Es war etwas verwirrend und manchmal ziemlich lächerlich, doch auch unbestreitbar wahr: Der knochige, verängstigte Terrier, den wir eines Nachmittags im Zwinger eines Tierheims gefunden hatten, hatte uns sensibler gemacht.

Am lebhaftesten erinnere ich mich noch an einen der Tage, die Como in der Klinik verbrachte. Phoebe und ich saßen in der Eingangshalle der Klinik auf den gestreiften Sofas und warteten auf Neuigkeiten. Mir ging es in dem Moment besonders schlecht, ich starrte auf den Boden und dachte, der Hund werde auf jeden Fall sterben, als Phoebe ihre Hand auf meinen Arm legte.

»Daddy«, begann sie mit leiser, aber neugieriger Stimme, »was genau ist passiert?«

»Was meinst du?«

»Du weißt schon, als er vom Wagen angefahren wurde.«

Meine Laune sank noch mehr. »Schatz, ich habe dir doch erzählt, dass er abgehauen ist. Es war einfach ein Unfall. Niemanden trifft eine Schuld.«

Phoebe schüttelte den Kopf. »Das meine ich nicht. Ich meine den Moment, in dem der Unfall passierte. Fuhr der Reifen richtig über ihn drüber? Oder wurde er vom Wagen nur angefahren, also nach vorn gestoßen?«

Es war, als stünde sie mit mir am Unfallort und schaute hinab zu Como, der keuchend auf der Seite lag, den Blick nach oben gerichtet. Genau dieselben Fragen waren mir durch den Kopf geschossen, als ich auf die Straße rannte und mich neben ihn kniete. Phoebe musste alle Einzelheiten genau wissen, sie musste alles nacherleben, als könnte sie dadurch ihren Hund mit einem Zauber schützen.

Ich war dabei gewesen und hatte gesehen, was passiert war, als er auf die Straße gerannt war. Das hatte Phoebe nicht, doch sie hätte alles gegeben, wenn sie hätte dabei sein können. Sie wollte mit Como dort sein – um das Fell auf seinem Kopf zu glätten, um ihn hochzuheben und in ihren Armen zu halten, um das zu tun, was sie tun konnte. Es bereitete mir Schmerzen, zu sehen, wie angespannt sie vor Sorge und Neugier war. Aber auch meine Liebe zu ihr wurde stärker, und die Liebe zu dem Hund, der uns enger zusammengebracht hatte, mich und meine Tochter, die wir uns beide mit all unserer Macht ersehnten und erhofften, dass Como durchkam.

Am Anfang unserer Beziehung brauchte Sally eine Weile, bis sie sich an die Spitznamen gewöhnte, die meine Freunde und ich wie Spielkarten verteilten. Dies mussten wir ebenso erst über uns herausfinden wie die Tatsache, dass meine Familie ständig redete und dass ihre Familie die Vorzüge des Schweigens zu schätzen wusste oder dass ich Sondheim und sie Bruce Springsteen liebte. Sich zu verlieben ist eine Wucht. Und ziemlich einfach. Aber auszutüfteln, wie man mit einem anderen Menschen lebt und sich einen Reim auf seinen einzigartigen und mitunter fremden Platz in der Welt macht, ist ein lebenslanges, nie endendes Projekt.

Sallys Freunde und Familienmitglieder neigen dazu, einander ganz vernünftig bei den Vornamen zu nennen. Darauf stand ich noch nie so richtig. Schon als kleiner Junge benannte ich die Menschen um, und das oft mit einer Reihe frei assoziierter Spitznamen, die sich um das schwer fassbare verbindende Element des Wesens dieser Menschen rankten. Dies geschieht nicht bewusst, und ich kann es nicht kontrollieren, wenn es geschieht. Es ist nur eine Art – und vielleicht verrät sie mehr über meinen Charakter, als mir bewusst ist –, mit den Menschen, die mir wichtig sind, in Verbindung zu treten. Menschen bei ihren Geburtsurkundennamen zu nennen, das kommt mir, wenn ich sie kennengelernt habe, oft dröge und formal vor. Diesen Namen fehlen die Vertrautheit und die Besonderheit, die Geschichte und die Geschichten und das Gelächter, alles das, was wir gemeinsam erlebt haben.

Nehmen wir zum Beispiel meine Freundin Judi. Verbunden durch unsere Liebe zu französischem Essen, Charles Dickens und Händel-Opern sowie durch eine starke Abneigung mehreren Hochschulprofessoren gegenüber, verbrachten wir zu Beginn unserer Freundschaft einige Zeit miteinander. Mehrere Monate später nannte ich sie eines Abends nach dem Essen spontan »GooGoo«. Sobald ich ihr den Grund erklärte – ich hatte auf dem College eine liebenswert flatterhafte Judith gekannt –, seufzte die neu benannte GooGoo, stimmte aber gnädig zu. Wesentlich war nicht, wie viel sie mit ihrer Namensvetterin gemeinsam hatte, sondern wie wenig. Die ernste, gelehrte GooGoo gehörte in meinem Bekanntenkreis zu den Menschen, die am wenigsten gaga waren.

Dies hinderte jedoch mich und gemeinsame Freunde nicht daran, mit dem Spitznamen wie bei einem alle Regeln brechenden Scrabble-Spiel zu jonglieren. GooGoo wurde bald zu »Googlers«, »Gogglers«, »Gagglers« und »Gigglers«. Als sich die Reduzierung auf »GG« nicht mehr vermeiden ließ, bedachte unsere Studienfreundin Jim – Spitzname Measi als Kurzform für »The Measle« – sie kurzerhand mit »G2« und »G-quadrat«. Nachdem sich Judi weigerte, eine Zahl in ihrem Namen zu akzeptieren, wurde die Doppel-G-Möglichkeit weitergesponnen und in den Bereich Essen und Trinken ausgeweitet, der ihr sehr am Herzen lag. GooGoo wurde zu »Green Goddess« und »Gin Gimlets«. Später, in einer unsinnigen Weiterentwicklung, die ein ganzes Team aus Linguisten erfordern würde, um den Ursprung zu erforschen, reagierte Judi auf den Namen »KrabbenKotelett«. Hin und wieder greifen wir um der alten Zeiten willen auf das einfache und klassische »GooGoo« zurück.

Bei Como zählten besondere Umstände. Zunächst war er natürlich ein Hund und konnte nicht an den Ursprüngen und Ableitungen irgendwelcher Spitznamen mitwirken. Zudem gab es das Problem der verschiedenen Namen, die er bereits gehabt hatte. Nachdem wir ihn seines Tierheimnamens, Gandalf, entledigt hatten, spielten Sally, Phoebe und ich eine ganze Skala italienischer Namen durch, bevor Phoebe den Namen Como festlegte. Davor konnte er, wie Sally betonte, alle möglichen Namen gehabt haben, die sich wie ein Geheimnis um seine Vergangenheit rankten. Diese Namen kannten wir genauso wenig wie die Umstände, die ihn auf den Straßen von Santa Clara County und wer weiß wo noch zu dem gemacht hatten, der er war.

Die Spitznamen, die eher Tiernamen waren, wurden für Como bereits früh vergeben. Als Kosename, der vielleicht ihr Bedauern ausdrückte, nicht bereits den Welpen bekommen zu haben, den sie sich einst vorgestellt hatte, nannte Phoebe ihren neuen Hund oft verniedlichend Como Pup. Sally, die ihren anfänglichen Widerstand gegen Spitznamen im Lauf unserer Ehe überwand, verwandelte ihn in einen stattlicheren Namen. Für sie war er »Como Pub, der Como-Hund«. Dieser Name rollte so leicht über die Zunge, dass er zu einem improvisierten Liedchen, gesungen zur

Melodie von »The Muffin Man«, verleitete, das wir immer mal wieder anstimmten:

Er ist Como Pup, der Como-Hund,
Como Pup, der Como-Hund,
Oh, er ist Como Pup, der Como-Hund,
Ja! Como Pub, der Hund!

Eine Entschädigung für all die Schwierigkeiten, die Como uns bereitete, war die Möglichkeit, ihn schamlos für dumm zu verkaufen. Sally und ich hatten unseren Spaß daran und brauchten es – mehr noch als Phoebe.

Nachdem sein Name gedehnt worden war wie ein Gummiband, schnalzte sein neuer Name zu etwas Kürzerem zurück. »Como Pup, der Como-Hund« wurde zu »Pup« oder »Hims Pup«, womit wir unserem Hund seine Eigenschaft, Herr seiner selbst zu sein, zuerkannten, was in einer nächsten Stufe zum schlichten »Hims« abgekürzt wurde.

Dieser Name passte irgendwie zu ihm. Mitten auf dem Wohnzimmerboden sitzend, wo er geduldig auf eine Runde Streicheln oder einen Leckerbissen wartete, strahlte er eine komikhafte Würde aus. Mit seinen Ohren, die sich beim Klang unserer Stimmen oder wenn sein Trockenfutter in seine Metallschüssel purzelte, unsymmetrisch drehten, wirkte er gefestigt und unabhängig, zufrieden und glücklich darüber, dass er genau dort war, wo er war. Er gehörte zu uns. Er war zu Hause. Er war Herr seiner selbst – er war Hims.

Und dann rannte er eines Tages auf die Straße und wurde fast getötet, anschließend wurde er gerettet und geschoren und bekam einen Pullover übergestreift, womit er sich seine posttraumatischen Spitznamen »Frankentier« und »Einstein« einhandelte. Diese Namen waren wie Klinken, die man nur einen Moment in die Hand nahm, wie Notmaßnahmen mit eingebautem Ablaufdatum. Je weiter seine Genesung fortschritt, desto mehr wurde er wieder zum »Hims«.

War der Hund mit Sally oder Phoebe im Wohnzimmer, wenn ich mit der Aktentasche unter dem Arm nach Hause kam, begrüßte ich ihn respektvoll mit »Guten Abend, Hims«. Er blieb sitzen und blickte höflich, aber unverbindlich zurück, als taxierte er mich bei einer wichtigen Geschäftsverhandlung. Wir befanden uns in fortlaufenden Verhandlungen, Como und ich, und sein neuer Name, der gleichzeitig etwas Förmliches und Kindisches hatte, schien ganz hilfreich zu sein. Wir wollten unbedingt miteinander auskommen, nahmen die Sache aber auch nicht allzu ernst. »Schön, dich zu sehen, Hims«, sagte ich, wenn ich meine Aktentasche oder Sporttasche abstellte und an ihm vorbeiging, um meine Frau auf die Wange zu küssen.

Bald schon leitete die allmähliche Rückkehr zur Prä-Unfall-Lebhaftigkeit zu einer lebhafteren Version seines Spitznamens über. »Hims« wandelte sich irgendwann zu »Himsie«. Dann wechselte das Wortspiel auf die musikalische Ebene. Aus Spaß begannen wir, die zweite Silbe zu betonen: »Him-SIE.« Phoebe mit ihren jüngeren, noch unverbrauchteren Ohren verstand den Namen weniger wörtlich als ich. In einer Anwandlung, die ich später als Wendepunkt in der Familienkorrespondenz sah, hinterließ sie mir eines Tages auf dem Küchenschrank eine Nachricht, in der sie mir mitteilte, ob sie am Mittag mit dem Hund spazieren war oder nicht. Sie schrieb den Namen »Him-Z«.

Genau dieser zufällige Durchbruch schien der vorherbestimmte Geniestreich zu sein. Der nächste Schritt war klar, schrie in seiner Logik praktisch schon zum Himmel. Ich konnte nicht abwarten, bis Phoebe von ihrer Freundin Jeanne nach Hause kam.

»Du warst es, Skidge«, rief ich, als sie durch die Tür trat.

»Was? Was habe ich getan?« Als sie nervös die Augen verdrehte, fragte ich mich einen Moment, was sie vor mir verbarg. Doch ich freute mich viel zu sehr, als dass ich ihr etwas übel nehmen konnte.

»Du hast ihn gefunden«, erklärte ich. »Seinen Namen: Z. Der letzte Buchstabe, das letzte Wort im Hundereich. Das ultimative Tier. Z! Z! Der geheimnisvolle, wunderbare Z! Der maskierte Mann! Zorros Zeichen!«

Phoebe warf mir ein zurückhaltendes Lächeln zu. Ja, sie freute sich, dass sie mir eine Freude gemacht hatte, auch wenn sie nicht genau wusste, womit. Vielleicht wusste sie auch gar nicht, wer Zorro war. »Ich gehe erst mal nach oben und räume meine Sachen weg«, sagte sie und kam einige Minuten später mit dem Hund auf dem Arm zurück.

»Z«, sagte ich dankbar. Der Name klang jetzt, da Como bei uns im Zimmer war, sogar noch besser. Er hatte etwas Zenmäßiges, dieser einzelne Buchstabe, auf den er sich unwissentlich hinbewegt hatte. Nach dem X war dies der seltsamste, eigenwilligste, einfältigste Buchstabe im Alphabet. Er war wie unser Hund, abgefeilt auf das Wesentliche, das sich, schwer fassbar, im Zickzackkurs fortbewegte. Phoebe drehte sich um und blickte dem frisch getauften Hund ins Gesicht.

»Z«, wiederholte sie. »Kleiner Hund Z.«

»Genau«, bestätigte ich. »Z.«

In den folgenden Monaten wurde der Name noch mehrmals überarbeitet. Nachdem uns eine Freundin von Phoebe nach einer Reise in den mexikanischen Bundesstaat Guerrero besuchte, feierten wir ihre Rückkehr kurzzeitig durch die Veränderung von »Z« auf »Der Zihuatenejan«. »Das vergisst man viel zu schnell«, hielt Sally dagegen. »Und es lässt sich kaum schreiben.« Sie hatte mit beidem recht.

Einmal fuhren wir von Point Reyes, wo wir übernachtet hatten, wieder nach Hause. Phoebe und ich saßen vorn, Sally, erschöpft von unserer Wanderung am stürmischen Strand, schlief auf der Rückbank. Da Como uns fehlte, der bei seiner Hundesitterin Marianna Unterschlupf gefunden hatte, stellten Phoebe und ich uns Como in alten Kostümen vor – als viktorianischen Entdecker, ägyptischen Pharao, Musketier mit großer Feder am Hut und Pirat mit Augenklappe und einem Haken an einer seiner Pfoten. Bei diesem Bild lachten wir so heftig, dass ich beinahe am Straßenrand halten musste.

Unsere Fantasiewelt baute auf *Wishbone*, einer Fernsehserie mit einem Jack Russell, der, entsprechend verkleidet, in gekürzten Fassungen klassischer Stücke wie *Robin Hood* und *Don Quichotte* auftrat. Mit einem Hund als Helden hatte *Wishbone* zu Phoebes Lieblingssendungen gehört, als sie sechs oder sieben Jahre alt gewesen war. Als wir uns auf dem Highway 1 zwischen den grünen Hügeln hindurchschlängelten, stellten wir uns die Folgen mit Como als Star vor. Phoebe beschwor ihn als Kapitän in hübscher, dunkelblauer Jacke mit Messingknöpfen und einer mit einer goldfarbenen Kordel geschmückten Kapitänsmütze herauf.

»Er ist Z, Z, der Pirat der Weltenmeere«, rief ich. Phoebe musste so laut lachen, dass Sally aufwachte.

»Was ist da vorn so lustig?«, fragte sie schlaftrunken.

»Weiß ich nicht genau«, antwortete ich und versuchte, den Wagen sauber durch eine Kurve zu lenken.

»Z«, rief Phoebe, »der Pirat der Weltenmeere.« Und wieder grölten wir los. Diesmal musste ich tatsächlich am Straßenrand anhalten, bis die Lachsalve abgeebbt war.

»Ihr seid ja verrückt«, beschwerte sich Sally. »Ich schlafe ein, und schon bricht die Hölle los.« Sie ließ sich gegen das Fenster sinken und wartete, bis wir in der Lage waren, weiterzufahren.

Phoebe begann mit der Highschool im Herbst 2005. Sally und ich konnten kaum glauben, dass unsere schüchterne, leise sprechende Tochter die Sicherheit der Schule verließ, die sie seit dem Kindergarten bis zur achten Klasse besucht hatte, um sich auf die Verantwortung und Unsicherheit einzulassen, die das erste Jahr mit sich brachten. Sie würde sich durch eine neue Gruppe Klassenkameraden und Lehrer sowie eine Menge akademischer Erwartungen lavieren und ihren Weg zu Unterrichtsstunden finden müssen, die auf einem verwirrenden, sich von einem auf den anderen Tag ändernden Stundenplan basierten. Und sie würde durch Flure voller achtzehnjähriger Jungs streifen, die schon mit dem Auto fahren konnten und vermutlich auch andere Erwachsenentricks auf Lager hatten.

Wie sich herausstellte, sollten uns die Flure am wenigsten Sorgen bereiten, was den Verbleib unserer Tochter tagsüber betraf. Phoebes neue Schule lag mitten im farbenfrohen Haight-Ashbury District, wo sich die »Sommer der Liebe«-Revolution abgespielt hatte, die Sally und ich aus der Ferne beobachtet hatten, als wir in Phoebes

Alter gewesen waren. Das Schulgelände wurde nicht abgeschottet und erlaubte den Schülern, das Gebäude zu verlassen und zur Mittagszeit und während der Freistunden die Haight Street auf und ab zu schlendern. Sally und ich, die wir beide keine Kaffeetrinker sind, lauschten mit zurückhaltender Aufmerksamkeit, wenn Phoebe nebenbei erwähnte, dass sie auf einen Mokka oder Cappuccino im People's Café, Squat & Gobble oder Coffee to the People gewesen war. Noch erwähnenswerter waren einige ihrer neuen Freunde und Bekannten. Außer ihren neuen Klassenkameraden Jonah, Nora, Sam, Oona, Jacob, Alexanna und Alan hörten wir im Vorbeigehen von einem Mann an der Haight Street Ecke Masonic Avenue, der grinste und unsere Tochter »Baby Doll« und »Zuckerpüppchen« nannte.

»Was für ein Mann?«, fragte Sally. Sie saß neben mir auf dem Wohnzimmersofa und hielt Como auf dem Schoß. Phoebe, die seit der achten Klasse zwölf Zentimeter in die Höhe geschossen war, blickte auf uns herab und verlagerte ihr Gewicht ungeduldig von einem Bein aufs andere.

»Niemand«, antwortete sie. »Ein Typ eben.«

»Wie alt?«, wollte ich wissen.

»Dad. Was glaubst du denn? Dass ich jeden, der mir über den Weg läuft, frage, wie alt er ist? Er ist nur so ein Typ.«

»Im Schulalter oder ein Erwachsener?«, drängte ich.

»Ein Erwachsener.«

»Arbeitet er in einem der Läden auf der Straße?«, fragte ich weiter.

Phoebe reagierte mit einem für sie typischen schwachen, bemitleidenden Lächeln, das sie über Nacht bis zur Bestleistung geübt haben musste und mit dem sie ihren Eltern zeigte, wie wenig Ahnung diese hatten. »Ich glaube eher nicht«, antwortete sie.

»Dann ist er ein Obdachloser«, schlussfolgerte Sally.

Phoebe zuckte mit den Schultern. »Ich habe tierisch viele Hausaufgaben. Komm, Z, gehen wir.« Der Hund sprang vom Sofa und folgte ihr nach oben in ihr Zimmer.

Como verbrachte eine Menge Zeit dort oben. Sobald Phoebe von der Schule nach Hause kam, verschwand sie mit dem Hund und etwas zum Essen in ihrem Zimmer. Zum Abendessen tauchten sie wieder auf, bevor sie sich für den Rest des Abends wieder verkrochen. Diese »tierisch vielen« Hausaufgaben waren der Vorwand, sich zurückziehen zu können, doch die Geräusche von Musik, der klappernden Tastatur ihres Rechners, auf dem sie E-Mails schrieb und chattete, und ihr piepsendes Mobiltelefon bestätigten, dass sie hinter ihren verschlossenen Türen ein elektronisch gesteuertes, gesellschaftliches Leben im einundzwanzigsten Jahrhundert führte.

Am Fußende ihres Bettes ausgestreckt, leistete ihr Como Gesellschaft. Nachdem sein Fell wieder gewachsen war und er sich vollständig von der OP erholt hatte, war er zu seiner alten Selbstgenügsamkeit zurückgekehrt.

Er lief, wohin und wann er wollte, manchmal lässig-elegant schlendernd, manchmal, wenn ihn sein Temperament leitete, in einem Affenzahn. Meistens war Phoebes Zimmer das Ziel, als hätten die beiden gemeinsam eine neue Phase begonnen, eine, die Sally und mich in die zweite Reihe verwies. Ich war es gewohnt, von Como brüskiert zu werden, deswegen fiel mir seine Abwesenheit kaum auf und machte mir nichts aus. Sally erging es anders.

»Wo ist Z«, fragte sie dann, wenn sie das Geschirr vom

Abendessen abgewaschen oder einen Stapel Klassenarbeiten korrigiert hatte.

»Wo er immer ist«, antwortete ich.

»Ich weiß. Ich vermisse ihn einfach.«

Wir beide wussten nicht nur, wo Phoebe und Como steckten, sondern auch, was die wenigen kurzen Jahre bedeuteten, die vor uns lagen. Phoebes Rückzug in ihr Zimmer war der erste einer Reihe unvermeidlicher taktischer Schritte, die sie schließlich von zu Hause fort aufs College führen würden. Highschool, Obdachlose, die sie »Zuckerpüppchen« nannten, und ihre geschlossene Zimmertür – all das deutete in dieselbe Richtung.

Auch wenn uns Phoebe als hoffnungslose Fälle betrachtete, ging sie noch mit uns zum Abendessen, ins Kino und auf Reisen. Im Frühling ihres ersten Highschool-Jahres besuchten wir unsere Freundin Leana in Nicaragua. Como brachten wir zu seinem bisher längsten Aufenthalt von einer ganzen Woche bei Marianna unter. Die Fahrt von Leanas kleinem Dorf in das weitläufige Managua, in die wundervolle Kolonialstadt Granada, zu einem immer noch rauchenden Vulkan und einer an einer Steilküste gelegenen Ferienanlage war grandios. Phoebe beeindruckte uns mit ihren Spanischkenntnissen, die sie bei Kellnern und Ladenbesitzern zum Besten gab. Wir mochten die Menschen, das Essen und die Wandgemälde in Esteli.

Erpicht darauf, Como gleich nach unserer Rückkehr abzuholen, bat uns Phoebe, den Taxifahrer auf dem Weg vom Flughafen bei Marianna vorbeifahren zu lassen. Verstaubt von seinen städtischen Spaziergängen, aber anscheinend ganz und gar nicht aus der Puste, schleckte Z mit nasser Zunge Phoebe und Sally ab und vergaß in der allgemeinen Euphorie auch mich nicht ganz. Am nächsten Morgen übergab er sich auf der Treppe, hatte Durchfall beim Spazierengehen und versteckte sich fast den ganzen Tag unterm Küchentisch. Als Sally von der Schule nach Hause kam, gingen wir mit ihm zum Tierarzt – in dieselbe Praxis, in die ich mit Como nach seinem Unfall gestürmt war.

»Geh du doch mit ihm rein«, schlug ich vor, als ich vor dem Gebäude hielt. »Ich suche einen Parkplatz und hol dich nachher wieder ab.« Nachdem gut ein Jahr vergangen war, verspürte ich noch immer keine große Lust, den Ort wiederzusehen, den ich das letzte Mal im Bademantel beehrt hatte. Ich hatte immer noch allzu deutlich den leise blubbernden Springbrunnen am Empfang und die Blutflecken vor Augen, die ich an den Wänden und auf dem Boden hinterlassen hatte.

Vierzig Minuten später kam Sally mit dem Hund auf dem Arm wieder heraus. Sie hatten ihn gründlich untersucht, ihn mit einer Wasserinjektion unter die Haut seines oberen Rückens »hydriert« und ihm eine Zweiwochenration Tabletten gegen einen möglichen Magenvirus verschrieben. Die Rechnung belief sich auf zweihundertsechzig Dollar.

»Das ist perfekt«, sagte ich. »Wir fahren eine Woche lang nach Mittelamerika, wo niemand von uns krank wird. Wir kommen nach Hause, und er hat diesen Scheiß mit dem Magen.«

Z blickte mich von Sallys schützenden Armen aus hasserfüllt an. Er hatte seinen Platz in unserem Leben und in unseren Herzen gefunden, doch Überraschungen hatte er immer noch für uns parat.

SIEBZEHN

SEE, STRAND UND KLIPPEN

M it neu erwachtem Optimismus und sozialem Enga-
gement begann ich, ausgedehntere und ehrgeizige-
re Spaziergänge mit Como zu unternehmen. Statt mit ihm
nur die Twelfth Avenue bis zur Lawton Street hinaufzugehen, beschloss ich, mehr Zeit für Ausflüge an den Stow
Lake im Golden Gate Park, nach Ocean Beach und zum
Hundemekka nach Fort Funston zu opfern. Die drei Ziele
erreichte ich jeweils mit einer kurzen Autofahrt.

Ein Teil meiner Motivation lag in meiner Selbstlosigkeit
oder zumindest Halb-Selbstlosigkeit. Hunde brauchen
mehr Auslauf, als Como bekam, und es war an der Zeit,
seinen Bedürfnissen gerecht zu werden. Sally erledigte ihren Teil bereits am Wochenende, indem sie länger durchs
hügelige Viertel und hinunter zu den Baseball-Feldern im
Park streifte. Como, der nach seiner Operation rasch und
überraschenderweise zu alter Form genesen war, nahm die
Herausforderung mehr als bereitwillig an. Sobald ich mit
der Leine winkte und ihn »Zum See oder zum Strand?«
fragte – er schien das Angebot zu verstehen –, sprang er vor
Begeisterung herum.

»Schon gut, Z. Beruhig dich. Wir gehen ja.« Er umkreiste so schnell meine Füße, dass ich Schwierigkeiten hatte,
die Leine festzumachen. Andere Male erinnerte er sich an

sein Misstrauen mir gegenüber und wand sich, bis er sich außerhalb meiner Reichweite befand.

Während der Autofahrt musste er das Gefühl haben, auf die Folter gespannt zu werden. Er saß auf dem Beifahrersitz, die Vorderpfoten auf dem Armaturenbrett abgestützt, und spähte aufmerksamer und intensiver durch die Windschutzscheibe, als ich es je tat. Würde er sich ans Lenkrad setzen, dachte ich manchmal, würde er uns wahrscheinlich genauso sicher und vermutlich schneller ans Ziel bringen. Je näher wir kamen – bei ihm schien ein GPS-Sensor für Entfernungen und Parkplätze eingebaut zu sein –, winselte er und rannte auf dem Rücksitz hin und her. Nichts, aber auch gar nichts ging schnell genug für ihn.

Seine eigentliche Hundeidentität schien er draußen in der Natur besser ausleben zu können. Auf den Wegen und Wiesen um den Stow Lake, auf dem mit Seegras bedeckten Sandstrand oder auf den zypressengespickten Dünen in Fort Funston bewegte sich Como mit wiederbelebter Zielstrebigkeit. Sich pflichtbewusst über die Bürgersteige zu schleppen hatte ein Ende, hier rannte er, angetrieben von einer inneren Kraft, hin und her. So viele Dinge gab es zu beschnüffeln, und so wenig Zeit, es zu tun – Büsche, Blumen, Treibholz, Krabbenschalen, andere Hunde, denen gegenüber er in der freien Natur weniger zurückhaltend und gehemmt war, Menschen, Felsen, Müll. Alles fand sein bohrendes Interesse, auch das, was sich nur ein kleines Stück oder auch hundert Meter vor ihm befand. Und los ging's, mit mir im Schlepptau, während ich versuchte, mit ihm Schritt zu halten. So viele Stellen, die er markieren musste. So viele Popcorn-Reste, Brotkrusten und wer weiß was noch alles, die er während des Rennens verschlingen musste. Selbst die Luft schien ihn zu erregen – bei hellem Sonnenschein, in feuchtem Nebel, Winter, Frühling: Es war egal. Bei diesen Ausflügen war er ein glücklicherer Hund, sodass ich, wenn er an der Leine zerrte, manchmal dachte, ich sollte ihn einfach in die weite Welt ziehen lassen, aus der er gekommen war und in die er sich zurücksehnte.

So erfreulich es auch war, Como zu beobachten, der aufgeregt das neue Terrain erkundete, die ausgedehnten Spaziergänge dienten nicht nur ihm. Einer der Gründe, warum ich mich von Phoebe zu einem Hund überreden ließ, hatte mit meiner Neigung zur Isolation zu tun. Weil ich viel zu Hause arbeitete, weil ich über fünfzig Jahre alt war und über einen begrenzten Freundes- und Bekanntenkreis verfügte, der sich in den kommenden Jahren nicht sehr vergrößern würde, und weil ein leeres Nest drohte, wenn unser einziges Kind aufs College gehen würde, hatte ich mir einen Hund vorgestellt, der all dies zumindest ein bisschen auffangen sollte. Ich hatte mir vorgestellt, wie ich spazieren ging und mich mit anderen Hundebesitzern traf, während unsere Hunde sich als Eisbrecher höflich beschnüffelten, wie ich die angenehmen Hundeparks aufsuchte, die mir in der Stadt aufgefallen waren, und wie ich in gefühlvoller Eintracht mit meinem liebenswürdigen und treuen Hund auf einem malerischen Pfad stehen blieb und die Landschaft betrachtete. All das würde ich mit Ecstasy und mit der Ekstase tun, die sie in mir bewirken würde, hatte ich einmal gedacht.

Als das Schicksal uns stattdessen Como unterjubelte, verschwanden diese rosa gefärbten Filmsequenzen wie bei einem flackernden Fernseher und wurden von einer Serie ersetzt, in der ein panischer Hund die Hauptrolle spielte und einen großen Teil seiner Energie dafür aufwendete, mir aus dem Weg zu gehen, in der Öffentlichkeit unberechenbares Verhalten an den Tag zu legen und seine nächste Flucht zu planen. Einen Hund im Haus zu haben, das hatte ich mir anders ausgemalt.

Aber was entsprach denn sonst meinen Vorstellungen? Ich war Ehemann und Vater, arbeitete seit über fünfundzwanzig Jahren für dieselbe Zeitung, erhielt einige Freundschaften aufrecht, während ich andere auf meinem Weg verlor, war Zeuge, wie mein Vater starb und meine Mutter von der Parkinson'schen Krankheit in die Zange genommen wurde – nichts hatte sich so entwickelt, wie ich es mir in meinen naiven, grob vereinfachten Szenarios vorgestellt hatte. Como war nur ein weiteres Kapitel in der unerwarteten und unvorhersehbaren, nie endenden Geschichte von Enttäuschung und Wiedergutmachung, von Bedrohung und Trost und von Einsamkeit und Liebe, die das Leben einem aufs Brot schmiert, ohne dass man es vorher weiß.

Die Unschuld unseres Hundes, was all diese Dinge betrifft, und seine völlige Konzentration auf den Moment: in der Hitze keuchen, zu einem fallen gelassenen Stück Schokolade stürmen, im Käfig in der Klinik wie ein Opernstar wimmern, vor Freude zittern, wenn Sally die Treppe heraufkommt und die Tür öffnet – all das lenkte mein Augenmerk auf mein eigenes Selbstverständnis und veranlasste mich, mich davon ein Stück zu befreien. Weil Z in hartnäckiger Weise so war, wie er war, öffnete er mir einen Weg, um aus mir selbst heraus und in eine unmittelbarere, lebendige Welt zu treten. Wenn Como bei einem Spaziergang seinen Kopf hob und mich mit seinen dunkelbraunen, von Zotteln umrahmten Augen anblickte, wollte ich nirgendwo anders sein als irgendwo draußen mit ihm. Indem er dafür sorgte, dass ich genau das wollte, wonach es ihn so stark verlangte, umschiffte er meinen Analysemodus und öffnete die Schleusen für meine eigenen Triebe und Wünsche. Er führte mich zu meinen Wurzeln zurück, half mir mit seinem unverfälschten Hundsein, menschlicher zu werden.

Von den drei neuen Strecken für unsere Spaziergänge bot der am Stow Lake die meiste Gesellschaft. Der Weg, der um den künstlichen, von Paddelbooten heimgesuchten See in der Nähe des Baumgartens im Golden Gate Park führte, ist von frühmorgens bis zum Sonnenuntergang stark frequentiert. Es laufen zwar reichlich Hunde herum, doch es ist die ständige Vielfalt von Menschen, die den Ort so attraktiv macht, und das in einer Anlage, zu der ein chinesischer Pavillon, eine Steinbrücke mit zwei Bögen und ein hübsch angelegter Wasserfall gehörten. Auf dem halbstündigen Marsch um den malerischen See wäre es überraschend, nicht eine Vielzahl anderer Sprachen zu hören, von denen Spanisch, Mandarin, Kantonesisch, Vietnamesisch, Hindi, Russisch, Tschechisch, Tagalog, Italienisch, Polnisch, Farsi und Französisch längst nicht alle waren. Man läuft ein paar hundert Meter und ist Bürger einer größeren Welt.

Eine Zeit lang gingen Como und ich allein dorthin, nur wir beide, und schlängelten uns durch diesen weitläufigen internationalen Basar. Nach ein paar Ausflügen löste dieses begeisternde, unverständliche Beisammensein auf den Wegen und Bänken bei mir die Sehnsucht nach menschlicher Begleitung aus. Ich lud meinen Freund Mark und seinen Hund Oreo, einen angenehm plüschigen, gesellschaftsfähigen schwarz-weißen Shih Tzu ein, mitzukommen. Das

Experiment verwandelte sich prompt in eine Tradition, die etwa ein Mal im Monat wiederholt wurde.

Mark und ich kennen uns schon seit Jahren, seit unsere Ehefrauen 1991 gemeinsam eine Krabbelgruppe besucht hatten. Emily, Marks und Barbaras erstes Kind, wurde im selben Monat geboren wie Phoebe. Abgesehen von Töchtern im Teenageralter haben Mark und ich auch andere Dinge gemeinsam, nicht zuletzt unsere Liebe zum Baseball, die an Besessenheit grenzt. Sally und Barbara können sich nicht vorstellen, wie viel es über den Bullpen der Giants oder über das Infield der Phillies zu reden gibt oder wie sehr wir in der Erinnerung an den Outfield-Spieler Kevin Mitchell aufleben, der einen Flyball mit bloßer Hand fing.

Bei aller Bindung und Jovialität kann eine Männerfreundschaft auch etwas Lockeres, sogar Heimtückisches haben. Mark und ich sind oft in Bestform, was Geselligkeit und Entgegenkommen angeht, wenn unsere Hunde uns um den Stow Lake ziehen. Dank der Unterbrechungen – »Como! Friss das nicht!«, »Hast du noch eine zweite Plastiktüte dabei?«, »Ich glaube, er pinkelt heute schon zum dreiundzwanzigsten Mal.« – kann unsere Unterhaltung unbeschwert von einem Thema zum nächsten wechseln. Unsere Kinder und ihr vor uns geheim gehaltenes gesellschaftliches Leben, Arbeit, Geldsorgen, Lokalpolitik und natürlich Baseball kommen und gehen wie die Möwen, Enten, Gänse und gelegentlichen Reiher, die über den See schweben.

Mark und ich nehmen immer denselben Weg. Wir treffen uns am Badehaus, überqueren eine der beiden Brücken über den See nach Strawberry Hill, gehen den Pfad entlang bis ganz nach oben, steigen die steilen Stufen neben dem

Wasserfall wieder hinab und beenden langsam die Runde bis zu unseren Autos. Diese unausgesprochene Abmachung ist für uns ein Mittel zur Annäherung, ein vorher abgesteckter, gemeinsamer Raum, den wir in unseren vollen Terminkalendern nicht gefunden hätten, würden uns unsere Hunde nicht die nötige Entschuldigung liefern.

Wir sind zwei sehr unterschiedliche Menschen. Mark, der in San Francisco aufwuchs und anscheinend jeden mag, den er bisher kennengelernt hat, ist offener und geselliger, als ich es bin. Es kommt nur selten vor, dass wir keinen seiner vielen Bekannten treffen. Ich bin genau ein Mal einem meiner Bekannten über den Weg gelaufen. Auch unsere Hunde sind unterschiedlich. Während Como mit gesenktem Kopf hin und her rennt, oft ohne auf die Leute zu achten, schlendert Oreo mit nach oben gerichtetem Blick neben uns her, um das, was uns begegnet, zu begrüßen. Wenn Como beschließt mitzumachen und sich die Leinen prompt verheddern, entwirrt Mark sie wieder. Er ist Grundschulrektor, dem man anmerkt, wie geübt er im Umgang mit Schülern, überarbeiteten Lehrern und fordernden Eltern ist.

Ich liebe es, mir seine Geschichten über die komplizierten Verhandlungen anzuhören, die er bei seiner Arbeit führen muss, und er will immer wissen, woran ich gerade schreibe. Vielleicht kommen wir zu keinen befriedigenden Schlussfolgerungen über uns selbst, unsere Töchter oder unsere Zukunft, während wir um den glänzenden, sich kräuselnden See herumspazieren, doch stets habe ich das Gefühl, dass wir gemeinsam ein bisschen Musik gemacht haben, wir vier. Mark lässt Oreo von der Leine, wenn wir die Wiese in der Nähe der Autos erreichen. Dann rennt Oreo in weiten Bögen und Kreisen um uns herum, während Como, manchmal nur kurz, mitmachen will und an der Leine springt und zerrt. Doch genauso gerne bleibt er im schwindenden Spätnachmittagslicht sitzen und erfreut sich an dem Schauspiel eines Hundes, der anders ist als er.

»Dann bis zum nächsten Mal«, verabschiede ich mich von Mark und Oreo und gehe mit Como zum Wagen, wo ich die hintere Tür öffne. Como hat sich bereits in Position begeben, mit den Vorderpfoten auf dem Armaturenbrett, bis ich um den Wagen herumgelaufen und eingestiegen bin. Seite an Seite fahren wir nach Hause. »Gut gemacht, Z«, lobe ich ihn, wenn wir in unsere Einfahrt biegen. »Ohne dich hätte ich es nicht geschafft.«

Phoebe genoss die Highschool und hatte – zumindest meistens – Spaß an ihrem Unterricht, ihren neuen Freunden, ihrer Bewegungsfreiheit und ihrer Freiheit im Allgemeinen. Eine Monatskarte in der Brieftasche, gelangte sie mit San Franciscos Bussen und Straßenbahnen überall hin, wonach ihr der Sinn stand. Nur noch selten – und auch dann murrte ich – mussten wir sie mit dem Auto zu Jeanne nach Hause, zu Mel's Drive-in oder ins Zentrum ins Kino fahren. Selbst Berkeley und Oakland waren mit dem Zug locker zu erreichen. Eines Nachmittags klingelte das Telefon. Als ich abhob, wurde ich mit Lachen und seltsam deutlichen und einfallsreichen Flüchen bombardiert. Auch klingendes Glas war zu hören.

»Phoebe, bist du das?« Sie hatte diese wahnsinnige Angewohnheit, uns zur Sicherheit per Handy anzurufen, dann aber, weil sie den Anruf als überflüssige Pflicht betrachtete, mit einer Freundin zu reden statt zu antworten, wenn wir uns meldeten. »Phoebe? Phoebe!«

»Dad, meine Güte. Hör auf, so zu schreien. Jesses.«

»Hey, du bist diejenige, die nicht redet.«

»Tue ich doch jetzt. Was willst du von mir hören?« Es war erstaunlich, beinahe beeindruckend, wie schnell sie sich über mich oder Sally ärgern konnte, als wäre schon unsere bloße Existenz eine Beleidigung für sie.

»Wo bist du?«

»Bei Jack.«

»Wer ist Jack?«

»Du weißt schon. Jack.« Ich wusste es nicht, wollte aber nicht nachbohren.

»Wann kommst du nach Hause?«

»Warte. Bleib dran.« Der Hintergrundlärm wurde gedämpft, als sie das Handy an ihren Arm oder ihre Schulter drückte, wie ich es bereits bei ihr beobachtet hatte. »Was?«, fragte sie schließlich mit dem genialen Trick, Zeit zu schinden, bevor sie kurzerhand das Gespräch abbrach. »Ich weiß nicht. Ich ruf später noch mal an. Tschüss.«

»Was war das?«, rief Sally von der Küche aus. »War das unser Mädchen? Was hat sie gesagt?«

»Nichts«, antwortete ich. »Echt nichts. Ich gehe mit Como zum Strand.«

Anders als bei den geplanten Spaziergängen mit Mark und Oreo um den Stow Lake, sind die Ausflüge zum Strand eher spontan. Manchmal breche ich gleich am Morgen mit Como auf, was oft auch eine Verzögerungstaktik ist, wenn ich einen Artikel schreiben muss. Spätnachmittags klappt es ebenfalls ganz gut, wenn die Sonne als glühende Messingscheibe in den Pazifik fällt. Häufig liegt dicker Nebel über dem westlichen Stadtrand, doch bei passender Stimmung sieht das Wasser aus, als läge ein nasses Tuch darüber, das ihm ein verlockend unheimliches Aussehen verleiht.

Como sprang vom Rücksitz und weiter in den Sand. »Langsam«, nörgelte ich und zog ihn näher zu mir heran. Den Great Highway zu überqueren macht mich immer ein bisschen nervös. Nach dem Unfall wurden und blieben Como und Autos für mich eine unerfreuliche Kombination. »Und jetzt los, Z«, forderte ich ihn auf, als die Straße frei war und die Fußgängerampel auf Grün schaltete. In Sandalen rannte ich ihm den leichten Abhang hinterher auf den breiten Sandstrand, der sich vom Cliff House im Norden bis nach Fort Funston im Süden erstreckt.

Como und ich haben unterschiedliche, aber durchaus miteinander vereinbare Vorstellungen von einem Strandspaziergang. Ich ziehe gerne meine Sandalen oder Schuhe aus und platsche in knöcheltiefem Wasser am Meer entlang, er zieht es vor, seine Pfoten im Trockenen zu halten. Verbunden durch eine acht Meter lange Automatikleine, kommt jeder auf seine Kosten. Ich muss nur dafür sorgen, dass niemand über die Leine stolpert und ich Como rechtzeitig zurückreiße, bevor er sich in irgendwelchem klebrigen, vergammelt riechenden Zeug aus dem Meer wälzt. Ansonsten kann ich meine Gedanken schweifen lassen und vergessen, wie weit wir marschiert sind. Abseits des Netzes aus Straßen und eng stehenden Gebäuden verlieren Entfernung und Zeit ihre Bedeutung.

Die ersten paar hundert Meter an diesem Tag spielte ich das Telefonat mit Phoebe noch einmal durch, ermahnte mich, mich nicht nerven zu lassen und mir keine Sorgen zu machen, sonst könnten wir den Kontakt zu ihr verlieren. Dann erinnerte ich mich daran, dass nichts, was Sally

und ich an einem Tag über Phoebe dachten, notwendiger-
weise am nächsten Tag noch Gültigkeit hatte. Ja, sie konnte furchtbar ablehnend und grob zu uns sein. Doch sie war
auch liebevoll und zärtlich, bedürftig und freundlich. Obwohl sie auf die fünfzehn zuging, kuschelte sie sich immer
noch zwischen Sally und mich, wenn wir im Schlafzimmer
fernsahen, und mochte es immer noch, abends ins Bett gebracht zu werden – zumindest dann, wenn sie die Tür nicht
bereits vorher zugeknallt hatte. Sie zeigte uns immer noch –
manchmal – ihre Englisch- und Geschichtsarbeiten und
legte Wert darauf, was wir dachten. Sie nannte uns immer
noch »Mommy« und »Daddy«, sofern sie uns nicht leise
flüsternd mit anderen Namen bedachte.

Sally und ich hätten gern ein zweites Kind gehabt. Unser Scheitern und unsere Entscheidung, kein Kind zu adoptieren, öffneten in den ersten Jahren unserer Ehe einige
schmerzvolle Wunden. Wir waren von uns selbst und unserem biologischen Pech enttäuscht. Wir gaben den Ärzten
die Schuld, als die Fertilitätsbehandlung keine Ergebnisse
zeigte. Wir gaben – manchmal heimlich und manchmal direkt – uns gegenseitig die Schuld, weil wir zu lange gewar-
tet hatten, nicht früher zusammengekommen waren und
unterschiedliche Ansichten über Adoption hatten. Dann,
als es tatsächlich zu spät war, beendeten wir die Schuld-
zuweisungen und begannen, dankbarer für das zu werden,
was wir hatten.

Plötzlich spürte ich, wie sich die Leine anspannte. Como
stemmte seine Beine in den Sand, um eine beeindruckende Sandburg zu untersuchen, die mit Seeigeln gesäumt und
von einem Graben umgeben war. Normalerweise ist das,
was seine Aufmerksamkeit fesselt, entweder widerlich, oder

es stinkt oder ist völlig belanglos. Diesmal hatte er etwas von echtem, allgemeinem Interesse gefunden.

»Hey, die sieht ja richtig gut aus«, sagte ein Surfer, der auf dem Weg Richtung Wellen war. »Hat er das allein gebaut?«

»Er wollte sich von mir nicht helfen lassen«, spielte ich weiter. »Er ist da ganz eigen.«

Der Surfer nickte. »Wie heißt er?«

»Como, aber wir nennen ihn Z.«

Der Mann in seinem glänzend schwarzen Anzug verlangte keine weiteren Erklärungen. Am Strand herrscht eine Atmosphäre, die den Dingen ein freies Fließen, ein »Komme was wolle« gestattet. Begegnungen, die sonst wo etwas Besonderes sein können, sind hier völlig natürlich. »Bis später«, verabschiedete sich der Surfer, wandte sich ab und rannte mit seinem Brett unterm Arm ins Wasser. Como hob den Kopf und blickte ihm hinterher.

Z und ich erlebten am Strand mehrere solcher Zufallsbegegnungen. Eine Muschelsammlerin blieb stehen, um zu sagen, wie sehr Como einem Hund aus ihren Zeiten in Irland ähnelte. Ein kleines Kind mit großen Augen kniete sich in den feuchten Sand und wartete geduldig, bis mein ängstlicher Hund nahe genug war, um sich streicheln zu lassen, während sein Vater und ich uns über Vorschulen unterhielten. Ein alter Mann beachtete Como nicht, sondern stellte nur Vermutungen über den Inhalt eines Containerschiffs am Horizont an.

»Was ist er für eine Rasse? Oder sie?«, fragte eine Frau mit Kapuzenhemd und rot-weiß gestreiften Leggins eines Morgens. Ihr großer, schwarzer Schäferhundmischling umkreiste uns.

»Er«, antwortete ich, »Terrierbastard.«

»So was dürfen Sie nie sagen«, schalt mich die Frau. »Bastard ist so ein schreckliches, unanständiges, gemeines Wort für einen Hund.« Und schon stapfte sie los mit ihrem Schäferdudel oder wie auch immer ihr Hund korrekt bezeichnet wurde.

Man muss alles so nehmen, wie es kommt. Menschen sind verrückt, nostalgisch, ehrfurchtsvoll, besessen, gelegentlich grausam, voller Bewunderung und doktrinär, wenn es um Hunde geht. An diesem Tag war ich weiter gegangen, als ich gedacht hatte. »Komm, Z«, sagte ich und drehte mit Blick auf die Uhr um. Auf dem Rückweg wurde mir bewusst, dass die Strandspaziergänge eigentlich nicht das waren, wofür ich sie hielt. Ich kam immer hierher, um mit meinen Gedanken allein zu sein, fühlte mich aber zu guter Letzt ein bisschen weniger allein. Wir wollten gerade den Abhang zum Great Highway wieder hinaufgehen, als Como einen leuchtend grünen Riementang fand, der so dick und schleimig wie eine Schlange war.

Ich hatte es eilig, hatte noch Arbeit zu erledigen, doch ich hielt mich zurück. »Schnapp ihn dir, Z«, forderte ich ihn auf. »Das ist vielleicht der beste und schönste Riementang, den du je gefunden hast.«

Phoebe sagte kein Wort, als ich im November 2006 mit ihr von der Schule direkt ins Krankenhaus fuhr. Wir hatten ihr zwar versichert, dass Sallys Unterleibsoperation reine Routine war, doch sie wollte sich erst beruhigen, wenn sie sah, dass ihre Mutter alles gut überstanden hatte. Als begeisterter Fan von *Grey's Anatomy – Die jungen Ärzte* betrachtete Phoebe medizinische Eingriffe immer als eine dramatische Angelegenheit. Meine ersten Versuche einer lockeren Unterhaltung, als wir vom Klinikparkhaus aus mit dem Fahrstuhl in den fünften Stock fuhren, blieben erfolglos.

»Ist dir eigentlich klar, dass du genau hier in diesem Gebäude geboren wurdest?«, fragte ich auf dem Weg nach oben.

Das war der Auslöser. Phoebe konnte eine solche dumme Bemerkung nicht auf sich beruhen lassen. »Nun, Vater«, erwiderte sie, »so genau erinnere ich mich nicht daran.«

»Stimmt, da hast du wohl recht.« Zumindest hatte ich sie zum Reden gebracht.

Phoebe blieb ein Stück zurück, um deutlich zu machen, dass ich Sallys Zimmer zuerst betreten sollte. Die Patientin saß aufrecht im Bett und grinste schwach, als sie uns hörte.

»Rein mit dir, du«, rief sie ihrer Tochter zu. Phoebe eilte an mir vorbei und stellte sich so nah an Sallys Bett, wie sie konnte, ohne sich dazuzulegen.

»Mommy, ist alles in Ordnung mit dir? Wie ist es gelaufen? Wie geht's dir?«

»Mir geht's gut, Schatz. Hat alles bestens geklappt. Und ich freue mich, dich zu sehen.«

»Das ist mehr, als ich aus ihr herausbekommen habe«, warf ich ein. »Alles, was sie mir heute Morgen gesagt hat – jedenfalls das, was ich verstanden habe –, war, dass sie Durst hat.« Mit dieser Bemerkung erntete ich von Sally nur einen ihrer liebevoll tödlichen Blicke, bevor sie sich wieder Phoebe widmete. Eigentlich verdeckte mein Versuch zu theatralischem Humor die tränennahe Dankbarkeit und Erleichterung, die ich spürte, nachdem Sally in den Aufwachraum geschoben worden war und der Arzt den Daumen nach oben hielt. Wie Phoebe glaubte ich erst, dass diese Operation reine Routine gewesen war, als sie vorbei war.

Phoebe und ich verbrachten an diesem Nachmittag mehrere Stunden im Krankenhaus. Sally aß etwas Suppe und Wackelpudding mit Zitronengeschmack. Wir lachten, als Phoebe das Essen als »widerlich« bezeichnete. Sally war eindeutig auf dem Weg der Besserung. Eineinhalb Tage später richteten wir zu Hause auf dem Wohnzimmersofa ihr Krankenlager mit Como als ständigem Begleiter. Mit schweren Lidern und verträumten Augen saß er auf der Decke wie ein verwöhnter Pascha. Nach mehreren Tagen ging mir seine Dumpfheit auf die Nerven, zudem hatte ich zugegebenermaßen genug davon, meine Pflegedienste anbieten und Verbände anlegen zu müssen. Sally stellte fest, als sie über sein Fell strich, dass jetzt bei ihr und Como Wiederherstellungsmaßnahmen am Becken durchgeführt worden waren.

»Er braucht einen ausgedehnten Spaziergang«, sagte ich ihr eines Nachmittags. »Ich dachte, ich gehe mit ihm zum Fort Funston. Ist das für dich in Ordnung?« Ich war davon ausgegangen, dass sie meinem Plan zustimmen und nichts dagegen haben würde, ein paar Stunden allein zu bleiben. Nur widerwillig sprang Como vom Sofa, wedelte beim Anblick der Leine aber mit dem Schwanz.

Fort Funston, das an einer aufsehenerregenden Klippe oberhalb des Pazifiks liegt, ist San Franciscos letztes Hundeparadies. Überall, wo man geht, von den gepflasterten Wegen über die mit Gras bewachsenen Dünen bis zum Strand selbst, rennen Hunde frei herum und spielen miteinander. Die Besitzer treffen sich im Schatten und verteilen Leckereien und Klapse an die freundliche, umherschweifende Meute. Eine kräftige Meeresbrise ergänzt die energiegeladene Wohlfühlstimmung.

Ich bin hier immer erst ein bisschen von Ehrfurcht ergriffen, einerseits von der Landschaft, aber auch von dem Tumult, der durch die befreiten Hunde entsteht. Doch wenn wir ein Stück gegangen sind, nehme ich die Tatsache, dass ich meinen Hund an der Leine führe, immer weniger wahr und beginne, den formlosen Fluss von Mensch und Tier zu genießen. Es gibt verschiedene Routen, die man gehen kann, ohne von Joggern oder Power Walkern gestört zu werden. Alle scheinen alle Zeit der Welt zu haben. Ich bleibe immer länger als geplant. Die überwältigende Aussicht von der Klippe übers Meer scheint weitschweifiges Denken anzuregen.

Während sich die Wellen im Sonnenlicht kräuselten und Como neben mir trabte, kehrten an dem Tag meine Gedanken von Sally und Phoebe und unserer Zukunft zu meinem Vater zurück. Ich denke nicht viel an ihn, zumindest nicht bewusst, doch bestimmte Tätigkeiten und Umstände, eine bestimmte Gemütsverfassung, holen ihn klar und deutlich auf meinen inneren Bildschirm. Draußen und allein mit Como zu sein, besonders während Sally, aus dem Krankenhaus zurückgekehrt, sicher auf dem Sofa lag, war ein starker Auslöser.

Streng und alles andere als schweigsam, was seine eigenen Gefühle anging, spielten Pflicht und Prinzipientreue eine zentrale Rolle im Leben meines Vaters. Er war ein Kleinstadtjunge aus Missouri, der sehr hart gearbeitet hatte, um seine Ziele in der Akademie und im Bankenwesen zu erreichen. An alles, angefangen bei seinem Beruf über die Gartenarbeit bis zu den Erwartungen seiner Umwelt, machte er sich mit einer gewissen Härte und Akribie. Selbst auf dem Tennisplatz strahlte er Entschlossenheit und Freudlosigkeit aus, schlug den Ball übers Netz und kehrte mit finsterem Blick zum Gegenschlag an seinen Platz zurück. Ich bin mir sicher, er liebte meine Mutter, die während ihrer Ehe eine Reihe gesundheitlicher Krisen durchlebte, meine Schwester und mich. Doch manchmal, während ich im Kegel der väterlichen Schweigsamkeit aufwuchs, war davon nichts zu merken.

Dank Gengy, unseres Familienhundes, hatte sich mein Vater geöffnet. Von dem Moment an, in dem dieses temperamentvolle Tier in unser Haus kam, war Dad verschwenderisch, fast närrisch zuvorkommend mit seinen Gefühlen, seiner Babysprache, seiner Fürsorglichkeit und seinem Stolz. Nichts war zu gut für Gengy – magerer Schinken vom Tisch, ein glänzendes Lederhalsband zu Weihnachten, der beste Platz als Beifahrer auf der Rückenlehne seines Sitzes. Dies zu sehen war verwirrend und auch ein bisschen schmerzlich. Meine Schwester Judy und ich fragten uns allen Ernstes, ob sich unser Vater mehr um Gengy als um uns kümmerte. Doch später, lange nachdem Gengy und dann unser Vater gestorben waren, wunderten wir uns, wie Hunde und kleine Kinder als Schlüssel fungierten, mit dem sich eine Tür öffnen ließ, die ansonsten ängstlich oder schützend geschlossen geblieben wäre. Hinter dieser Tür lag ein Raum, in dem Dad die Freiheit spürte, loszulassen und zu kichern, Grimassen zu schneiden, Unsinn zu reden und all die Liebe zu verströmen, die bedingungslos und ohne Einschränkungen zu ihm zurückfloss. Während ich mit Como in der Sonne Kaliforniens spazieren ging, hatte ich vielleicht zum ersten Mal Verständnis für die Zuneigung meines Vaters einem nicht sehr liebenswerten Zwergdackel gegenüber. Weil das Leben viel zu kurz ist, möchte ich nicht auf einen Hund eifersüchtig sein, besonders nicht auf einen, der seit Jahrzehnten tot ist.

Meine Eltern zogen von Philadelphia nach Cleveland, als meine Schwester und ich das Haus verließen und aufs College gingen. Dies war die Zeit, in der Gengy im Jahre 1972 unerwartet starb. Eines Tages wurde er lustlos und weigerte sich, zu fressen. Zwei Tage später, ausgezehrt von mehreren bis dahin unerkannten Tumoren, wurde er eingeschläfert. Mein Vater verlor mir oder meiner Schwester gegenüber nie ein Wort darüber. Meine Mutter, die selbst sehr mitgenommen war, übernahm die Aufgabe, uns einige Monate später die ganze Geschichte zu erzählen – die Fahrt zum Tierarzt, die schreckliche Nachricht, die Asche, die sie in einer Kaffeedose mit nach Hause nahmen, um sie im Garten zu vergraben.

Woran ich mich am meisten erinnere, einen Klang, den ich in Wirklichkeit nie gehört habe, ihn aber trotzdem ständig höre, ist das Schluchzen meines Vaters, wie es meine Mutter beschrieb. Drei Nächte hintereinander saß mein Vater vornübergebeugt auf dem Bettrand, den Kopf in seine Hände gestützt, und weinte um Gengy. Der Gedanke an seine unverfälschte, raue Stimme im dunklen Schlafzimmer von Ohio holte ihn in meine Gegenwart zurück. Dies war der hilflose, offenherzige Vater, den ich in der Ferne nur flüchtig erblickte, derjenige, den nur Hunde und Babys richtig kannten. Er starb 2002, eineinhalb Jahre, bevor wir Como adoptierten.

»Gehen wir, Z.« Ich wandte mich von den Klippen ab und begab mich auf den Weg, der durch den trockenen, weißen Sand zum Parkplatz führt. »Zeit, nach Hause zu gehen.«

DER HUND AN DER TÜR

Am 11. September 2008 feierten wir Comos sechsten Geburtstag zu Hause in traditioneller Weise – mit einem Hamburger und einem Schuss Steaksoße für das Geburtstagskind und einem Karottenkuchen, mit der passenden Anzahl von Kerzen, als Nachtisch für uns. Eigentlich hatten wir keine Ahnung, ob unser Hund an diesem Tag wirklich Geburtstag hatte. In unserem Kalender markierten wir seit 2003 jedes Jahr diesen Tag, an dem wir ihn angeblich als Einjährigen unter seinem damaligen Namen Gandalf adoptiert hatten.

»Auf Z.« Ich leerte mein Glas mit Prosecco, der ebenfalls an diesem Tag zur Tradition geworden und eine Erinnerung an Venedig war, wo wir Phoebe an ihrem zwölften Geburtstag eröffnet hatten, ihr einen Hund schenken zu wollen.

»Auf Z«, kam Sallys Echo. Sie stellte ihr Glas ab, hob Como auf ihren Schoß und fütterte ihm Kuchenkrümel von ihrem Teller. Noch vor ein oder zwei Jahren wäre dies nicht passiert, auch nicht an seinem Geburtstag. Mit der Zeit war eine Hunderegel nach der anderen aufgeweicht, unter anderem auch der eiserne Grundsatz, dass er nicht in unserem Bett schlafen durfte. In dem Punkt war Sally besonders hinterlistig gewesen und hatte den Hund unter ihre Decke geschmuggelt, als ich nicht hinsah. »Er wärmt mich«, lautete ihre schwache Entschuldigung, als ich unter der Decke aus Versehen mein Knie in seinen Bauch rammte.

Unser Gespräch beim Geburtstagsessen handelte wie immer von Comos letzten Höhepunkten, Schwachpunkten und Bravourstücken. Wir spielten den Tag, an dem wir ihn gefunden hatten, und den Tag seines Unfalls noch einmal durch. Sally beschwor Miss Spitznase herauf, die geschickte junge Frau mit den scharfkantigen Gesichtszügen, die uns unseren zukünftigen Hund vorgeführt hatte, und Sarah, Comos harte, aber freundliche Lehrerin bei der Grundausbildung im Tierheim.

»Wisst ihr noch, dieser Jake?«, fragte ich. »Und seine Unmengen an geräuchertem Truthahn?«

»Na, du musst reden«, meinte Sally. »Du bist doch genauso schlimm mit deinen Müslibrocken.« Sie hatte recht. Etwa einen Monat zuvor war mir eines Morgens zur Freude unseres Hundes ein wenig von meinem Müsli auf den Boden gefallen. Ab da passierte mir das jeden Tag. Bald schon saß Como jeden Morgen, wenn ich aufstand, wie ein treuer Gefolgsmann neben meinem Bett. Sally und ich hatten, was das betraf, beide versagt.

Phoebe, die zu unseren Erinnerungen nur minimale Beiträge geleistet hatte, leckte den Rest ihres Karottenkuchens mit Frischkäseglasur von ihrer Gabel und fummelte an etwas auf ihrem Schoß herum.

»Kann ich den Wagen haben?«, fragte sie. Sie schien unter dem Tisch eine SMS geschrieben zu haben.

»Wohin willst du?«, fragte Sally.

»Zu Nora.« Pause, um zu sehen, ob wir weitere Informationen anforderten. »Und später vielleicht noch zu Jonah. Ich rufe euch an.« Sie erhob sich, ich reichte ihr den Schlüssel.

»Um zehn bist du zu Hause«, verlangte Sally.

»Halb elf«, rief Phoebe zurück.

»Zehn«, wiederholte Sally.

»Zehn«, kam mein Echo. Die Eingangstür knallte zu und vibrierte noch einen Moment.

Phoebe besuchte die letzte Klasse in der Highschool und wurde mit jedem Tag unabhängiger und selbstsicherer. Sie war ganze zehn Zentimeter größer als ihre Mutter und mit einer schnellen Auffassungsgabe und einem vernichtenden Verstand gesegnet, mit dem sie uns unsere Ignoranz vorhielt, was Popmusik, Parken, Jungs, Busstrecken und den einzigen asiatischen Hühnchensalat im West-Portal-Viertel betraf, der es wert war, dass man ihn aß. Man brauchte kein Diplompsychologe zu sein, um zu wissen, dass Sally und ich spürten, wie unser Leben ein Jahr später aussehen würde, wenn unser Kind das Haus verlassen und aufs College gehen würde. Phoebe redete viel über Schulen in Neuengland und sonst wo an der Ostküste – fünftausend Kilometer von uns entfernt. Es war kein wirkliches Geheimnis, warum wir Como ins Bett zerrten und uns seine Zuneigung mit Müsli erkauften.

Sally und ich wussten beide, dass wir, was den Hund betraf, ein bisschen verrückt waren. Doch wir fühlten uns auch gesegnet, dass Phoebe uns (noch) nicht als völlig hoffnungslosen Anachronismus abgeschrieben hatte. Immer noch erzählte sie uns – wenn auch selektiv – von ihren Klassenkameraden und ihrem sozialen Leben in der Schule. Sie hatte nichts dagegen, sich mit uns auf der Straße oder sogar in einem Restaurant oder Kino sehen zu lassen, wo jemand aus ihrer Klasse sie in der womöglich erniedrigenden Begleitung ihrer Mutter und ihres Vaters erwischen könnte. Wir waren, wie Phoebe es ausdrückte, die »elterlichen Bestandteile«, ein Etikett mit einem gesunden Maß an reduzierendem Spott, der aber vor einem Schlag unterhalb der Gürtellinie entschieden haltmachte. Wir waren froh, sogar dankbar, uns damit abfinden zu können.

Im Sommer und Herbst dieses Jahres waren ein Thema unseres anhaltenden Konsums von Zeitungen und Fernsehen die außergewöhnlichen politischen Ereignisse, die in der Wahl von Barack Obama zum Präsidenten der Vereinigten Staaten gipfelten. Am Wahlabend bestellten wir Pizza und stießen um acht Uhr in einem dreistimmigen Chor unsere Freudenschreie aus, als die Sprecher offiziell verkündeten, was wir bereits wussten: Mit der Schließung der Wahllokale war überall klar, was in Kalifornien längst klar war: Obamas Einzug ins Weiße Haus. Phoebe, die den Tag als Wahlhelferin verbracht hatte, konnte nicht glauben, wie lange unser Land gebraucht hatte, um einen Schwarzen zum Präsidenten zu wählen. Sally und ich konnten nicht glauben, wie schnell es plötzlich gegangen war. Alle drei hatten wir Tränen in den Augen. Noch nie hatten Peperoni so gut gerochen.

Drei Tage später sahen wir gemeinsam Obamas erste Pressekonferenz und grölten erneut, als er nach dem Hund gefragt wurde, den er und seine Frau Michelle ihren Töchtern Malia und Sasha versprochen hatten. Er stellte eine Verbindung her zwischen seinem eigenen Erbe und der Entscheidung seiner Familie, einen Hund zu adoptieren, und merkte an, dass »anscheinend eine Menge Hunde aus dem Tierheim genau wie ich Mischlinge sind«.

Phoebe nahm Como auf den Arm und tanzte mit ihm um den Kochblock in unserer Küche herum. »Z!«, jubelte sie. »Du bist eindeutig als Präsidentenhund geeignet. Aber keine Sorge, die Obamas kriegen dich nicht. Wir haben dich zuerst gesehen.« Mit verträumtem Blick und halb geschlossenen Augen tanzte sie weiter mit dem Hund, der seine Augen weit aufgerissen hatte.

März 2009. Ein nebliger Nachmittag mitten in der Woche. Phoebe ist ins Sportstudio gegangen, da sie an diesem Tag keine Antwort auf ihre College-Bewerbungen erhalten hat. Sally ist beim Einkaufen. Ich hänge im Arbeitszimmer herum, um etwas zu schreiben, für das ich viel zu wenig Zeit habe. In meiner typischen, irrationalen Art, auf dieses Problem zu reagieren, suche ich alle möglichen Ablenkungen, um den näherrückenden Abgabetermin nicht beachten zu müssen. Ich spiele am Rechner ein bisschen Flipper, durchforste das Internet nach nichts Bestimmtem, greife zum sechsten Mal in einer halben Stunde zum Telefon, um zu überprüfen, ob ich auf dem AB eine Nachricht verpasst habe, was unmöglich ist, weil ich die ganze Zeit neben dem Telefon sitze, das nicht geklingelt hat.

Mein Daumen bietet eine weitere Ablenkung, besonders der fleischige, untere Teil an meiner linken Hand. Dort hat Como mich gebissen, als er nach dem Unfall vor etwas mehr als fünf Jahren mitten auf der Kirkham Street lag. Wochen, vielleicht ein Monat oder mehr können vergehen, ohne dass ich an die kleine, weiße Narbe denke. Sie tut nicht weh, und man sieht sie kaum, es sei denn, man sucht nach ihr.

Doch hin und wieder – wenn ich Auto fahre und zufällig auf meine linke Hand auf dem Lenkrad schaue, wenn ich Sellerie mit einem frisch geschärften Messer hacke und mir plötzlich vorstelle, wie bei einem Ausrutscher das Blut spritzen würde, oder, wie jetzt, wenn ich unter der Bogenlampe auf meinem Schreibtisch die Zeit totschlage – sehe ich sie, die kleine, wie ein Komma geformte Narbe. Ich weiß, Como hat im Reflex und in seiner Verzweiflung nicht *mich* gebissen. Ich wusste es in dem Moment, als es geschah. Doch ich war dort bei ihm, ich war derjenige, der sich über ihn beugte, als er mit gebrochenem Becken unter Schock stand. Er biss mich, weil ihn sein Instinkt dazu veranlasste, weil er keine andere Wahl hatte, weil ich da war.

Die Narbe hat die Form eines Zahns. Ich kann erkennen, wo Comos scharfer Eckzahn eingedrungen ist und einen perfekten Abdruck hinterlassen hat, der unten breiter ist und sich nach oben hin zuspitzt. Auf halbem Weg zweigt rechts und links jeweils eine kleinere Narbe ab. Wenn ich meine Hand drehe und sie von einem bestimmten Winkel aus anblicke, verwandelt sich die Narbe in einen Baum, in eine winzige, tropische Palme, die sich in der Meeresbrise neigt, während die Palmwedel im Sonnenlicht rascheln. Ich bin ganz woanders. Den Abgabetermin kann ich vergessen.

Como ist, seit er bei uns lebt, gealtert. Der Nervenschaden und die Arthritis, vor der uns unser Muskelprotz-Chirurg gewarnt hatte, sind zwar kein Thema, doch Como ist etwas langsamer geworden, ist weniger flink als in seinen ersten chaotischen Jahren bei uns. Und er ist ein bisschen schwerer, um den Bauch herum breiter und überall etwas zotteliger geworden. Hin und wieder gibt er ein seltsames, kehliges Räuspern von sich wie ein alter Mann, der mit sich selbst murmelt. Seine Hundewelt hat sich verändert. Seine beste Freundin Lizzy, das Dynamopudelweibchen, ist mit ihrer Familie nach Denver gezogen. Max und Willie, diese wunderbaren, hellen, alten Labradore, die sich unserem leicht zu irritierenden Hund nie in bedrohlicher Weise genähert haben, starben. Auch Jessie, die ältere Hündin unserer Nachbarn, starb und folgte ihrem Sohn Riley in die ewigen Jagdgründe der Welsh-Springer-Spaniel.

Doch es geht nicht nur um Abschied und Sterben. Pam und Cheryl fanden nach einer angemessenen Trauerzeit für Riley eine Springer-Spaniel-Dame namens Clancy, die Como mit eifrig wedelndem Schwanz begrüßt. Ein Stück die Straße hinauf zog Rocky ein, ein lebhafter, freundlicher Jack Russell. Auf unseren Spaziergängen gab es zwischen den beiden ein paar feurige Begegnungen, bei denen Como Vorsicht walten und sich von Rocky nicht einschüchtern ließ. Lizzy kommt mit ihrem neuen und größeren Pudel- »Bruder« Rufus ein oder zwei Mal im Jahr zu Besuch.

Wenn Como echte und vielleicht schwerwiegende Symptome seines Alterungsprozesses zeigen wird, wird Phoebe fort sein. Sally und ich werden mit dem, was passiert, allein zurechtkommen müssen. Es ist eigenartig, darüber nachzudenken, doch der Gedanke kommt mir von Zeit zu Zeit: Wenn Como eines Tages fort ist, wird er zumindest ein spürbares Stück von sich zurücklassen – diese kleine, spitze Palme, die er auf meinem Daumen gepflanzt hat.

Como hat nie viel gebellt. Manchmal hören wir bis auf ein leises Murren tagelang keinen Ton von ihm. Deswegen bin ich verblüfft, als er auf dem Flur zu bellen beginnt. Eine Zeit lang achte ich nicht darauf, denke, dass ein Lieferant die Veranda heraufgekommen und wieder gegangen ist oder dass der Hund ein Motorrad oder einen besonders lauten Lastwagen gehört hat. Ich hacke weiter auf meiner Tastatur herum. Doch als Como nicht aufhört zu bellen, sondern noch ein tiefes Heulen und hohes, abgehacktes Jaulen einarbeitet, stehe ich auf und öffne die Tür des Arbeitszimmers.

»Z«, beginne ich, bevor ich es gleichzeitig sehe und spüre: Die Haustür, durch die neblige Luft bis zu Como und, weiter hinten im Flur, auch zu mir dringt, steht offen. Ich erstarre und gerate in Panik. Meine Gedanken eilen voraus und versuchen, dies hier abzuwenden, es zu leugnen, es ungeschehen zu machen. Nicht noch einmal, denke ich. Nicht noch ein schrecklicher, dem Untergang geweihter Dauerlauf aus dem Haus, die Verandatreppe hinunter und durch die Straßen von San Francisco. Das können wir nicht noch einmal tun. Das können wir nicht. Wir können einfach nicht. Und wer hat die Tür offen stehen lassen? Phoebe, als sie ins Sportstudio ging? Sally, die nach Hause kam und sie kurz offen stehen ließ, während sie etwas ins Haus trug? War ich der Schuldige und habe das Schicksal herausgefordert, indem ich die Tür nicht fest genug ins Schloss gedrückt habe?

Wir können es nicht tun. Wir können nicht. Nicht noch einmal.

Und Como, wie es scheint, weiß es besser als ich. Während er nachdenklich nach hinten zu mir und dann nach draußen in die feuchte Luft und zu den im Wind zitternden Blättern blickt, bellt er nach mir. Die ganze Zeit über will er es mir sagen, seit die Tür offen steht und er davor als Wachposten mit aufgerichtetem Schwanz wartet. Er kommt immer noch bellend, aber weniger drängend, mit ein paar Rückwärtsschritten auf mich zu. Endlich hat er meine Aufmerksamkeit. Er warnt mich. Er hat sich Gehör verschafft.

Lass mich nicht rausgehen, sagt Como zu mir. Lass mich diesmal nicht rausgehen. Lass mich nicht gehen.

Keiner von uns gibt mehr einen Ton von sich. Ich gehe direkt auf ihn zu und im Flur an ihm vorbei. Er hält seine Stellung und beobachtet mich mit nach oben gerecktem Kopf, wie ich die Tür schließe.

DANK

Dieses Buch wäre nie entstanden, wenn meine Freundin Wendy Miller nicht mit mir zum Abendessen gegangen wäre. Damals, 2003, dachte ich, wir würden uns nur die Zeit vertreiben, als ich ihr von den Qualen erzählte, die unser frisch adoptierter Como mir und meiner Familie bereitete. Wendy, eine mit Instinkt gesegnete und äußerst begabte Redakteurin, die beim *San Francisco Chronicle* arbeitete, wusste es besser. In einer fließenden Bewegung legte sie die Gabel beiseite, griff zu ihrem Handy und rief die Feature-Redakteurin Carolyn White an. Mit einem Club-Sandwich in der Hand lauschte ich, als Wendy und Carolyn beschlossen, mich, einen bedächtigen Kunstkritiker, der keine Blitzeinschläge gewohnt war, für die Zeitung über Como schreiben zu lassen. Wendy redigierte die ersten Geschichten, die schließlich zu einer zehnteiligen Serie anwuchsen, in ihrer erfrischend unbarmherzigen Art. Meine Schuld ihr gegenüber lässt sich nicht abbezahlen. Sie tat, was jeder hervorragende Redakteur tut: Sie holte aus meiner Arbeit das Beste heraus, was möglich war, ohne sie je zu ihrer eigenen zu machen.

Die *Chronicle*-Familie tat das Gleiche mit Wohlwollen, Talent, Freundlichkeit und mitreißendem Schwung. Mein eigener Redakteur, David Wiegand, ermutigte und unterstützte mich von Anfang an. Lynette Evans begleitete die Geschichten bis zur Druckreife und ließ sie in ihrem »Heim & Garten«-Teil leben und atmen. Lance Jackson fertigte das Farbporträt von Como an, das bei der ersten Geschichte einen verblüffenden Eindruck machte. Ein gerahmter Originaldruck hängt in Phoebes Zimmer an der Wand. Von Liz Hafalia stammen die Fotos, die den Ton der Serie sowohl erfassten als auch belebten. Aber auch die Reaktionen der *Chronicle*-Leser – mitfühlend, informiert, entrüstet, warmherzig, vertraut und freimütig – waren eine durch und durch belebende Kraft.

Über die Jahre haben viele Menschen mich beraten und angespornt und Probleme gelöst, mit denen ich nicht fertig wurde. Trotz des Risikos, einiges auszulassen, und in keiner erkennbaren Reihenfolge danke ich Sydney Goldstein, Leslie Sullivan, Jerry Nachman, Jean Gonick, Rodger Broadley, Judy Winn, Louise Kollenbaum, Jeffrey Hirsch, Linda Ronstadt, Barbara Graham, Hugh Delehanty, Marianna Monaco, Chuck Breyer, Meredith White, Arthur Solomon, David Thomson und Joel Selvin.

Meine beiden Redakteurinnen bei HarperCollins, Lisa Sharkey und Nancy Miller, begleiteten meine Arbeit mit Feingefühl und scharfem Blick, mit Begeisterung und Kreativität, mit Umsicht und Verständnis. Sie verbesserten den Text mehr, als mir überhaupt bewusst ist. Amy Kaplan und Bruce Nichols waren engagierte HarperCollins-Anhänger der ersten Stunden.

Bei meiner Agentin Amy Rennert trifft der Begriff »Agentin« nicht annähernd ihre Rolle. Amy hielt ein Buch für möglich, lange bevor ich es tat. Sie hob als Beweis die Eintrittskarten eines Spiels aus dem Jahre 2006 der San

Francisco Giants auf, wo wir das erste Mal über diese Idee sprachen. Sie wartete geduldig, bis ich sie einholte. Ihre Ausdauer, Weisheit, redaktionelle Schärfe und Vorstellungskraft haben *Komm zurück, Como* zu einer weit größeren Sache gemacht, als ich mir je hätte ausmalen können. Amys Teilhaber, Robyn Russell, fügte einen Schuss Begeisterung hinzu. Jeder Autor sollte so viel Glück haben und mit solchen Menschen gesegnet sein.

Meine Familie ließ sich, während ich schrieb, viel gefallen, aber sie hielt durch. Ob sie das Ergebnis ertragen, wird sich zeigen. Voller Liebe bitte ich sie um ihre Nachsicht für alles, was ich ausgelassen oder verzerrt dargestellt habe.

Der Hund in unserer Familie gehört zu den vielen Millionen, deren Leben in einem Tierheim gerettet wurde, das Tiere nicht tötet. Es ist höchst erfreulich, wenn man an den kollektiven Schutzschirm denkt, den diese Heime Tieren und Familien bieten und der sich durch tapfere und unentwegte Arbeit immer weiter ausbreitet.

Como, der die Neigung hat, sich retten zu lassen, bleibt eine endlose Quelle der Erneuerung in unserem Haus. Obwohl er bereits sechs Jahre bei uns wohnt, blickt er mich immer noch erstaunt an, wenn ich das Zimmer betrete, und dieses Gefühl ist in jeder Hinsicht wechselseitig.

INHALT